HANDBOOK OF COMMERCIAL FRENCH

HANDBOOK OF COMMERCIAL ═FRENCH═

C. Geoghegan and
J. Gonthier Geoghegan

ROUTLEDGE
London and New York

First published in 1988 by
Routledge
11 New Fetter Lane, London EC4P 4EE

Published in the USA by
Routledge
(in association with Chapman & Hall, Inc.)
29 West 35th Street, New York, NY 10001

Set in Times
and printed in Great Britain
by Cox & Wyman Ltd
Reading, Berks

Library of Congress Cataloging in Publication Data
Geoghegan, C., 1945–
    Handbook of commercial French.

1. Commercial correspondence, French.   2. French language—
Business French—Dictionaries—English.
3. English language—Business English—Dictionaries—French.
I. Geoghegan, J. Gonthier, 1951–
II. Title.
HF5728.F8G46   1988   448'.002465   87–16320

British Library CIP Data also available
ISBN 0-415-00242-7 (c)
        0-415-00243-5 (pb)

=CONTENTS=

═══INTRODUCTION═══

This book sets out to provide a reference list of phrases and model letters in French and English for those involved in commerce with French-speaking countries. The book is designed principally for use by those whose normal working language is English, and the main emphasis of the book is on writing letters in French and understanding the key elements of letters received in that language.

In every country and in every language business correspondence tends to use a large number of traditional formulae or phrases. There is also a tendency to give everyday words a special meaning (*advice* of delivery, Please *advise* us of receipt of payment, Please *forward* your order to this address . . . , I am looking *forward* to . . .). Because of this it is not really correct to speak of a word-for-word translation of commercial correspondence phrases. The French which is offered with each English phrase in the first part of this book represents the *equivalent* phrase in French – a functional rather than a literal translation, and the aim of the French-English section is to explain the French and aid comprehension rather than translate word for word.

Presentation of entries

This book is designed for easy reference by company employees or students of business French. It is not a dictionary. In order to maintain the basic aim of ease of access to a large number of correspondence phrases the markings of the entries have been kept to a minimum. It is assumed that anyone wishing to modify the phrases will know or will have looked up the relevant rules of French grammar and any supplementary material they need. The markings of the entries offer the basic indications necessary to help the user adapt the phrases without considerably modifying them. To provide more would have implied the use of a much more complex and unwieldy system of markings.

Throughout the book the following markings have been used to help the user:

Brackets, which enclose important supplementary information in the entry. This information may be:

(a) an indication that the headword forms part of a fixed phrase and must be used with certain other elements if it is to retain the meaning given in translation, e.g. *(en) mesure (de)*.

(b) an indication that the headword or phrase is used in a certain commercial context, e.g. *(telex)*.

(c) a gender marking, *(m)* or *(f)*. Gender markings have been used to indicate the gender of any French noun (or noun compound) which is treated as the key part of the sentence, and which has no article (*le, la, un, une*) which makes the gender obvious, e.g. *votre facture (f) doit* . . . ; *avis (m) de paiement (m)*; *la facture doit nous parvenir* . . . A noun which can be used only as part of a set phrase, e.g. in *en mesure de* . . . , has no gender marking.

Suspension marks (. . .), which indicate an incomplete sentence. The sentence may be incomplete:

(a) because the position which a phrase frequently occupies in the sentence is shown. Of course it is not possible to indicate every structure into which a word or phrase may be fitted. The main aim of the use of suspension marks is to indicate that a phrase normally forms part of a longer sentence, e.g. *Abstraction faite de . . . Apart from . . .*

(b) because a word has been omitted. The missing word may be a name or date, e.g. *our offices in . . .* , or the suspension marks may indicate that the user is to insert the word appropriate to his letter, e.g. *The . . . must arrive within 30 days.*

THE ENGLISH-FRENCH SECTION

In this section the authors have analysed a large volume of commercial correspondence to select some 2,000 commonly used phrases in English. Each phrase has been matched with the equivalent phrase in French. The phrases have in the main been chosen because they most commonly compose the basic structure of an international business letter; their adaptability to a number of uses has also been borne in mind. The list of phrases does not attempt to include all technical and commercial terms but rather the most important sentences and their structures.

The phrases have been arranged alphabetically according to key word. The key word is given at the beginning of the entry as the headword. The phrase itself is followed by a general equivalent phrase in French. The indication of the gender of a key noun and of any essential phrase elements helps the user to modify the phrase. By looking up the key words which the user wishes to employ it is possible to build up a letter. Of course, the user should be careful when adapting phrases to contexts which are not indicated in the entries.

It is recognised that the selection of a 'key' word in a sentence is very subjective. The user may expect to find a phrase listed under a different 'key' word or headword. In order to avoid fruitless searches by the users the authors have included a very full system of cross-references in this section in order to aid the composition of letters. References beginning with c.f. are to entries for synonyms which may provide further useful phrases.

THE FRENCH-ENGLISH SECTION

In this section there are approximately 1,000 common phrases from commercial French correspondence. The choice has been made with the special aim of listing common words or expressions which the reader of a letter in French can find confusing. There are a number of *faux amis* and also common words which can have two genders and two different meanings (homonyms differentiated by gender).

The aim of this section is to help readers to understand basic phrases in commercial French correspondence. It will also make it possible to select common commercial phrases which use a required key word in French and to re-use them in a letter of reply. Because the aim of this section is the comprehension of phrases in French the authors have used a slightly different approach from the one in the French-English section.

Verbs have been listed under their infinitives with cross-references to help the reader find the main entry from any irregular form of the verb, e.g. **Tiens: See Tenir.**

There are separate entries for past and present participles where they are in common use as adjectives etc. in their own right, e.g. **Déçu(e).**

Adjectives have been listed under their singular masculine forms, with the feminine form following in brackets, e.g. **Tardif(ive).**

It must be emphasised that the English offered after each French phrase is intended only to *explain* the meaning of the French phrase in a neutral but fairly literal way. The French phrases are in general given without details of context and it is therefore dangerous to offer a very specific translation for some of the phrases. For this reason those wishing to re-use the French phrases in their own letters should be a little cautious about using them in very specialised, technical correspondence.

MODEL LETTERS

The 32 model letters provide a selection of typical business letters with good conservative translations in French. The translations can be used in combination with phrases from the preceding sections of the book.

The letters provide a range of good commercial American and British styles as used in international correspondence. There have been many attempts to provide 'official' or standard layouts for commercial letters. Although certain information about a company must appear on company stationery in France, it would appear that there are as many variants of letter layout in current use as there are in the United States and Britain. The sample letters reflect those in current use. The layout of a letter in French can take up more space than its equivalent in English. In addition, the actual text can also be longer than the equivalent in English. For these reasons, the addresses at the top of the French letters have in some cases been slightly abridged.

To complete the drafting of the letter the user can refer to the suggestions on salutations and complimentary closes given at the end of this introduction.

WRITING A LETTER IN FRENCH

Writing to a person one has never met (formal business letters, official letters, letters to various authorities):

Salutation   Monsieur *or* Madame

The abbreviations M. or Mme should not be used in the salutation or on the envelope.

The correspondent is always expected to use the title or function of the person addressed e.g. Monsieur le Directeur, Madame la Directrice, Monsieur le Percepteur. Note that some titles do not have a feminine equivalent: Madame le Professeur.

The complimentary close   The complimentary close uses the form of address used in the salutation. There are a number of possible closes according to the degree of deference one wishes to show. Here are two acceptable ones:

Veuillez recevoir, Monsieur le Directeur, mes salutations les plus distinguées.

Or, to be even more respectful and formal:

Veuillez agréer, Monsieur le Directeur, l'expression de mes sentiments respectueux.

Writing to a person one has met, or already had regular contact with (business between companies, writing to customers, etc.):

Salutation   Cher Monsieur, Chère Madame, Chère Mademoiselle

or if one knows the person quite well:

Cher/Chère collègue, Cher confrère (et ami(e)),

In principle the surname does not appear but when the corre-
spondents are on friendly terms it is possible to start with:

Cher Monsieur Dumas, Chère Madame Lepic, Chère Mademoiselle Plon.

The complimentary close   This situation is more relaxed and
there is a wide range of possible endings according to the degree
of acquaintance, the type of business relationship, etc. The
following are all acceptable over a very wide range of degrees
of acquaintance:

Veuillez croire, cher Monsieur, à l'assurance de mes sentiments
distingués.

Je vous prie de croire, chère Madame, à l'expression de mes
meilleurs sentiments.

Croyez, chère Madame, à l'expression de mes sentiments les
meilleurs.

Veuillez accepter, cher collègue, mes salutations distinguées.

Routine commercial correspondence (where there is no real degree
of acquaintance or friendship):

In this case things are much simpler:

Salutation   Monsieur, Messieurs, Madame

The complimentary close   The close is simple and direct:

Recevez, Monsieur, nos sentiments les meilleurs.

or

Avec nos sentiments les meilleurs.

But these closes are often linked to a closing sentence in the
same way as in an older style of English:

Dans l'attente de la livraison, recevez Monsieur (Madame), mes
sentiments les meilleurs. (Looking forward to taking delivery, I
remain, Yours faithfully . . .)

Restant à votre disposition, nous vous présentons, Messieurs, nos salutations distinguées.

Writing to a person whose sex you do not know:

Salutation   In administrative and formal letters it is customary to use *Monsieur* as the salutation followed by the title if there is one:

Monsieur le Secrétaire Général

On a circular letter it is customary to use both titles, e.g.

Monsieur,
Madame,
        J'ai l'honneur de . . .

The complimentary close   The complimentary closes are the same as those used when writing to a person one has never met:

Veuillez recevoir, Monsieur (Madame), mes salutations les plus distinguées.

Or

Veuillez agréer, Monsieur le Secrétaire Général, l'expression de mes sentiments respectueux.

Writing to a woman when you do not know whether or not she is married:

Salutation   Always use *Madame* or *chère Madame* when you do not know if the person is married or single.

Although in business *Mademoiselle* may occasionally be used to write to a young woman, it is always more polite to use *Madame* even if the person addressed is known to be single. The only exception to this is in the case of certain single, professional "career" women who are *known* to prefer being addressed as *Mademoiselle*.

The complimentary close   The complimentary closes can be chosen from those shown in the preceding notes.

e.g. (to a person one has never met)

Veuillez agréer, Madame, l'expression de mes sentiments respectueux.

ENGLISH - FRENCH

A

abeyance (in)
    We are holding your invoice in abeyance pending information on . . .
    Nous retenons votre facture en attendant des renseignements sur . . .
able
    We are sorry that we are no longer able to . . . Nous sommes désolés
    de ne plus être en mesure de . . .
    Mr . . . is a very able executive. M . . . est un cadre très compétent.
    See contact (*verb*), **details, invitation, match, recommend,** *passim.*
about
    See price, *passim.*
absence
    Dictated by . . . but signed in his absence. (Lettre) dictée par . . .
    mais signée en son absence.
    During the absence of . . . (who is on holiday/ill/abroad) . . . Pendant
    l'absence (*f*) de . . . (qui est en vacances/malade/à l'étranger) . . .
accept
    The . . . branch of this bank will accept your draft at 90 days after
    date for the amount of your invoice. La succursale de . . . de cette
    banque acceptera votre traite à 90 jours de date, pour la valeur de
    votre facture.
    We are willing to accept your offer on the terms quoted. Nous sommes
    disposés à accepter votre offre selon les termes proposés.
    When is this ship accepting cargo? Quand le bâtiment embarquera-
    t-il la cargaison?
    I am sorry that I cannot accept your kind offer/invitation to . . . Je
    suis désolé de ne pouvoir accepter votre aimable offre/invitation
    à . . .
    Mr Kevin Peebles has great pleasure in accepting the kind invitation
    of Monsieur Laport to dinner on the 11th July at 8pm. C'est avec

plaisir que Monsieur Kevin Peebles se rendra au dîner le 11 juillet
à 20 heures sur l'aimable invitation de Monsieur Laport.
**See bankers, bill of exchange, cargo, compliments, credit card, decline,
inconvenience, invitation, liability, offer** (*noun*)**, order** (*noun*)**, (in)
place (of), responsibility, settlement, unable.**

acceptable

Please let us know as soon as possible if our proposal is acceptable.
Veuillez nous faire savoir le plus tôt possible si notre proposition est
acceptable.
See alternative, modification, substitute, terms.

acceptance

Please present this draft for acceptance. Veuillez présenter cette
traite à l'acceptation(*f*).
See days, surrender.

acceptances

Our acceptances will be honoured on presentation at the ... bank.
Nos effets(*m*) seront honorés dès leur présentation à la banque ...
See domicile.

accepted bill

Please find enclosed the accepted bill drawn on me by ... Veuillez
trouver ci-joint l'effet (*m*) accepté tiré sur mon compte par ...

accident

The accident occurred ... L'accident (*m*) s'est produit ...

accommodation

Please reserve the following accommodation in the name of ...
Veuillez réserver la(les) chambre(s) suivante(s) au nom de ...
**We are happy to supply the following details about our
accommodation.** Nous sommes heureux de vous fournir les
renseignements suivants sur nos chambres (*f*).

accompany

**... the accompanying documents show ... (for a delivery or
shipment).** ... les documents accompagnant (la livraison/l'envoi)
montrent ...
See customs, officials, letter.

(in) accordance (with)

... in accordance with ... ... suivant ...
See instructions.

accordingly

Accordingly ... En conséquence ...
See adjust, credit (*verb*)**, notify.**

according to

According to ... Selon ...

According to the terms of the contract/agreement ... Selon les termes du contrat/de l'accord ...

See **arrangements, record, report, sliding rates.**

account

Please pay the sum of ... for the account of ... Veuillez verser la somme de ... sur le compte de ...

See **adjust, arrive, charge** (*verb*), **credit** (*verb*), **due, overdue, receive, settle.**

accounting

See **error.**

account sales

Enclosed please find account sales for ... Veuillez trouver ci-joint un compte de vente pour ...

acknowledge

Please acknowledge receipt of ... Nous vous prions d'accuser réception de ...

We acknowledge reception of the goods we ordered recently. Nous vous accusons réception des marchandises que nous avons récemment commandées.

See **cancel, letter, receipt, shipment** (*consignment*).

acquire

We would like to acquire ... Nous sommes désireux de faire l'acquisition de ...

act

to act as (agent) for ... ... être (l'agent) de ...

See **agent, (on) behalf (of), caution, distributor.**

action

See **enforce.**

adapt

Our ... is perfectly adapted to your needs. Notre ... est parfaitement adapté(e) à vos besoins.

The larger models can be adapted to most systems. Les modèles de taille supérieure peuvent être adaptés à la plupart des systèmes.

The ... will have to be adapted for ... Le/La ... devra être adapté(e) pour ...

It may be necessary to adapt the product to the special nature of the (American) market. Il sera peut-être nécessaire d'adapter le produit à la spécificité du marché (américain).

The (model) has been specially adapted for use in extreme conditions. Le (modèle) a été spécialement adapté pour son utilisation dans des conditions extrêmes.

See requirement.

add

See make up, warehousing.

additional

An additional charge is payable for . . . Un supplément est exigé pour . . .

See charge (*noun*), expense, handling, incur, information.

additional clause

The additional clause covers (warehouse damage). L'avenant/additif (*m*) couvre (dégats pendant l'entreposage).

We would like you to include an additional clause. Nous serions désireux d'ajouter un avenant.

address

Please let us have the address to which you would like us to deliver the goods. Veuillez nous transmettre l'adresse (*f*) à laquelle vous désirez que les marchandises soient livrées.

Your address has been given to me by . . . Votre adresse (*f*) m'a été transmise par . . .

Your address has been given to us by the Consulate in . . . Votre adresse (*f*) nous a été transmise par le consulat de . . .

While in . . . my address will be . . . Pendant mon séjour à . . . je pourrai être contacté(e) à l'adresse (*f*) suivante . . .

See consign, consignee, distributor, form, send.

adjust

We have adjusted your order/invoice accordingly. Nous avons modifié votre ordre/facture en conséquence.

. . . in order to adjust your account . . . afin d'ajuster votre compte.

See multiples.

ad valorem duty

See levy.

advance

See thank.

advantage

We hope you will take advantage of this offer. Nous espérons que vous profiterez de cette offre.

See go over, main, off-season.

advantageous

Our bulk rates are very advantageous. Nos prix de gros sont très avantageux.

See call on, terms.

advertisement

We have seen your advertisement in . . . Nous avons remarqué l'annonce (*f*) que vous avez passée dans . . .

I have seen your advertisement for . . . (position). J'ai remarqué votre annonce (*f*) concernant . . .

advice (guidance)

You may have complete confidence in his advice. Vous pouvez avoir entièrement confiance en son jugement (*m*).

Your advice in this matter would be greatly appreciated. Vos conseils (*m*) sur cette question seraient les bienvenus.

See benefit, formalities.

advice (note)

We have not yet received advice of payment for . . . Nous n'avons pas encore reçu l'avis (*m*) de paiement pour . . .

See check, correspond, despatch (*noun*), discrepancy, tally.

advisable

We do not think it advisable to . . . Nous ne pouvons vous conseiller de . . .

advise

Please advise us of . . . Veuillez nous aviser de . . .

Please advise us of arrival of the goods. Veuillez nous aviser dès l'arrivée des marchandises.

We are pleased to advise you that the order has been despatched today. Nous avons le plaisir de vous aviser que la commande a été expédiée aujourd'hui.

Please note that your drafts should be advised. Prière de nous aviser de la présentation de vos traites.

We would strongly advise you against extending credit facilities to . . . Nous vous engageons vivement à ne pas accorder de crédits à . . .

We have been advised to contact you about . . . On nous a conseillé de vous contacter au sujet de . . .

We are pleased to advise you that . . . Nous avons le plaisir de vous aviser que . . .

We have pleasure in advising you that . . . Nous avons le plaisir de vous informer que . . .

We are advised that . . . Nous avons été avisés que . . .

Our agent at . . . has been advised. Notre agent de . . . a été avisé.

See arrangements, bank, call for, caution, charge (*noun*), **conform, contact** (*verb*), **cover** (*insurance*), **despatch** (*noun*), **policy** (*insurance*), **request** (*verb*), **shortly, (in) touch.**

afraid

See detained, *passim.*

after

See agree, date.

after-sales service

Our after-sales service is famous. Notre service (*m*) d'après vente est réputé.

again

See hear.

against

See **cover** (*verb*), **invoice, shipping documents, surrender.**

agency

We wondered whether you had considered establishing an agency (in our area). Nous serions intéressés de savoir si vous avez fait le projet d'établir une agence (dans notre région).

We would like to discuss the possibility of an agency with you. Nous aimerions discuter de la possibilité d'une agence avec vous.

We would like to offer you an agency in . . . Nous sommes prêts à vous offrir l'agence (*f*) de . . .

agent

We are sole agents for . . . Nous sommes les agents (*m*) exclusifs pour . . .

We are seeking an agent to distribute our products in . . . Nous sommes à la recherche d'un agent pour la distribution de nos produits en . . .

We wish to find an agent for . . . Nous voudrions trouver un agent pour . . .

We would be interested in acting as agents for . . . Nous serions intéressés de devenir les agents (*m*) pour . . .

Would you be willing to act as our agent for . . . ? Seriez-vous disposé à devenir notre agent (*m*) pour . . . ?

We await despatching instructions from your agent. Nous attendons les instructions de votre agent (*m*) concernant l'expédition.

See advise, appoint, appointment, bonded warehouse, deal, decline, export orders, instruct, mention, needs, overseas orders, service, ship (*verb*), **stock, trial.**

ago
Some time ago we sent you details of . . . Il y a quelque temps nous vous avons envoyé une documentation sur . . .
See **mail, order** (*noun*).

agree
As agreed, we will draw on you 60 days after sight for the value of the goods. Comme convenu nous tirerons sur vous à 60 jours de vue pour la valeur des marchandises.
See **carriage forward, charge, deadline, detained, failure, freight, meet** (*person*), **meeting, modify, ship** (*verb*), **speak.**

agreeable
You may be sure that our staff will do everything possible to make your stay agreeable. Soyez assuré que notre personnel se fera un devoir de rendre votre séjour agréable.

agreement
We are pleased to confirm the agreement reached between . . . and . . . on the subject of . . . Nous avons le plaisir de vous confirmer l'accord (*m*) conclu entre . . . et . . . au sujet de . . .
See **according to, terms.**

(by) air
See **forward.**

airfreight
We usually airfreight urgent orders. Nous expédions habituellement par avion les commandes urgentes.
Orders weighing less than 25 kg are usually airfreighted. Les commandes d'un poids inférieur à 25 kg sont habituellement expédiées par avion.
We are arranging for replacements to be airfreighted to you at once. Nous faisons le nécessaire pour que les articles de remplacement vous soient immédiatement expédiés par avion.
These have been prepared for airfreighting as arranged. Ils (elles) ont été conditionné(e)s pour l'expédition aérienne comme convenu.
See **arrange, collect, delivery, delivery charges.**

all-in price
We would remind you that the all-in price includes the cost of installation. Nous vous rappelons que le prix forfaitaire comprend le coût de l'installation.

all-in rate
We would appreciate an all-in rate including . . . Nous souhaitons un tarif forfaitaire comprenant . . .

allow
> See claim, commission, extension, further, group booking, take
> account of.

all risks
> See cover (*insurance*), insurance, insure.

all-risks
> **We would like all-risks cover on ...** Nous voudrions une couverture
> tous risques pour ...
> See quote.

alteration
> **... are subject to alteration without notice.** ... peuvent être
> modifié(e)s sans préavis.

alternative
> **... a suitable alternative (product).** ... un autre (produit) qui vous
> conviendra.
> **... make alternative arrangements (for delivery).** ... prendre d'autres
> dispositions (pour la livraison).
> **Please let us know as soon as possible if this alternative is acceptable.**
> Veuillez nous faire savoir le plus tôt possible si cette modification
> vous agrée.
> **We can, however, offer an alternative booking (at our other hotel, ...).**
> Cependant, nous pouvons vous proposer une réservation équivalente
> (à notre hôtel ...)
> See decline.

alternatively
> **alternatively ...** comme alternative ...

amend
> **I would be grateful if you would amend the figure and return the**
> **document.** Je vous serais reconnaissant de bien vouloir rectifier le
> chiffre et me retourner le document.
> **We attach the amended order ...** Nous joignons la commande
> modifiée.
> **Please amend the reservation.** Veuillez modifier la réservation.

amount
> **The amount shown is payable within 30 days.** Le montant indiqué
> est exigible sous 30 jours.
> **We are drawing on you for this amount.** Nous tirons sur vous pour
> cette somme.
> **Please clear this amount as soon as possible.** Veuillez régler cette
> somme le plus rapidement possible.

The amount shown below includes... Le total indiqué ci-dessous
inclut...

... for the amount of your invoice less 3% for prompt payment. ...
pour le montant de la facture après déduction de 3% pour règlement
immédiat.

See accept, arrange, bill of exchange, charge (*noun and verb*), credit
(*verb*), deduct, discharge (*settle*), draw on, due, former, instruct,
invoice, meet (*conditions etc*), note, outstanding, payment, receive,
remittance, settlement, stock, transfer.

amount to

We enclose an invoice amounting to... Nous joignons une facture
d'un montant de...

ample

We hold ample stocks to cater for all your needs. Nous possédons
des stocks importants pour satisfaire tous vos besoins.

another

See meet (person).

answer

We would appreciate a firm answer as soon as possible. Nous serions
heureux de recevoir une réponse définitive le plus rapidement possible.

See enquiry, grateful, query.

anticipate

We anticipate being of service to you in the future. Nous espérons
pouvoir vous être utile à l'avenir.

See service.

any

If you have any queries... Si vous avez quelque renseignement que
ce soit...

We can deliver by any method of transport required. Nous sommes
en mesure de livrer par quelque moyen de transport demandé.

apologies

Please accept my sincere apologies (for ...). Je vous prie d'accepter
toutes mes excuses (pour ...).

Please accept our apologies for any trouble caused by this error.
Nous vous prions d'accepter nos excuses (*f*) pour tout dérangement
que cette erreur a pu causer.

We hope that you will accept our apologies for this oversight. Nous
espérons que vous accepterez nos excuses (*f*) pour cet oubli.

apologize

We apologize for the error. Nous vous présentons nos excuses pour cette erreur.

We must apologize for the late delivery of . . . /arrival of . . . Nous tenons à vous présenter nos excuses pour le retard dans la livraison de . . . /l'arrivée de . . .

See **delay, misunderstanding, outstanding.**

appear

It would appear that . . . Il semblerait que . . .

These items did not appear on our order. Ces articles ne figuraient pas sur notre commande.

See **catalogue, code number.**

application

Thank you for your application for the post of . . . which is receiving our attention. Nous vous remercions de votre candidature (*f*) au poste de . . . qui reçoit toute notre attention.

See **homologation.**

application forms

See **form.**

apply

I wish to apply for the position of . . . J'ai l'honneur de poser ma candidature au poste de . . .

Prices do not apply in . . . Le tarif n'est pas en vigueur à/en . . .

See **conditions, delete, off-season, price, rates.**

appoint

We are seeking to appoint an agent for . . . Nous sommes désireux de nommer un agent pour . . .

We wish to appoint a local representative. Nous voulons nommer un représentant local.

Mr . . . was recently appointed to the position of . . . M . . . a récemment été nommé au poste de . . .

appointment

If you ring . . . our (technical adviser) will be happy to make an appointment with you. Si vous appelez le . . . notre (conseiller technique) se fera un plaisir de vous donner un rendez-vous.

I would be grateful if you would telephone my secretary to arrange an appointment. Je vous saurais gré de bien vouloir téléphoner à ma secrétaire afin de fixer un rendez-vous.

Please contact my secretary to arrange an appointment. Veuillez contacter ma secrétaire pour organiser un rendez-vous.

I will phone you to arrange an appointment when I arrive. Je vous téléphonerai afin de fixer un rendez-vous dès mon arrivée.

Our agent/representative Mr ... will ask for an appointment when he comes to your area. M ... notre agent/représentant sollicitera un rendez-vous lorsqu'il se rendra dans votre région.

See cancel, confirm, meeting, secretary, suggest.

appreciate

I would appreciate it if ... Je vous serais reconnaissant(e) si ...

I would appreciate an early reply to this enquiry. Je serais heureux de recevoir une prompte réponse à cette demande.

We would appreciate your help in this matter. Nous vous saurions gré de nous aider sur cette question.

I would very much appreciate (it if ...). Je vous serais très reconnaissant (de bien vouloir ...)

We would greatly appreciate (it if ...). Nous vous serions vivement reconnaissants (de bien vouloir ...)

We would appreciate a sample of ... Nous souhaiterions recevoir un échantillon de ...

I wanted to let you know how much I appreciated ... Je tiens à vous faire savoir combien j'ai apprécié ...

While we appreciate your difficulties ... Nous nous rendons compte de vos difficultés, cependant ...

We appreciated your remarks. Nous avons été sensibles à vos remarques.

See advice, all-in-rate, answer, credit profile, details, information, interest, reply (*noun*), telex, visit (*noun*).

appropriate

See tick.

approval

We hope that this will meet with your approval. Nous espérons que ceci sera à votre entière satisfaction.

See products.

approximately

See notice (*noun*).

area

See appointment, business contacts, deal, furnished, visit (*noun*).

arise

See reciprocate.

arouse

See interest.

arrange

I would like to arrange to go ... Je voudrais faire le nécessaire pour aller . . .

Please arrange for payment by banker's draft. Veuillez prendre les dispositions nécessaires pour nous régler par traite bancaire.

Please arrange for payment to reach us by . . . (date). Veuillez faire le nécessaire pour que le règlement nous parvienne le . . . au plus tard.

We hope you will arrange for payment to be made at once. Nous espérons que vous prendrez les dispositions nécessaires pour que le règlement soit effectué immédiatement.

Please arrange for us to draw on you for the amount of the enclosed invoice. Veuillez faire le nécessaire pour que nous tirions sur vous pour le montant de la facture ci-jointe.

I would be glad if you would arrange for me to have credit facilities at . . . Je serais heureux si vous pouviez faire le nécessaire pour que je puisse retirer de l'argent à . . .

We have arranged for £ . . . to be transferred to your bank in payment of . . . Nous avons fait le nécessaire pour que la somme de . . . soit versée à votre banque en règlement de . . .

We have arranged for settlement of goods received to date. Nous avons fait le nécessaire pour effectuer le règlement des marchandises reçues.

We will arrange for a delivery to reach you as soon as possible. Nous ferons le nécessaire pour qu'une livraison vous parvienne dès que possible.

We have been able to arrange shipment of your order on board the mv . . . Nous avons pu organiser l'envoi de votre commande à bord du vapeur . . .

We have arranged to have them airfreighted. Nous avons fait le nécessaire pour qu'ils (elles) soient envoyé(e)s par avion.

We have arranged for samples to be sent to you today. Nous avons fait le nécessaire pour que des échantillons vous soient envoyés aujourd'hui.

Please arrange for the faulty items to be replaced as soon as possible. Veuillez faire le nécessaire pour assurer le remplacement des articles défectueux le plus rapidement possible.

We have arranged for our technical adviser to examine the machine. Nous avons fait le nécessaire pour que notre conseiller technique vérifie la machine.

We will arrange for our representative to contact you. Nous ferons le nécessaire pour que notre représentant vous contacte.

We are arranging for our local agent to visit you. Nous faisons le
nécessaire pour que notre agent local passe vous voir.
... as arranged ... ... comme convenu ...
See airfreight, appointment, balance, call, call for, collect, contact
(*verb*), container, correct, cover, (*insurance*), deliver, demonstration,
despatch (*noun*), disposal, draw on, immediately, instructions,
meeting, pay, payment, representative, secretary, settlement, ship
(*verb*) shipment (*transport*), telephone (*verb*), transfer, transhipment,
trial, visit (*verb*).

arrangements

We wish to make arrangements for ... Nous voudrions prendre les
dispositions)*f*) pour ...
We are making arrangements for ... Nous prenons les dispositions
(*f*) nécessaires pour ...
I am happy to confirm the arrangements for ... Je suis heureux de
vous confirmer les arrangements (*m*) concernant ...
I am writing to confirm the arrangements for ... Je vous confirme
les arrangements (*m*) concernant ...
We have now completed arrangements for ... Nous avons maintenant
finalisé les arrangements (*m*) concernant ...
Please inform us of the arrangements you have made for ... Veuillez
nous faire connaître les arrangements (*m*) que vous avez pris en ce
qui concerne ...
Kindly inform us what arrangements you are making for settlement.
Veuillez avoir l'amabilité de nous faire connaître les dispositions (*f*)
prises pour effectuer le règlement.
We have made arrangements for the goods to be collected. Nous
avons fait le nécessaire pour que les marchandises soient prises.
Please advise us whether these arrangements suit your requirements.
Veuillez nous faire savoir si ces arrangements (*m*) vous conviennent.
**We would be happy to modify these arrangements according to your
special needs.** Nous serions heureux de modifier ces arrangements
(*m*) selon vos besoins particuliers.
We trust these arrangements will be satisfactory. Nous espérons que
ces arrangements (*m*) seront à votre entière satisfaction.
See convenience, delivery, include, meeting, modify, mutually,
payment, satisfactory, suit.

arrears

You are now in arrears. Vous vous trouvez maintenant en retard de
paiement.

arrival

On arrival it was noticed that ... A la réception/l'arrivée il est
apparu que ...
See **advise, apologize, contact** (*verb*), **pending, shipping instructions.**

arrive

I should arrive at ... on ... Je devrais arriver à ... le ...
... is arriving at ... ... arrive à ...
The following items have just arrived ... Les articles suivants viennent
d'arriver ...
The goods arrived today in good condition. Les marchandises nous
sont parvenues aujourd'hui en bon état.
We are pleased to inform you that the order has just arrived in perfect
condition. Nous sommes heureux de vous annoncer que la commande
vient de nous parvenir en excellent état.
The following goods are arriving for your account on mv ... due
at ... on ... Les marchandises suivantes qui vous sont destinées
arrivent à bord du vapeur ... qui est attendu à ... le ...
See **appointment, call, later, soon, telephone call.**

article

See **correspond, established, manufacturers, missing, sample,
standard, stock,** *passim.*

as

As Mr ... is now in ... we have asked him to ... Comme M ... se
trouve actuellement à ... nous lui avons demandé de ...

ascertain

See **registered.**

ask

We must ask you to ... Nous vous demandons de ...
Mr ... has asked me to thank you for your letter of ... offering to
meet him on ... Je vous remercie de la part de M ... de votre lettre
du ... par laquelle vous proposez de le recontrer le ...
See **appointment, as, clearance, credit terms, letter, open account,
quotation, say, settle, take back, (in) touch, verify.**

aspect

See **discuss.**

assist

I hope you will be able to assist us ... Dans l'espoir que vous pourrez
nous apporter votre aide (*f*) ...
It would assist us if you could ... Vous nous aideriez beaucoup si
vous pouviez ...

See (in) confidence.

assistance

If we can be of assistance ... Si nous pouvons vous être utiles ...

Please let me know if I can be of assistance to you. Veuillez me faire savoir si je peux vous être utile.

We hope this information will be of assistance. Nous espérons que ces renseignements vous seront utiles.

We were happy to be of assistance in the matter. Nous avons été heureux de pouvoir vous aider dans cette question.

Be assured of our appreciation of your assistance and of our willingness to extend such information to you whenever needed. Soyez assuré de notre reconnaissance pour l'aide (*f*) que vous nous avez apportée; nous serons heureux de vous rendre le même service quand l'occasion se présentera.

assume

We assume that ... Nous supposons que ...

assure

We can assure you that this will not happen again. Soyez assuré qu'un tel incident ne se reproduira pas.

In your last letter you assured us that this bill would be settled at once. Dans votre dernière lettre vous nous donniez l'assurance (*f*) que cette facture serait réglée immédiatement.

See assistance, attention, count on, date, recurrence, re-present.

astray

We think this letter must have gone astray. Nous pensons que cette lettre a dû s'égarer.

at once

See airfreight, arrange, assure, correct, settle.

attach

We attach ... Nous joignons ...

See amend, bill of lading, certify, cover (*verb*), curriculum vitae, document, draft, fill in, list, pro-forma invoice, *passim*.

attend

I would be happy to attend for an interview at any time that may suit you. Je serais heureux de passer une entrevue au moment où cela vous conviendra.

I attended courses in ... at ... College. J'ai suivi des cours de ... à l'école ...

See interview, invitation.

attend to

   ... this is being attended to ... nous nous occupons de cette affaire.
   See **order** (*noun*).

attention

   We wish to draw your attention to ... Nous nous permettons d'attirer
   votre attention (*f*) sur ...

   We would draw your attention to ... Nous nous permettons d'attirer
   votre attention (*f*) sur ...

   We would draw your attention to the fact that ... Nous nous
   permettons d'attirer votre attention (*f*) sur le fait que ...

   We would be glad if you would give this problem your early attention.
   Nous serions heureux si vous pouviez régler ce problème dès que
   possible.

   Thank you for your early attention to this matter (*US*). Nous vous
   serions reconnaissants de traiter cette affaire dès que possible.

   Your order is receiving our attention. Nous procédons à l'exécution
   de votre commande.

   We can assure you that your order will receive all our attention.
   Soyez assuré que votre commande sera exécutée dans les meilleurs
   délais.

   You may rely on us to give your order our immediate attention. Vous
   pouvez nous faire entière confiance; votre commande sera exécutée
   immédiatement.

   See **application, attract, draw, immediate, order** (*noun*).

attn

   attn Mr ... A l'attention de M ...

attract

   **We have pleasure in enclosing details of the items that attracted your
   attention.** Nous avons le plaisir de joindre sous ce pli des
   renseignements sur les articles qui ont retenu votre attention.
   See **further, interest, particulars.**

attractive

   See **offer** (*noun*).

attribute

   See **overdue.**

authorize

   Please send the documents authorizing us to ... Veuillez envoyer les
   documents nous autorisant à ...

available

   Please make available the sum of ... Veuillez mettre à ma/notre disposition la somme de . . .

These . . . are no longer available. Ces . . . ne sont plus disponibles.

See charter, credit terms, delivery, fuller, further, instead, on request, options, substitute, warehousing.

avoid

See damage, packing, recurrence, risk.

await

. . . awaiting delivery. . . . dans l'attente (*f*) de la livraison.

See agent, delivery, instructions, make up, shipment (*transport*).

aware

As you will be aware, there is . . . Nous vous rappelons qu'il y a . . .

See demand.

away

See regret, unfortunately.

B

backlog

   This has resulted in a backlog of orders. Ceci a eu pour conséquence un retard accumulé dans les commandes.

balance

   The balance outstanding is . . . La somme restant à payer se monte à . . .

   Please remit the balance outstanding as soon as possible. Veuillez régler le solde dès que possible.

   We will arrange for you to draw on us for the balance at 60 days. Nous ferons le nécessaire pour que vous puissiez tirer sur nous à 60 jours de date pour le montant du solde.

   We shall include the balance of your indent No . . . in this shipment. Nous ajouterons le solde de votre commande No . . . à cet envoi.

   The statement shows a balance in your favour of . . . Le relevé indique un solde créditeur de . . .

   The balance of the order will follow shortly. Le solde de la commande vous parviendra sous peu.

   See deduction, follow, outstanding, statement.

bank

   Our bank has just notified us of the payment of . . . Notre banque (*f*) vient de nous aviser du paiement de . . .

   We are pleased to advise you that our bank has been instructed to remit the sum left uncleared. Nous avons le plaisir de vous aviser que notre banque (*f*) a reçu des instructions pour régler la somme impayée.

   See accept, acceptances, arrange, credit (*noun*), documents against acceptance, drawee, instruct, re-present, settlement.

bankers

   Our bankers . . . in . . . will accept your draft on them on our behalf.

Notre banque (*f*) ... à ... acceptera votre traite (de notre part).

banker's draft

   We would require payment by banker's draft. Nous demandons le
   règlement par traite (*f*) bancaire.
   See arrange.

banker's transfer

   As this is an urgent order we are willing to pay by banker's transfer.
   En raison du caractère urgent de cette commande nous sommes
   disposés à effectuer le règlement par virement (*m*) bancaire.
   See method of payment.

basic

   See options.

basis

   They propose working together on the basis of ... Ils proposent de
   collaborer sur la base de ...
   See documents against acceptance, sale or return, up to date.

bath(room)

   ... if possible with bath(room). ... si possible avec salle de bains
   (*f*).

bearer

   Please provide the bearer with such funds as he may need. Veuillez
   fournir au porteur (*m*) toutes les liquidités dont il a besoin.
   The bearer of this letter is ... Le porteur de cette lettre est ...

beginning

   By the beginning of ... Avant le début de ...

(on) behalf (of)

   I am writing on behalf of ... Je vous écris de la part de ...
   We are acting on behalf of ... Nous agissons pour le compte de ...
   Please buy on our behalf ... Veuillez acheter à notre nom (*m*) ...
   See bankers, customs formalities, undertake.

believe

   See difficulty.

below

   See missing, terms

benefit

   **I would be very grateful if you would give me the benefit of your
   advice.** Je vous serais très reconnaissant de me faire bénéficier de vos
   conseils.
   See call on, order (*noun*).

bill

Please bill us at our main offices at . . . , Idaho. Veuillez envoyer la facture à notre bureau principal à . . . , Idaho.

Help us to keep our prices down by settling your bills promptly. Aidez-nous à maintenir des prix avantageux en réglant rapidement vos factures (*f*).

See assure, envisage, outstanding, (in) part, settle, unsettled.

bill of exchange

We are pleased to confirm receipt of your bill of exchange. Nous avons le plaisir de vous accuser réception de votre lettre de change(*f*).

We propose to settle by bill of exchange. Nous vous proposons d'effectuer le règlement par lettre de change (*f*).

We shall be pleased to accept your bill of exchange for this amount. Nous serons heureux d'accepter votre lettre de change (*f*) pour la somme.

See decline, dishonour.

bill of lading

Please attach in-triplicate copy of the bill of lading. Veuillez joindre le connaissement en triple exemplaire.

The shipping agent will forward the bill of lading to you. L'agent maritime vous fera parvenir le connaissement.

Through bills of lading have been prepared to cover transhipment. Des connaissements (*m*) directs ont été établis pour couvrir le transbordement.

We have prepared a through bill of lading to cover transhipment. Nous avons établi un connaissement direct pour couvrir le transbordement.

See freight, mark, set.

birth

See date.

birthdate

Birthdate. Date de naissance (*f*).

board

. . . On board the mv . . . A bord du vapeur . . .

Your goods should be on board by . . . Vos marchandises doivent être à bord avant . . .

Our rates for full board are . . . Nos tarifs en pension complète (*f*) sont les suivants: . . .

See arrange.

bond

Goods left in bond are not dutiable. Les marchandises sous douane
(*f*) ne sont pas imposables.

We would expect to leave these goods in bond pending re-exportation.
Nous pensons laisser ces marchandises sous douane (*f*) en attendant
de les réexporter.

bonded warehouse

We have instructed our agent to deposit the goods in a bonded
warehouse. Nous avons chargé notre agent de déposer les
marchandises dans un entrepôt sous douane.

booking

See alternative, confirm, unable.

booklet

See particulars.

box

See charge (*verb*), mark, pack, stack, tick.

breakdown

We have experienced continual breakdowns with ... Nous avons eu
une série de pannes (*f*) avec ...

bring forward

The date of the (visit/meeting) has been brought forward. La date de
(la visite/la réunion) a été avancée.

The sum of ... has been brought forward to ... La somme de ... a
été reportée sur ...

bring out

The makers will shortly be bringing out an improved model. Les
fabricants sortiront sous peu un modèle amélioré.

brochure

Please let us have a copy of your brochure. Veuillez nous faire
parvenir votre brochure (*f*).

We enclose our brochure showing ... Ci-joint notre brochure (*f*)
présentant ...

Write for our new brochure on ... Demandez notre nouvelle brochure
(*f*) sur ...

See particulars, request (*verb*).

bulk orders

See discount, offer (*verb*).

buoyant

See market.

business

> **As we have not had the pleasure of doing business before . . .** Comme nous n'avons pas eu le plaisir de traiter avec vous auparavant . . .
>
> **As this is the first time we have done business together . . .** Comme nous traitons avec vous pour la première fois . . .
>
> **We look forward to the opportunity of doing business with you . . .** En attendant l'occasion de traiter avec vous . . .
>
> **I hope this will lead to further business between us.** J'espère que nous aurons à nouveau l'occasion de traiter avec vous.
>
> **In view of the volume of business done with you over past years . . .** Eu égard au volume des affaires (*f*) que nous avons faites avec vous dans le passé . . .
>
> **We have done business with you for the past . . . years/since 1980.** Nous faisons affaire (*f*) avec vous depuis les . . . dernières années/depuis 1980.
>
> **We have been doing business with you for some years.** Nous faisons affaire (*f*) avec vous depuis quelques années.
>
> **We hope to have the pleasure of doing business with you again.** Nous espérons avoir le plaisir de traiter avec vous à nouveau.
>
> **We look forward to doing business with you again . . .** Dans l'attente de traiter avec vous à nouveau . . .
>
> **Business dealings have always been conducted satisfactorily.** Les transactions (*f*) ont toujours été menées de manière satisfaisante.
>
> **We have excellent local business connexions.** Nous avons d'excellentes relations d'affaires dans la région.
>
> **See slack, sound, terms.**

business address

> **Business address.** Adresse (*f*) de nos bureaux.

business contacts

> **He wishes to make (new) business contacts in the area.** Il souhaite établir de (nouvelles) relations (*f*) d'affaires dans la région.

business premises

> **See transfer.**

business relationship

> **We are considering a business relationship with . . .** Nous envisageons de faire des affaires avec la société . . .

buy

> **See behalf.**

buyers

> **See offer** (*verb*).

C

calculate
  See clear.
call
  Please call me when you arrive. Veuillez m'appeler à votre arrivée.
  Please call me on . . . Veuillez m'appeler au . . .
  Please call our representative Harold Duchêne at 09 786 654. Veuillez
  appeler notre représentant Harold Duchêne au 09 786 654.
  call . . . toll free. Appelez gratuitement au . . .
  Please let me know when it would be convenient for me to call.
  Veuillez me faire savoir quand il serait possible que je passe vous
  voir.
  **We are arranging for our representative to call and discuss . . . with
  you.** Nous faisons le nécessaire pour que notre représentant passe
  vous voir pour discuter . . .
  See representative, secretary, c.f. ring, telephone.
call for
  Please advise us when the goods are ready to be called for. Veuillez
  nous aviser lorsque les marchandises seront prêtes à prendre.
  We will notify your agent when the order is ready to be called for.
  Nous notifierons votre agent lorsque la commande sera prête à
  prendre.
  **We would be grateful if you could arrange for the consignment to be
  called for.** Nous vous serions reconnaissants de bien vouloir faire le
  nécessaire pour que nous venions chercher la commande.
call on
  I will be happy to call on you when I am in . . . Je serai heureux de
  passer vous voir lorsque je me trouverai à . . .
  **My timetable is flexible, and I would be happy to call on you when
  suitable.** Mon emploi du temps est souple et je serais heureux de

passer vous voir quand il vous conviendra.

Mr ... representing ... is travelling in your area and will call on you on ... M ... représentant la maison ... se trouve dans votre région et passera vous voir le ...

Our representative Mr ... will call on you shortly. He will be able to give you the benefit of our most advantageous terms. M ... notre représentant passera vous voir sous peu. Il pourra vous faire profiter de nos conditions les plus avantageuses.

... will call on you to present our new products shortly. ... passera vous voir sous peu pour vous présenter nos nouveaux produits.

cancel

I am reluctantly obliged to cancel our appointment. Je me vois malheureusement contraint d'annuler notre rendez-vous.

Please cancel the last item on our order. Veuillez retirer le dernier article de notre commande.

We are obliged to cancel our order for ... Nous sommes contraints d'annuler notre commande de ...

We must ask you to cancel our order for ... Nous vous demandons d'annuler notre commande de ...

We regret having to cancel our order for ... Nous avons le regret de devoir annuler notre commande de ...

Since you cannot deliver within 30 days we are obliged to cancel the order. Puisque vous ne pouvez pas assurer la livraison sous 30 jours, nous sommes contraints d'annuler la commande.

As you cannot supply ex-stock we regret that we must cancel our order. Comme vous n'avez pas ces articles en magasin nous avons le regret de devoir annuler notre commande.

I would be obliged if you would cancel the reservation and refund the deposit. Je vous saurais gré de bien vouloir annuler la réservation et rembourser les arrhes.

We acknowledge receipt of your letter cancelling ... Nous vous accusons réception de votre lettre par laquelle vous annulez ...

See instructions, order (*noun*).

capacity

See ship (*verb*).

car

See despatch (*verb*).

care

See packing.

career
  See curriculum vitae.
career objective
  career objective. objectif.
carefully
  See unable, unpack.
cargo
  The mv ... will be accepting cargo on ... and ... Le vapeur ...
  embarquera la cargaison le ... et le ...
  When does the ship close for cargo? Quelle est la date/l'heure limite
  du chargement (*m*) du vapeur?
  See accept, close, discharge, examine, reserve (*verb*).
cargo flights
  We would like information about your cargo flights to ... Nous
  voudrions avoir des renseignements sur vos vols commerciaux (*m*) à
  destination de ...
carriage
  Carriage is extra on small orders. Le transport est en sus/supplément
  pour les commandes peu importantes.
carriage forward
  Goods are usually despatched carriage forward. Les marchandises
  sont habituellement expédiées en port (*m*) dû.
  We are returning the goods carriage forward as agreed. Nous vous
  retournons les marchandises en port (*m*) dû comme convenu.
  Your order has been despatched carriage forward. Votre commande
  a été expédiée en port (*m*) dû.
carrier
  See pick up.
carry out
  See production line.
case
  See check, handling, Lloyd's agent, mark, pack, packing note, short,
  stand up to.
(in) case
  See file.
cash flow problem
  See settle.
catalogue
  Our new catalogue features ... Notre nouveau catalogue (*m*)
  présente ...

We enclose a copy of our comprehensive catalogue showing ... Nous vous envoyons ci-joint notre catalogue (*m*) complet présentant ...

We note that this ... does not appear in your new catalogue. Nous remarquons que ce(tte) ... ne figure pas dans votre nouveau catalogue (*m*).

Write for our catalogue of ... Demandez notre catalogue (*m*) de ...

See code number, interest, list, particulars, product, quality, send, wonder.

cater

See ample, stock.

cause

See apologies, trouble.

caution

We advise caution. Nous vous conseillons la prudence.

We would advise you to act with caution in dealing with ... Nous vous conseillons d'agir avec prudence (*f*) dans vos relations avec ...

certificate

See inspection.

certificate of origin

See drawback.

certify

We attach a certified copy of ... Nous joignons une copie certifiée de ...

Certified true and correct. (Copie) certifiée conforme (et véritable).

change

See policy.

charge (*noun*)

Our charges are ... Nos prix (*m*) sont les suivants: ...

Our standard charges are ... Nos frais (*m*) ordinaires sont ...

There is no charge for ... ... est gratuit(e).

An additional charge is payable for ... Un supplément est exigé pour ...

Please advise us of the amount of the charges. Veuillez nous faire connaître le montant de vos frais (*m*).

Our forwarding agents will inform you of their charges separately. Nos agents transitaires vous feront connaître leurs frais (*m*) séparément.

Total freight charges for this ... would be ... La totalité des frais de transport pour ce(tte) ... s'élèverait à ...

See additional, consignee, cover (*verb*), details, disposable, freight,

include, incur, negotiable, payable, sliding scale, warehousing.

(in) charge (of)

In charge of ... Responsable de ...

charge (*verb***)**

... are charged at ... ... sont au prix de ...

Please charge this ... to us. Veuillez mettre ce(tte) ... sur notre compte/facture.

We are charging this ... to your account. Nous portons ce(tte) ... à votre compte.

As agreed, we are charging your account with ... Comme convenu, nous portons à votre compte ...

This amount will be charged to your account. Le montant sera porté à votre compte.

The (boxes) are charged to you at ... Nous vous faisons les (boîtes) au prix de ...

As requested, the ... will be charged separately. Selon vos instructions, les ... seront facturé(e)s séparément.

You have charged for (4 dozen) but sent (3). Vous avez facturé (4 douzaines) mais n'en avez envoyé que (3).

Pallets are not charged and are not returnable. Les palettes ne sont pas facturées et ne sont pas reprises.

See cost, error, premium, twice.

charter

Please charter ... Veuillez affréter ...

Please charter for us a vessel of about ... tons. Veuillez affréter pour notre compte un navire de ... tonnes environ.

Please send us details of vessels available for charter. Veuillez nous faire parvenir des renseignements sur les navires disponibles (pour affrètement).

check

Please check the ... Veuillez vérifier le (la) ...

The ... has been checked and found correct. Le/La ... a été vérifié(e) et s'est avéré(e) exact(e).

The number of cases checked with the advice note. Le nombre de caisses est conforme à l'avis d'expédition.

When the contents were checked it was discovered that ... Lorsque les marchandises ont été vérifiées il est apparu que ...

On checking we discovered that ... Lors de la vérification nous avons découvert que ...

See install, short.

cheque

Please let us have your cheque for ... Veuillez nous faire parvenir un chèque pour ...

circumstances

In view of the difficult circumstances ... Eu égard aux circonstances (*f*) difficiles ...

This ... was due to circumstances beyond our control. Ce(tte) ... a été causé(e) par des circonstances (*f*) indépendantes de notre volonté.

Under no circumstances could we ... Nous ne pouvions en aucun cas (*m*) ...

Under the present circumstances ... Dans les circonstances (*f*) actuelles ...

Under these circumstances ... Dans ces circonstances (*f*) ...

See decline.

claim

We are making a claim on our insurance company. Nous adressons une déclaration (*f*) de sinistre/d'accident à notre compagnie d'assurance.

We wish to claim under the terms of our policy No ... Nous avons l'honneur de vous présenter une demande d'indemnisation selon les termes de notre police No ...

We therefore regret being unable to allow your claim. En conséquence nous avons le regret de ne pouvoir donner suite à votre réclamation (*f*).

See compensation, facilitate, unable.

clear

This sum clears our account. Cette somme liquide notre compte.

We calculate that this payment clears the account. D'après nos calculs ce règlement liquide notre compte.

We hope to have the consignment cleared at customs on ... Nous espérons faire dédouaner l'envoi le ...

See amount, customs, delivery, liability.

clearance

We must ask you for prompt clearance of ... Nous vous demandons de dédouaner ... le plus rapidement possible.

clearly

See mark.

clerical error

This ... was due to a clerical error. Ce(tte) ... a été dû(e) à une erreur d'écritures.

close

The mv . . . is closing for cargo on 21 May at 12 noon. Le vapeur . . . termine son chargement le 21 mai à midi.

See cargo, delivery, ship (*verb*).

cloth

See match.

c/o

Care of . . . Aux bons soins de . . .

coating

See withstand.

coded

The boxes have been colour coded. Le boîtes ont reçu un code couleur.

code number

This code number does not appear in our catalogue. Ce numéro de référence n'apparaît pas dans notre catalogue.

See correspond.

collect *US*

Please return the goods collect. Veuillez nous retourner les marchandises en port dû.

collect

Your order was collected this morning. Votre commande a été prise ce matin.

We will collect the consignment shortly. Nous viendrons prendre l'envoi sous peu.

We note that the consignment is to be collected at . . . Nous notons que l'envoi doit être pris à . . .

We are arranging for the goods to be collected. Nous faisons le nécessaire pour que les marchandises soient prises.

The consignment was collected from the airfreight terminal yesterday. L'envoi a été pris hier au terminal de fret aérien.

Vehicles may be collected at . . . Les véhicules peuvent être pris à . . .

See arrangements, customs, inform, work.

collection

collection at . . . Les marchandises peuvent être prises à . . .

See crate.

combine

This new material combines lightness with strength. Ce nouveau tissu allie légèreté et robustesse.

come

I would be grateful if you would come to our offices on . . . Je vous

serais reconnaissant(e) de bien vouloir venir à nos bureaux le . . .
See **contact** (*verb*), **interview**.

commence
See **hire**.

comment (on)
Thank you for the opportunity to comment on . . . (reference). Je vous remercie de me permettre de porter un jugement sur . . .
See **prefer**.

comments
We would be grateful for your comments on this . . . Nous serions heureux d'avoir vos commentaires (*m*) sur ce(tte) . . .

commercial invoice
. . . in-triplicate copy of the commercial invoice. . . . facture (*f*) commerciale en 3 exemplaires.

commission
We are willing to allow an increased commission (on these new articles). Nous sommes disposés à consentir une augmentation de la commission (sur ces nouveaux articles).
See **deduction, waive**.

company
. . . are a respected company. . . . est une compagnie réputée.
See **difficulty, express, list, mark, outstanding, overdue, purchase, recruit, refer, registered, reliable, reputation, reputed, respected, settle, unsettled, warrant**.

compare
On comparing . . . En comparant . . .

compel
See **increase**.

compensation
We are therefore submitting a claim for compensation. Par conséquent nous vous adressons une demande d'indemnisation (*f*).
See **incur**.

competition
There is strong competition for this market. Il y a une forte concurrence pour ce marché.
Your products are now meeting strong competition from . . . Vos produits ont désormais à faire face à une forte concurrence de la part de . . .

complain
We find ourselves obliged to complain about . . . Nous nous voyons

contraints de vous adresser une réclamation au sujet de . .

We find ourselves obliged to complain about the quality of ... Nous sommes au regret de devoir vous adresser une réclamation concernant la qualité de ...

We wish to complain most vigorously about ... Nous tenons à vous faire part de notre plus vif mécontentement (*m*) au sujet de ...

See letter, short, short-shipment.

complaint

We are sorry to have to make a complaint about ... Nous sommes au regret de vous adresser une réclamation au sujet de ...

We have received a number of complaints about ... Nous avons reçu un certain nombre de réclamations (*f*) au sujet de ...

We were sorry to receive your complaint concerning ... Nous avons été désolés de recevoir votre lettre de réclamation (*f*) concernant ...

See look into.

complete

Complete the form below and send it to us, we will be happy to ... Complétez le formulaire ci-dessous et retournez-le nous, nous serons heureux de ...

Please complete the enclosed form/questionnaire/reply card. Veuillez compléter le formulaire/questionnaire/la carte-réponse ci-joint(e).

The completed document should be returned to ... Le document complété doit être retourné à ...

... duly completed. ... complété en bonne et due forme.

See arrangements, demonstration, expedite, facilitate, omit, process, send.

completely

See exhausted.

completion

See cover (*verb*).

compliments

With compliments ... (name). Avec les compliments (*m*) de ...

Please accept this ... with our compliments. Veuillez accepter ce(tte) ... avec nos compliments (*m*).

comply

See request (*noun*).

comprehensive

See catalogue, cover (*insurance*), product.

computer system

See install.

concern *(noun)*

This is a small family concern of good standing locally. C'est une petite entreprise familiale qui a bonne réputation dans la région.

We have been dealing with this concern for many years. Nous traitons avec cette entreprise depuis de nombreuses années.

concern *(verb)*

We are concerned that ... Nous craignons que ...

We are concerned to learn that ... Nous apprenons avec inquiétude que ...

To whom it may concern. A qui de droit.

See complaint, information, inquiry, instructions, non-delivery, refer, reply *(verb)*, time, transport.

concession

As a concession we are prepared to ... A titre de concession *(f)* nous sommes prêts à ...

See price.

condition

The goods arrived in good condition. Les marchandises nous sont parvenues en bon état *(m)*.

See arrive.

(on) condition (that)

on condition that ... A condition *(f)* que ...

Our order is placed on condition that (the goods are delivered by ...). Nous passons commande à condition *(f)* que (les marchandises soient livrées avant ...)

conditions

These conditions apply only for orders over ... in value. Ces conditions *(f)* ne sont valables que pour les commandes dépassant une valeur de ...

To meet someone's conditions. Accepter les conditions *(f)* de quelqu'un.

We are ignorant as to the local conditions and ... Nous ignorons les conditions *(f)* locales et ...

See adapt, knowledge, withstand.

conditions of sale

Please note the terms and conditions of sale which are printed on the reverse side of the invoice. Veuillez prendre connaissance des conditions *(f)* de vente imprimées au dos de la facture. ...

condolences

See express.

conduct (*verb*)
See business.
confidence
Thank you for your confidence in our products. Nous vous remercions
de votre confiance (*f*) en nos produits.
You may have complete confidence in Mr . . . Vous pouvez faire
entièrement confiance (*f*) à M . . .
See advice.
(in) confidence
Any information you may give will be treated in confidence. Tout
renseignement que vous pourriez nous donner sera considéré comme
strictement confidentiel.
**Any information you can give to assist us will be held in strict
confidence** (*US*). Tout renseignement que vous pourriez nous donner
pour nous aider sera considéré comme strictement confidentiel.
This information is, of course, given in strictest confidence. Ces
renseignements sont bien sûr fournis à titre strictement confidentiel.
Your reply will be treated in strictest confidence. Votre réponse sera
considérée comme strictement confidentielle.
Applications in confidence to . . . Candidature à adresser
personnellement à . . .
Please let us know in confidence whether . . . Veuillez nous faire
savoir à titre confidentiel si . . .
confident
We are confident that . . . Nous sommes persuadés que . . .
You may be confident that . . . Vous pouvez être assuré que . . .
confidential
. . . the information will be treated as strictly confidential. Les
renseignements seront considérés comme strictement confidentiels.
This information is strictly confidential. Ces renseignements sont
strictement confidentiels.
confirm
Can you confirm that . . . ? Pouvez-vous nous confirmer que . . . ?
We confirm that . . . Nous vous confirmons que . . .
We have pleasure in confirming that . . . Nous avons le plaisir de vous
confirmer que . . .
I am happy to confirm the date and time you suggested for a meeting.
Je suis heureux de vous confirmer la date et l'heure que vous m'avez
proposées pour un rendez-vous.
Please confirm the appointment with my secretary. Veuillez confirmer

le rendez-vous auprès de ma secrétaire.

I am writing to confirm our telephone conversation of . . . Je vous
confirme par cette lettre notre conversation téléphonique du . . .

I am writing to confirm our telex booking of . . . Je vous confirme
par cette lettre notre réservation par télex du . . .

This credit will be confirmed by . . . Ce crédit sera confirmé par . . .

See agreement, arrangements, bill of exchange, cover (*insurance*),
credit (*noun*), **deliver, deposit, instruct, instructions, insurance, pay
off, protection, reservation, ship** (*verb*), **standard, tally.**

confirmation

We were pleased to receive confirmation of your order for . . . Nous
avons été heureux de recevoir confirmation (*f*) de votre commande
de . . .

**When we receive confirmation of the credit transfer we will despatch
your order.** Quand nous recevrons confirmation (*f*) du virement
bancaire, nous expédierons votre commande.

See modification.

conform

**Can you advise us whether this model conforms to the new safety
standards in our country?** Pouvez-vous nous faire savoir si ce modèle
est conforme aux nouvelles normes de sécurité de notre pays?

See quality.

connection

In connection with . . . Relativement à . . . relatif à . . .

connexions

See business.

consequence

As a consequence . . . En conséquence . . .

consider

We would consider . . . Ltd to be safe for the credit you mention.
Nous estimons que vous pouvez accorder sans risque à la société . . .
les crédits dont vous faites mention.

See agency, business relationship, creditworthy, extend, order (*noun*),
purchase, risk, sound, standing, undercapitalised, unsaleable.

considerable

See inconvenience, stock.

consideration

After careful consideration . . . Après avoir longuement
considéré, . . .

consign
    The following goods have been consigned to ... Les marchandises
    suivantes ont été expédiées à ...
    We have today consigned to your address ... Nous avons ce jour
    expédié à votre adresse ...

consignee
    Please charge the premium to the consignees. Veuillez mettre la
    prime à la charge des destinataires *(m)*.
    The consignee's address is ... L'adresse du destinataire est la
    suivante: ...

consignment
    The consignment consists of ... L'envoi *(m)* est composé de ...
    **See clear, collect, container, convey, customs officials, defer, delivery,
    despatch** *(verb)***, hold up, insure, open cover terms, ship** *(verb)***, short,
    c.f. order, shipment.**

consignment basis
    We are prepared to supply you on a consignment basis. Nous sommes
    prêts à vous approvisioner sur la base de lots *(m)*.
    We are prepared to let you have these goods on a consignment basis.
    Nous sommes disposés à vous vendre ces marchandises sur la base
    de lots *(m)*.
    **We wondered whether you would be prepared to deal with us on a
    consignment basis.** Peut-être seriez-vous disposés à traiter avec nous
    sur la base de lots *(m)*.
    We would be willing to handle the goods on a consignment basis.
    Nous sommes disposés à traiter les marchandises sur la base de lots
    (m).

consist of
    See consignment.

consult
    See reference.

contact *(noun)*
    See express.

contact *(verb)*
    I will contact you on arrival at ... Je vous contacterai à mon arrivée
    à ...
    ... I will contact you then. ... je vous contacterai à ce moment.
    You will be able to contact me at ... Vous pourrez me
    contacter/joindre à ...
    We were advised to contact you on the subject of ... On nous a
    conseillé de vous contacter au sujet de ...

We expect to be contacting you again in the near future. Nous espérons vous contacter à nouveau très bientôt.

When we met at . . . you suggested that I contact you when I came to your region. Lorsque nous nous sommes rencontrés à . . . vous m'avez suggéré de vous contacter quand je viendrai dans votre région.

. . . will contact you to arrange a date for a meeting. . . . prendra contact avec vous pour fixer la date d'un rendez-vous.

Your representative in . . . has advised us to contact you directly. Votre représentant à . . . nous a conseillé de vous contacter directement.

See **advise, appointment, arrange, representative, shortly, soon.**

contain
See **time-saving.**

container
We have arranged for the consignment to be despatched by container. Nous avons fait le nécessaire pour que l'envoi soit expédié en conteneurs (*m*).

containerised
The rate for insurance of containerised goods is . . . Le taux d'assurance pour les marchandises en conteneurs (*m*) est de . . .

containers
See **cost, disposable, non-returnable,** *passim.*

contamination
The contents have suffered some contamination (by) . . . Les marchandises ont été détériorées (par) . . .

contents
See **check, contamination, loss, transport.**

continual
See **breakdown, policy (of company).**

contract
The contract is now being drawn up for signature. Le contrat est en cours de rédaction.

We have entered into a contract for . . . Nous avons passé un contrat pour . . .

See **according to, delivery, instalment, notice** (*noun*).

contrary
Unless we hear from you to the contrary, . . . Sauf avis (*m*) contraire de votre part, . . .

Unless we hear to the contrary we will expect . . . Sauf avis (*m*) contraire nous espérons . . .

Unless we receive instructions to the contrary . . . Sauf instructions
(*f*) contraires de votre part . . .
Unless you specify to the contrary we shall . . . Sauf indication (*f*)
contraire de votre part nous . . .

control

See circumstances.

convenience

**Our representative in your area will make arrangements for a
demonstration at your convenience.** Notre représentant local
organisera une démonstration au moment où cela vous conviendra.

convenient

If it is convenient . . . Si cela vous convient . . .
I hope it will be convenient for me to . . . J'espère que je ne vous
dérangerai pas si . . .
See call.

convey

Please convey the consignment to our forwarding agent at . . . Veuillez
transporter l'envoi chez l'agent transitaire à . . .

cooperation

See appreciate, thank.

copy

See bill of lading, brochure, catalogue, certify, commercial invoice,
document, forward, invoice, price list, product list, send, separate
cover, survey.

cordially

See invite, launching.

correct

We have arranged for the correct items to be despatched at once.
Nous avons fait le nécessaire pour que les articles voulus soient
expédiés sans délai.
See certify, check.

correctly

See unable.

correspond

**On unpacking we were surprised to find that the goods sent did not
correspond with those on the advice note.** Au déballage nous avons
constaté avec surprise que les marchandises expédiées ne
correspondaient pas à l'avis d'expédition.
The . . . **and the** . . . **do not correspond.** Le/La . . . et le/la . . . ne
correspondent pas.

The code number you quote does not correspond with the article you describe. La référence indiquée ne correspond pas à la description de l'article.

See due, invoice.

correspondence

See mention, print, quote.

correspondent

. . . kindly instruct your correspondent in . . . to . . . . . . veuillez avoir l'obligeance de demander à votre correspondant (*m*) à . . . de . . .

We are informed by . . . that you are their correspondent in . . . . . . nous a informés que vous étiez leur correspondant (*m*) à . . .

cost

The cost of . . . would be in the region of . . . Le coût de . . . serait de . . . environ.

We can help you reduce costs with our . . . Nous pouvons vous aider à réduire vos frais (*m*) en vous proposant . . .

Minimize costs with our new service. Réduisez vos frais (*m*) avec notre nouveau service.

Costs of raw materials have increased considerably in the past year/recently. Le coût des matières premières a considérablement augmenté cette dernière année/récemment.

Pallets and containers are charged at cost. Les palettes et les conteneurs seront facturés à prix (*m*) coûtant.

See all-in price, difference, insure, omit, pro-forma invoice, rising.

count on

We assure you that you may count on . . . Soyez certain que vous pourrez compter sur . . .

coupon

To obtain further details return this coupon to . . . Pour plus amples renseignements retournez ce bon à . . .

course

See outcome, unloading.

cover (*noun*)

We are sending . . . under separate cover. Nous expédions . . . sous pli (*m*) séparé.

cover (*verb*)

The enclosed invoice covers goods sent against your order No . . . La facture ci-jointe correspond aux marchandises envoyées selon votre ordre No . . .

The enclosed invoice covers goods supplied during the first quarter of

the year. La facture ci-jointe correspond aux marchandises fournies pendant le premier trimestre de cette année.

This invoice covers... Cette facture correspond à...

... our sight draft covering the payments and charges. Notre traite à vue couvrant les paiements et les charges.

We require completion of the attached supplementary form to cover new customs regulations. Nous vous demandons de compléter le formulaire annexe ci-joint afin de répondre aux nouvelles réglementations douanières.

See bill of lading, invoice, transactions.

cover (*insurance*) (*noun and verb*)

... covers up to... ... couvre jusqu'à un montant de...

We presume that you will require cover up to £... Nous supposons que la couverture nécessaire s'élèvera à...

We can offer comprehensive cover on the shipment. Nous vous proposons une assurance tous risques de l'envoi.

We have arranged for the goods to have full cover until loaded. Nous avons fait le nécessaire pour que les marchandises soient couvertes totalement par l'assurance jusqu'au chargement.

In transit cover should be arranged by the purchaser. L'assurance (*f*) en cours de transport doit être organisée par l'acheteur.

We would advise you to arrange cover for leakage. Nous vous conseillons de prendre une assurance contre les risques de coulage.

We would be obliged if you would cover us against all risks. Nous vous serions obligés de bien vouloir nous couvrir contre tous risques.

Please hold us covered for (a consignment)... Veuillez nous assurer (un envoi de)...

We confirm that we hold you covered for this... Nous vous confirmons que nous vous assurons ce(tte)...

Corrosion damage is not covered by the present policy. Les dégâts causés par la corrosion ne sont pas couverts par cette police.

See additional clause, all-risks, insurance, open cover terms, policy (*insurance*)**, proposal form, quote, warehoused.**

cover note

We enclose a cover note pending the issue of the policy. Nous envoyons ci-joint une note de couverture en attendant que la police vous soit délivrée.

crate

The parts have been crated and await collection. Les pièces ont été emballées dans des caisses et attendent d'être prises.

See **mark, non-standard, notice** *(verb)*, **pack, stipulate.**

credit *(verb)*

Please credit our account accordingly. Veuillez créditer notre compte en conséquence.

Please credit us with the amount shown. Veuillez nous créditer du montant indiqué.

This amount will be credited to you on return of . . . Cette somme vous sera créditée en retour de . . .

This item/sum should have been credited to . . . Ce(tte) montant/somme aurait dû être porté(e) au crédit de . . .

Your remittance was credited to our account today. Votre versement a été porté au crédit de notre compte ce jour.

You have omitted to credit us with . . . Vous avez omis de nous créditer de . . .

See **difference, receive.**

credit *(noun)*

Credit should be limited to . . . Le crédit accordé devrait être limité à . . .

A credit of . . . on any one transaction. Un crédit de . . . pour chaque opération.

We think credit should be restricted to . . . in any one month. Nous pensons que le crédit accordé devrait être limité à . . . par mois.

Would a credit of . . . be a fair risk? Pouvons-nous (leur) accorder un crédit de . . . sans risques?

We will ship the goods as soon as the credit is confirmed. Nous expédierons les marchandises aussitôt que le crédit nous sera confirmé.

Your account is now . . . in credit. Votre compte est désormais créditeur de la somme de . . .

. . . for the credit of . . . . . . pour le crédit de . . .

The bank of . . . has been instructed to open a credit in your favour. Nous avons demandé à la banque . . . d'ouvrir un crédit en votre faveur.

We are opening a credit of . . . in your favour. Nous ouvrons un crédit de . . . en votre faveur.

See **advise, confirm, consider, extension, hesitate, justified, risk, transfer.**

credit advice

We enclose a credit advice relating to . . . Nous envoyons ci-joint un avis de crédit relatif à . . .

credit card

    We regret that we are not able to accept payment by credit card.
Nous sommes au regret de ne pouvoir accepter de règlement par
carte (*f*) de crédit.

credit facilities

    We are prepared to offer credit facilities. Nous sommes prêts à vous
accorder des facilités (*f*) de paiement (*m*).

    See arrange.

credit note

    We enclose our credit note for . . . Nous vous envoyons ci-joint notre
facture (*f*) d'avoir (*m*) pour . . .

    We will send you a credit note for the difference. Nous vous enverrons
une facture d'avoir (*m*) correspondant à la différence.

credit profile

    We would appreciate receiving a confidential credit profile on . . .
Nous souhaitons recevoir à titre confidentiel le profil de la situation
financière de la société . . .

credit status

    What is their credit status? Quelle est leur situation (*f*) financière?

credit terms

    Credit terms are available for large orders. Des facilités (*f*) de
paiement (*m*) sont offertes pour toute commande importante.

    We would like to ask you to grant us credit terms. Nous vous
demandons de nous accorder des facilités (*f*) de paiement (*m*).

    See extend, policy (of company).

credit transfer

    See confirmation.

creditworthy

    Would you consider them to be creditworthy? Estimez-vous que nous
puissions leur consentir un crédit?

cross

    We think your letter must have crossed with ours. Nous pensons que
votre lettre a dû croiser la nôtre.

crushproof

    We use special crushproof boxes. Nous utilisons des boîtes spéciales
résistant aux chocs.

    See pack.

currency

    See units.

current
> See liability, price, rates, tariffs.

curriculum vitae
> **Details of my career to date are set out on the attached curriculum vitae.** Les détails concernant ma carrière jusqu'à ce jour sont donnés sur le curriculum vitae ci-joint.
>
> **I enclose a copy of my curriculum vitae.** Je vous envoie ci-joint un exemplaire de mon curriculum vitae.
>
> See file.

customer (reference) number
> See print, quote.

customers
> See established, policy (of company).

customs
> **The goods have now cleared customs and can be collected from . . .** Les marchandises viennent d'être dédouanées et peuvent être prises à . . .
>
> **We regret that we expect customs clearance problems to delay delivery.** Nous sommes au regret de vous informer que des problèmes de dédouanement retarderont la livraison.
>
> See clear.

customs formalities
> **We will undertake all customs formalities on your behalf.** Nous nous chargerons pour vous de toutes les formalités (*f*) douanières.
>
> See formalities.

customs officials
> **Customs officials are holding back the consignment pending payment of a fine.** Les autorités (*f*) douanières retiennent l'envoi jusqu'au paiement d'une amende.
>
> **Unfortunately, customs officials held up the goods because they were not accompanied by the correct documents.** Malheureusement, les autorités douanières ont retenu les marchandises car celles-ci n'étaient pas accompagnées des documents appropriés.
>
> See impound, non-standard, request (*verb*), shipment (*consignment*).

customs problems
> See late

customs regulations
> See cover (*verb*).

D

damage

It was noticed that some of the pallets had suffered damage. Il est apparu que certaines des palettes ont subi des dégâts (*m*).

To avoid damage in transit . . . Afin d'éviter tout dégât en cours de transport . . .

The boxes have been damaged by the entry of seawater. Les boîtes ont été contaminées par l'eau de mer.

See cover (*insurance*), following, insurer, liability, notice (*verb*), packing, price, replacements, responsible, transport, unsaleable.

data

See send.

date

. . . 90 days after date. . . . à 90 jours de date.

The only date I can propose is . . . La seule date que je puisse vous proposer est . . .

We can assure you that your order will be ready by the stipulated date. Nous pouvons vous assurer que votre commande sera prête avant la date stipulée.

date of birth. date (*f*) de naissance

date and place of birth. Né(e) le . . . à . . .

See accept, arrange, bring forward, confirm, contact (*verb*), delivery, detained, draw on, meet (*person*), request (*verb*), unable.

dated

See letter.

days

. . . at 30 days, documents against acceptance. . . . à 30 jours de date, documents contre acceptation.

See accept, agree, amount, balance, cancel, deduct, deliver, draw on, effect, further, method of payment, regret, settlement, ship (*verb*),

unless.

deadline

As you mention that your goods must meet a strict delivery deadline we have . . . Comme vous mentionez que vos marchandises doivent respecter une date limite de livraison impérative nous avons . . .

The deadline for this . . . is 4th October. La date limite pour ce(tte) . . . est le 4 octobre.

The deadline we agreed for this . . . has now passed. La date limite pour ce(tte) . . . dont nous étions convenus est désormais dépassée.

We agreed that the deadline for delivery would be . . . Nous étions convenus que la date limite de la livraison serait . . .

deal

The agents in your area are . . . and we would be grateful if you would deal through them. . . . est l'agence pour votre région, nous vous saurions gré de bien vouloir vous adresser à elle.

See consignment basis, caution, equip, export orders, promptly, risk.

dealers

We are the leading dealers in . . . Nous sommes le principal distributeur (*m*) de . . .

dealings

To have dealings with . . . Traiter avec/être en rapport avec . . .

We have never had dealings with the firm you mention in your enquiry. Nous n'avons jamais traité avec l'entreprise que vous citez dans votre demande de renseignements.

We have not previously had dealings with this company and would like to know . . . Nous n'avons eu aucun rapport (*m*) avec cette compagnie par le passé et nous voudrions savoir . . .

See business, reliable.

decision

Since you have not yet made a decision to purchase we wondered whether you would like further information/a visit from our engineer? Vous n'avez pas encore pris la décision d'acheter, mais peut-être voudriez-vous des renseignements supplémentaires/la visite de notre ingénieur?

decline

We have no alternative but to decline your offer. Nous n'avons d'autre alternative que de décliner votre offre.

Because of this our agents in . . . have declined to sign the delivery sheet. Pour cette raison, nos agents de . . . n'ont pas accepté de signer le bon de livraison.

In the circumstances we have declined to accept your bill of exchange.
Dans ces conditions, nous ne pouvons honorer votre traite.

deduct

**The 2% discount should not have been deducted as your payment was
late.** L'escompte de 2% n'aurait pas dû être déduit, votre règlement
étant en retard.

**2% may be deducted from the amount shown if payment is effected
within 30 days.** Une déduction de 2% peut être effectuée sur le
montant indiqué si le règlement a lieu sous 30 jours.

deduction

**After deduction of our commission and expenses there remains a
balance of . . .** Après déduction (*f*) de notre commission et de nos
frais il reste un solde de . . .

defect

This defect may be due to . . . Ce défaut est peut-être dû à . . .

defective

See sample.

defer

**Payment may be deferred until you receive our bill for the rest of the
consignment.** Le règlement peut être différé jusqu'à la réception de
notre facture pour le reste de l'expédition.

deferred terms

. . . are prepared to grant deferred terms of payment. . . . sont prêts
à accorder des facilités (*f*) de crédit (*m*).

definite

We would be grateful for a definite answer soon. Nous vous serions
reconnaissants de nous donner rapidement une réponse définitive.

delay

We regret the delay in replying to your letter. Nous vous prions
d'excuser notre réponse tardive à votre lettre.

We must apologize for the long delay in dealing with . . . Nous vous
prions d'excuser notre action tardive concernant . . .

. . . are subject to a delay of . . . . . . peuvent présenter un retard
de . . .

As a result there might be a delay in delivery. En conséquence il est
possible qu'il y ait du retard dans la livraison.

**We are sorry to inform you that a delay of 6 to 8 weeks is expected
on this order.** Nous sommes au regret de vous faire savoir qu'un
retard de 6 à 8 semaines sur cette commande est possible.

Your order will be despatched without delay. Votre commande sera expédiée sans délai (*m*).

We would be obliged if you would delay delivery until ... Nous vous serions obligés de bien vouloir retarder la livraison jusqu'au ...

We expect delivery to be delayed because of ... Nous attendons des retards (*m*) dans la livraison en raison de ...

In view of this, delivery is likely to be delayed. En conséquence, un certain retard dans la livraison est possible.

The delayed articles/shipment should reach you by ... Les articles/l'envoi présentant du retard devraient (devrait) vous parvenir avant ...

We are delaying payment until ... Nous retardons le règlement jusqu'à ...

We regret that payment of this invoice has been much delayed. Nous sommes désolés du retard dans le règlement de cette facture.

See customs, delivery, execute, further, inevitable, owing to, remittance, repack, settle, shipment (*consignment*), unexpected.

delete

Please delete from the order any items you cannot supply by ... Veuillez annuler de la commande tout article que vous ne pouvez fournir avant ...

Please delete items (1 and 2) from our order. Veuillez annuler les articles (1 et 2) de la commande.

Please delete the part which does not apply. Veuillez rayer les sections qui ne s'appliquent pas (au cas présent).

We must ask you to delete ... from the order. Nous vous demandons d'annuler ... de la commande.

delighted

See satisfied.

deliver

Please deliver ... (*documents*). Veuillez remettre ...

Please deliver ... (*goods*). Veuillez livrer ...

Please arrange to deliver ... Veuillez nous faire livrer ...

Are you in a position to deliver these items? Etes-vous en mesure de nous livrer ces articles?

The goods should be delivered to ... Les marchandises doivent être livrées à ...

We expect to deliver within 10 days. Nous espérons pouvoir effectuer la livraison sous 10 jours.

All our products can be delivered within 10 days. Tous nos produits sont livrables sous 10 jours.

We undertake to deliver in any part of the world. Nous assurons la livraison dans le monde entier.

... are delivered in ... (*packing*). ... sont conditioné(e)s en ...

The following items from our indent No ... have just been delivered at our stores. Les articles suivants figurant sur notre ordre No ... viennent d'être livrés à notre entrepôt.

We are happy to confirm that the goods we ordered have just been delivered. Nous sommes heureux de vous confirmer que les marchandises que nous avons commandées viennent d'être livrées.

... were wrongly delivered. ... ont été livré(e)s à tort.

See **address, any, cancel, export orders, sample, stock, (in) time (for).**

delivery

Our goods are available for immediate delivery. Nos marchandises sont livrables immédiatement.

We can promise delivery within/by ... Nous pouvons assurer la livraison sous/avant ...

... delivery at ... ... livraison (*f*) à ...

As we pointed out, delivery for non-standard items is usually three months. Comme nous vous l'avons indiqué, le délai de livraison (*f*) pour ces articles hors normes est généralement de 3 mois.

Delivery is guaranteed within 10 days of receipt of payment. La livraison est garantie dans les 10 jours qui suivent la réception de votre règlement.

We cannot guarantee delivery for the date you mention. Nous ne pouvons garantir la livraison pour la date que vous indiquez.

We expect a delay in delivery as our plant has had to be closed for essential repairs. Un retard dans nos livraisons (*f*) est possible en raison de la fermeture de notre usine pour rénovation.

Delivery by purchaser's own transport. Livraison (*f*) assurée par l'acheteur.

Arrangements for delivery are to be made by the purchaser. La livraison doit être organisée par l'acheteur.

Can you guarantee immediate delivery? Pouvez-vous nous garantir la livraison immédiate?

We require these items for immediate delivery. Ces articles doivent être livrés immédiatement.

We have just taken delivery of the consignment of ... Nous venons de prendre livraison (*f*) de l'envoi de ...

Our warehouse has today taken delivery of the items on our order No ... Notre entrepôt a pris livraison (*f*) ce jour des articles figurant sur notre ordre No . . .

. . . your last delivery. . . . votre dernière livraison.

We are still awaiting delivery of the . . . Nous attendons toujours la livraison de . . .

According to the terms of our contract delivery of this item is now overdue. Selon les termes de notre contrat, la date de livraison (*f*) de cet article est désormais dépassée.

. . . made it clear that delivery was required by 7 May. . . . a/ont insisté sur le fait que la livraison devait être effectuée avant le 7 mai.

Delivery of . . . is required for . . . without fail. . . . doivent être livré(e)s impérativement le . . .

We would be grateful if you would delay delivery until . . . Nous vous serions reconnaissants de bien vouloir retarder la livraison jusque . . .

Please quote your terms for delivery by airfreight. Veuillez nous indiquer vos tarifs de livraison (*f*) par voie aérienne.

See apologize, arrange, await, customs, deadline, delay, due, expedite, guarantee, late, negotiable, omit, price, prompt, punctual, responsible, short, short-shipment.

delivery address

See omit.

delivery charges

Delivery charges are . . . by road, . . . by rail, . . . by sea, or . . . airfreighted. Les frais (*m*) de livraison (*f*) sont de . . . par route, . . . par voie ferrée, . . . par mer ou de . . . par voie aérienne.

The rate per dozen includes delivery charges. Le prix à la douzaine comprend les frais (*m*) de livraison (*f*).

delivery date

We regret that we are unable to give you a firm delivery date (until we obtain the necessary document). Nous regrettons de ne pouvoir vous donner une date de livraison définitive (jusqu'à réception des documents nécessaires).

Please give us a firm delivery date. Veuillez nous donner une date de livraison définitive.

Please let us know the expected delivery date. Veuillez nous informer lorsque vous pensez être en mesure de livrer.

See proceed.

delivery sheet

See decline.

delivery time

Delivery time depends on the method of transport. Les délais (*m*) de livraison (*f*) varient selon les modes de transport.

demand

> **Demand has been slack.** Il y a peu de demande (*f*).
>
> **There is an increasing demand for . . .** Il y a une demande croissante pour . . .
>
> **We have become aware of the growing demand for . . .** Nous sommes conscients de la demande croissante pour . . .
>
> **There is a steady demand for . . .** Il y a une demande constante pour . . .
>
> **There is a strong demand here for the type of product you offer.** Il y a ici une forte demande pour le type de produit que vous proposez.
>
> **The type of article you manufacture is much in demand here.** Le type d'article que vous fabriquez est très demandé ici.
>
> **We are having difficulty in meeting demand for your new range of . . .** Nous avons des difficultés à satisfaire la demande pour votre nouvelle gamme de . . .
>
> See popular, unexpected.

demonstration

> **Just complete the reply coupon and we will arrange a free demonstration.** Remplissez le coupon-réponse et nous organiserons une démonstration gratuite.
>
> **Our local representative will be happy to give you a free demonstration.** Notre représentant pour votre région sera heureux de vous faire une démonstration gratuite.
>
> **We can offer you a free demonstration on your own premises.** Nous vous proposons une démonstration gratuite à votre lieu de travail.
>
> **We saw a demonstration of your products at . . . and would like . . .** Nous avons assisté à une démonstration de vos produits à . . . et nous aimerions . . .
>
> **We would be happy to arrange for a demonstration if this would help.** Nous serions heureux d'organiser une démonstration si celle-ci pouvait vous être utile.
>
> See convenience, representative.

depend

> See delivery time.

deposit

> **This is a deposit against our order No . . .** Ci-joint un acompte à valoir sur notre ordre No . . .
>
> **There is a deposit of . . . on the returnable drums.** Les barrils sont consignés . . .

A deposit of 25% is payable before we can proceed with machining the special parts you require. Un acompte de 25% est exigé avant la mise en usinage des pièces spéciales que vous nous avez demandées.
Please forward a deposit of . . . to confirm the reservation. Veuillez nous faire parvenir des arrhes (*f*) de . . . afin de confirmer la réservation.
See bonded warehouse, cancel.

depot
See despatch (*verb*).

describe
See correspond, *passim.*

design
We pack our machines in specially designed crates. Nous emballons nos machines dans des caisses spécialement conçues à cet effet.
See packaging, stand up to.

despatch (*noun*)
The despatch of your order . . . L'expédition (*f*) de votre commande . . .
We will shortly be advising you of despatch. Nous vous aviserons de l'expédition (*f*) sous peu.
We will let you know as soon as the goods are ready for despatch). Nous vous informerons dès que les marchandises seront prêtes à être expédiées.
Will you please arrange for immediate despatch of . . . Auriez-vous l'obligeance de faire livrer . . . immédiatement.
We are surprised not to have received advice of despatch yet. Nous sommes surpris de ne pas encore avoir reçu un avis d'expédition (*f*).
See draw on, facilitate, make up, order (*noun*), prepare, request (*verb*), shortly.

despatch (*verb*)
We have today despatched . . . Nous avons expédié ce jour . . .
We normally despatch goods within 3 working days of receipt of order. Nous expédions normalement les marchandises dans les 3 jours ouvrables suivant la réception de la commande.
We usually despatch goods by lorry/truck. Nous expédions normalement les marchandises par camion.
Your order was despatched by car to the sea terminal today. Votre commande a été expédiée ce jour par voie ferrée à la gare maritime.
The goods should be despatched shortly. Les marchandises devraient être expédiées sous peu.

The consignment should be despatched to our depot in... L'envoi devrait être expédié à notre dépôt de...

We have taken the liberty of despatching... as a substitute. Nous nous sommes permis d'expédier un... en remplacement.

Were there items in fact despatched? Ces articles ont-ils bien été expédiés?

See advise, carriage forward, confirmation, container, correct, delay, make up, outstanding, overseas orders, payment, receipt of payment, remain, remittance.

despatching instructions

See agent.

(in) detail

See proposition.

details

Details of... are enclosed. Ci-joint des renseignements (*m*) sur...

Details of our... are to be found on page... Vous trouverez des renseignements (*m*) sur nos... page...

Details of the new items are shown on the back page. Vous trouverez une description des nouveaux articles en dernière page.

Further details can be obtained from... Pour tous renseignements (*m*) complémentaires s'adresser à...

He will be able to give you more complete details of... Il sera en mesure de vous donner des renseignements (*m*) plus complets sur...

As soon as we receive details of... Aussitôt que nous recevrons des renseignements (*m*) sur...

We would appreciate details of your services and charges. Nous souhaiterions recevoir des renseignements (*m*) sur vos services et vos tarifs.

See accommodation, ago, attract, charter, coupon, forward, forwarding charges, full, further, include, negotiate, omit, request (*noun*), since (*time*), telex, terms of sale.

detained

I am afraid that I will be detained in... until after the date we agreed for a meeting. Je crains d'être retenu à... jusqu'après la date convenue de notre rendez-vous.

Unfortunately I expect to be detained in... for some time. Malheureusement je serai peut-être retenu à... pendant quelque temps.

develop

We wish to develop... Nous souhaitons développer....

See market.
device
See need.
dictated
See absence.
difference
Please let us have your remittance/credit note for the difference.
Veuillez nous faire parvenir votre règlement/avoir correspondant à
la différence.
... the difference in cost between ... ... la différence de coût
entre ...
... and we are crediting you with the difference. ... et nous vous
créditons de la somme correspondant à la différence.
See credit note, make up.
difficult
See raw materials.
difficulty
We believe this company is experiencing some financial difficulties.
Nous pensons que cette société est confrontée à des difficultés (*f*)
d'ordre financier.
We have had difficulties in obtaining raw materials. Nous avons eu
des difficultés (*f*) à nous procurer des matières premières.
See appreciate, popular, temporary.
dimensions
See must.
dine
See thank.
dinner
See invitation, meet (*person*).
diploma
I obtained the diploma of/in ... at ... J'ai obtenu le diplôme de ...
en ...
directions for use
Directions of use are to be found in the enclosed manual. Vous
trouverez le mode d'emploi dans le manuel ci-joint.
disappointed
We have been disappointed with the quality of ... Nous avons été
déçus par la qualité de ...
See sorry.

disappointment

We are sure you will understand our disappointment. Nous sommes certains que vous comprendrez notre déception (*f*).

discharge

This ... discharges the outstanding amount due on ... (*invoice*). Ce(tte) ... acquitte la somme restante due sur ...

During discharge from the vessel (one of the engines came off the sling). Au cours du déchargement du navire (un des moteurs s'est détaché de l'élingue).

This ship could discharge at ... Ce navire pourrait décharger à ...

We have learned that the mv ... is expected to discharge at ... on ... Nous avons appris que le vapeur ... doit décharger à ... le ...

While the cargo was being discharged ... Pendant le déchargement de la cargaison ...

disclaim

See liability.

discontinued

This model has been discontinued. Ce modèle n'est plus fabriqué.

We can offer a certain number of discontinued models at a discount of ... Nous vous proposons un certain nombre de modèles de fin de série au prix réduit de ...

A discontinued line. Une gamme qui ne se fabrique plus.

We are sorry to inform you that production of these items has been discontinued. Nous sommes désolés de vous informer que nous ne fabriquons plus ces articles.

discount

We would like to know whether you are prepared to grant us a discount for our order for ... ? Nous voudrions savoir si vous êtes disposés á nous accorder une réduction sur notre commande de ...?

In view of the size of the order we trust that you will be prepared to offer a discount. Considérant l'importance de la commande, nous espérons pouvoir bénéficier d'un escompte.

Quantities exceeding ... receive a discount of ... Les quantités supérieures à ... bénéficient d'une réduction de ...

Bulk orders qualify for a progressive discount of ... Toute commande en gros bénéficie d'un escompte progressif de ...

We are prepared to keep the goods if you will grant us a discount of ... Nous sommes prêts à garder les marchandises moyennant une réduction de ...

See **deduct, discontinued, effect, established, exceptionally, group booking, offer** (*verb*) **prepared** (**to**), **special, take account of**

discover

See **check** *passim*.

discreet

... if you would make discreet enquiries. ... si vous voulez bien vous renseigner discrètement.

discrepancy

There is a discrepancy between the number shown on the advice note and the number shown on the packing note. Le numéro figurant sur l'avis d'expédition ne correspond pas à celui figurant sur la liste de colisage.

discretion

We are counting on your discretion in this matter. Nous comptons sur votre discrétion (*f*) à ce sujet.

discuss

I would like to meet you to discuss a matter of mutual interest. J'aimerais vous rencontrer afin de discuter d'une question qui nous intéresse l'un comme l'autre.

I would very much like to discuss a matter which I think will interest you. J'aimerais beaucoup discuter d'une question qui, je crois, vous intéressera.

I shall be pleased to discuss the possibility of ... with you. Je serais heureux de discuter de ... éventuel(le) avec vous.

I would like to discuss some aspects of this project with you. J'aimerais discuter de certains aspects de ce projet avec vous.

We are sure you would find it worthwhile discussing your needs with our engineers. Nous sommes certains que vous trouverez utile de discuter de vos besoins avec nos ingénieurs.

I would like to discuss the matter with you personally. J'aimerais discuter de cette affaire avec vous personnellement.

See **agency, call, estimate, matter, proposition, representative.**

dishonour

The bill has been dishonoured. L'effet n'a pas été honoré.

display

Our products will be on display at ... Nos produits seront exposés à ...

There will be a display of our clearing systems at ... Une exposition de nos systèmes de nettoyage aura lieu à ...

See **packaging.**

disposable
We are now using disposable containers for which there is no charge.
Nous utilisons maintenant des conteneurs non repris qui ne sont pas
consignés.
See stack.

disposal
We are holding the goods at your disposal. Nous tenons les
marchandises à votre disposition (*f*).
We will arrange for the disposal of the damaged goods. Nous ferons
le nécessaire pour écouler les marchandises endommagées.
See information.

dispose of
We would be grateful if you would dispose of the items at the best
available price. Nous vous serions reconnaissants de bien vouloir
écouler ces articles au meilleur prix.

dissatisfied
We are sorry to learn that you are dissatisfied with . . . Nous avons
été désolés d'apprendre votre mécontentement (*m*) au sujet de . . .

distribute
See agent.

distributor
Could you recommend anyone who could act as our distributor in . . .
Pourriez-vous nous recommender quelqu'un qui puisse devenir notre
distributeur (*m*) à . . .
We wondered whether you would be willing to act as sole distributor
of . . . in . . . Peut-être seriez-vous disposé à devenir notre distributeur
(*m*) exclusif de . . . à . . .
We would be grateful if you would let us have the address of a local
distributor. Nous vous serions reconnaissants de bien vouloir nous
transmettre l'adresse d'un distributeur de la région.
We would be interested in acting as distributor for your goods. Nous
souhaiterions devenir distributeur (*m*) de vos produits

docks
See pick up.

document
These documents are being handled by . . . . . . s'occupe(nt) de ces
documents (*m*).
We attach a copy of the document. Vous trouverez ci-joint un
exemplaire du document.
See accompany, amend, authorize, complete, customs officials, days,

delivery date, drawee, fax, fine, forward, payment, print, release, request (*verb*), settlement, surrender.

documents against acceptance

Documents against acceptance. Documents (*m*) contre acceptation.
Our bank has been instructed to hand over the shipping documents on a documents against acceptance basis. Nous avons demandé à notre banque de remettre les documents (*m*) d'expédition sur la base documents contre acceptation.

domicile

The following acceptances have been domiciled with you. Les acceptations suivantes ont été domiciliées chez vous.

dozen

We enclose an order for 3 dozen ... Vous trouverez ci-joint une commande de 3 douzaines (*f*) de ...
See delivery charges, order (*verb*).

draft

Please attach the following to your draft ... Veuillez joindre les pièces suivantes à votre traite (*f*).
See accept, acceptance, advise, bankers, payment, protection, represent, settlement, surrender.

draft agreement

We enclose the draft agreement relating to ... Vous trouverez ci-joint le projet de contrat (*m*) concernant ...

draw

We would draw your attention to the fact that ... Nous voudrions attirer votre attention sur le fait que ...
See attention, note.

drawback

Drawback is payable when the import licence and certificate of origin have been presented. Le remboursement des droits est exigible sur présentation de la licence d'importation et du certificat d'origine.

drawee

Kindly instruct your bank to release the documents to the drawee. Veuillez avoir l'obligeance de demander à votre banque de remettre les documents au tiré.

draw on

As requested, we shall draw on you at 60 days for the amount of our invoice. Comme vous nous l'avez demandé, nous tirerons sur vous à 60 jours pour la valeur de notre facture.
Please arrange for us to draw on you at ... Veuillez faire le nécessaire

pour que nous puissions tirer sur vous à . . .

Please draw on us for the amount of your invoice. Veuillez tirer sur nous pour la valeur de votre facture.

We have arranged for you to draw on us at 60 days for the amount of your invoice. Nous avons fait le nécessaire pour que vous tiriez sur nous à 60 jours de date pour la valeur de votre facture.

We shall draw on you at . . . days from the date of shipment. Nous tirerons sur vous à . . . jours de la date d'expédition.

You may draw on us at 90 days from the date of despatch. Vous pouvez tirer sur nous à 90 jours de la date d'expédition.

We enclose a cheque drawn on the . . . Bank. Vous trouverez ci-joint un chèque tiré sur la Banque de . . .

See accepted bill, agree, amount, arrange, balance.

draw up
    See contract.

drink
    I wondered if we could discuss this over a drink? Peut-être pourrions-nous discuter de ceci en prenant l'apéritif (*m*)/un verre?

    Perhaps we could have drinks together at . . . Nous pourrions peut-être prendre l'apéritif (*m*)/un verre ensemble à . . .

    See meet (*person*).

drums
    The parts have been packed in sealed drums. Les pièces ont été emballées dans des fûts métalliques (*m*) scellés.

    See non-returnable.

due
    Payment was due by . . . Le règlement devait être effectué avant . . .

    The account is past due (*US*). La date du règlement est dépassée.

    The amount due does not correspond with . . . Le montant dû ne correspond pas avec . . .

    . . . the amount of . . . due on 8 May. . . . Le montant de . . . payable le 8 mai.

    The next delivery is due on . . . La prochaine livraison doit avoir lieu le . . .

    See load, remind, renewal, take account of.

due to (cause)
    See circumstances, clerical error, defect, late, oversight, sales.

due to (expected to)
    . . . due to sail on . . . . . . doit appareiller le . . .

    See sail.

duly
See complete, endorsed.

during
See absence, interest, meeting.

dutiable
We must inform you that these goods are dutiable. Nous devons vous informer que des marchandises sont imposables.
See bond.

duty
Heavier import duties force us to increase our prices from ... Des droits d'entrée plus élevés nous obligent à augmenter nos prix à partir de ...

The import duty on ... has been increased. La taxe d'importation sur ... a été augmentée.
See levy, sales.

duty paid
The contract is based on a duty paid price. Le contrat est basé sur un prix 'marchandises dédouanées'.

E

early
See appreciate, attention, reply (*noun*), settlement.
economical
See process.
education
Education and training (*curriculum vitae*). Formation (*f*).
EEC
See negotiable.
effect
These tariffs come into effect from ... Ces tarifs entrent en vigueur à partir de ...

There is a discount of 2% if payment is effected within 30 days. Il y a une réduction de 2% si le règlement est effectué dans les 30 jours.

See insurance, payment, price, shipment (*transport*).
effective
We enclose our new price list which is effective from ... Vous trouverez ci-joint nos nouveaux tarifs qui entrent en vigueur le ...

See packaging.
effort
We will make every effort to ... Nous ferons tout ce qui nous est possible pour ...
embargo
We are sorry that there is now an embargo on ... Nous sommes désolés de vous informer qu'il existe désormais un embargo sur ...
emphasize
We must emphasize that ... Nous devons insister sur le fait que ...

See late, valid.
employ
I was employed by ... as ... J'ai travaillé chez ... en qualité de ...

See trust.
employment history
   Employment history. Expérience professionnelle.
enable
   See process.
enclose
   We enclose our order No ... for ... Vous trouverez ci-joint notre
   ordre no ... pour ...
   Enclosed please find ... Veuillez trouver ci-joint ...
   We have pleasure in enclosing ... Nous avons le plaisir de vous
   envoyer ci-joint ...
   See **accepted bill, account sales, amount to, arrange, attract, brochure,
   catalogue, complete, cover** (*verb*), **cover note, credit advice, credit
   note, curriculum vitae, details, dozen, draft agreement, draw on,
   effective, expedite, export, facilitate, folder, further, herewith, indent,
   invoice, match, order** (*noun*), **packing note, particulars, price list,
   product list, pro-forma invoice, quarterly account, receipt, request**
   (*verb*), **sample, shipping instructions, sight draft, statement, survey.**
end
   By the end of ... Avant la fin de ...
endorsed
   Please let us have the ... duly endorsed. Veuillez nous faire parvenir
   le/la ... dûment endossé(e).
enforce
   We are taking action to enforce ... Nous prenons des mesures pour
   appliquer/faire observer ...
engagement
   ... owing to a previous engagement. ... en raison d'une promesse
   antérieure.
engineer
   See **decision, discuss, solve,** *passim.*
engines
   See **discharge.**
enjoy
   See **reputation.**
enquire
   See **envisage, financial standing, standing, stock.**
enquiry
   We are always glad to answer enquiries about our products. Nous
   sommes toujours heureux de répondre à des demandes (*f*) de

renseignements (*m*) sur nos produits.

We regularly receive enquiries about ... Nous recevons régulièrement des demandes (*f*) de renseignements (*m*) au sujet de ...

We suggest that you make enquiries with ... Nous vous suggérons de vous adresser à ...

See appreciate, dealings, discreet, following, pass (on), reply (*verb*), standing.

ensure

We have taken steps to ensure that this will not happen again. Nous avons pris des dispositions pour nous assurer que ceci ne se reproduira pas.

See production line.

enter

Please enter ... Veuillez entrer ...

enter into

See contract, terms.

entry

We find that you have missed an entry for ... Nous avons découvert que vous avez omis de porter ...

envisage

We would like to enquire when you envisage settling this bill. Nous nous permettons de vous demander quand vous envisagez de régler cette facture.

equip

We are equipped to deal with/handle ... Nous sommes équipés pour traiter de/nous occuper de ...

error

Following an error in our Purchasing Department item 7 should read ... and not ... En raison d'une erreur de notre service des achats, l'article 7 devrait se lire ... et non ...

Please notify us immediately of any error. Veuillez nous signaler toute erreur (*f*) immédiatement.

Thank you for pointing out our error. Nous vous remercions de nous avoir signalé notre erreur (*f*).

The ... was charged to you in error. Le(la) ... vous a été facturé(e) par erreur (*f*).

We think you have made an error in ... Nous pensons que vous avez commis une erreur dans ...

We wish to point out an accounting error in ... Nous nous permettons de signaler une erreur de comptabilité dans ...

See apologies, apologize, packers.

essential

It is essential that these items reach us before . . . Ces articles doivent nous parvenir impérativement avant . . .

See prompt, punctual.

establish

See agency.

established

. . . have been established since . . . . . . sont établis depuis . . .

We have been established here for . . . years. Notre maison est établie ici depuis . . . ans.

We are willing to offer these articles at a discount of . . . to established customers. Nous sommes prêts à proposer à nos clients réguliers une réduction de . . . sur ces articles.

estimate

If our estimate was not satisfactory we would be happy to discuss it further. Si notre devis (*m*) ne vous satisfaisait pas, nous serions prêts à en discuter à nouveau.

We would be glad to have an estimate for . . . Nous souhaiterions avoir un devis (*m*) pour . . .

We would be interested to receive your estimate for . . . Nous aimerions recevoir votre devis (*m*) pour . . .

See valid.

evaluation

See warrant.

everything

See agreeable.

examination

See subject to.

examine

We immediately had the cargo examined by . . . Nous avons immédiatement fait inspecter la cargaison par . . .

See arrange, Lloyd's agent.

exceed

. . . must not exceed . . . . . . ne doit pas dépasser . . .

We would warn you that the import quota for these articles has been exceeded. Nous vous signalons que le quota d'importation pour ces articles a été dépassé.

See discount.

excellent
See business.

exceptionally
Exceptionally all orders received before . . . will qualify for a discount
of . . . A titre exceptionnel, toute commande reçue avant . . .
bénéficiera d'une réduction de . . .

exchange rate
See price.

execute
Your order will be executed without delay. Votre commande sera
exécutée sans délai . . .

executive
See able.

exhausted
Our stock of . . . is completely exhausted. Notre stock de . . . est
complètement épuisé.

exhibit
See exhibition.

exhibition
We invite you to visit our exhibition/exhibit at . . . Vous êtes invité
à visiter notre exposition (f) à . . .
You will be able to see our new models at the . . . exhibition in . . .
Vous pourrez voir nos nouveaux modèles à l'exposition (f) de . . .
à . . .
See stand.

expect
I do not expect to be in . . . until . . . Je ne devrais pas me trouver
à . . . avant . . .
I expect to be in . . . on . . . Je devrais me trouver à . . . le . . .
Please let us know when we may expect . . . Veuillez nous faire savoir
quand nous pouvons espérer (recevoir) . . .
. . . is expected to (arrive at . . . /be delivered by 15 May). . . . doit
(arriver à . . . /être livré avant le 15 mai).
See contact (*verb*), contrary, customs, delay, deliver, detained,
discharge, price, quality, regret, re-order, settle, shipment
(*consignment*), standard, terms.

expectation
See quality.

expedite
In order to expedite delivery we should be obliged if you would

complete the enclosed form. Afin de pouvoir vous livrer le plus rapidement possible nous vous serions obligés de bien vouloir remplir le formulaire ci-joint.

expense

This ... has involved us in additional expense. Ce(tte) ... nous a entraînés dans des dépenses (*f*) supplémentaires.

See return.

expenses

See deduction, incur, responsible.

experience

Mr ... has wide experience in ... M ... a une expérience approfondie en ...

See breakdown, difficulty, professional experience.

expert

We have just received the expert's report on the ... Nous venons de recevoir le rapport d'expertise (*f*) sur ...

explain

See quotation, representative.

export

We enclose full particulars of our export models. Vous trouverez ci-joint une documentation complète sur nos modèles à l'exportation.

See homologation, notice (*noun*).

export orders

We do not deliver export orders but can recommend the agents at ... who usually deal with our orders. Nous n'assurons pas la livraison de commandes (*f*) à l'exportation (*f*) mais nous pouvons vous recommander les agents à ... qui exécutent habituellement nos commandes.

express

Several of our contacts expressed doubts about the standing of the company. Plusieurs personnes que nous avons contactées ont émis des doutes sur la réputation de cette société.

I am writing to express my condolences/thanks for ... Je vous prie de recevoir mes plus sincères condoléances/remerciements pour ...

I wish to express ... Je voudrais exprimer ...

ex-stock

We can supply all the items ex-stock. Nous pouvons vous fournir tous ces articles de nos stocks (*m*).

extend

To do this it will be necessary to extend the letter of credit. Pour ceci, il sera nécessaire de prolonger la lettre de crédit.

We wondered whether you would extend our credit terms? Auriez-vous l'obligeance de bien vouloir prolonger nos facilités de paiement?

We wondered whether you would consider extending the letter of credit? Peut-être envisageriez-vous de prolonger la lettre de crédit?

We would be grateful if you would consider extending our credit terms for . . . Nous vous serions reconnaissants de bien vouloir nous accorder un délai supplémentaire pour le paiement de . . .

We wish to extend our range of . . . Nous souhaitons étendre notre gamme de . . .

We have now extended our range of . . . Nous avons maintenant étendu notre gamme de . . .

We are willing to extend our special offer to include . . . Nous sommes disposés à étendre notre offre spéciale à . . .

See advise, policy (of company), thanks.

extension

We regret that we cannot allow you a further extension of credit. Nous regrettons de ne pouvoir vous accorder une nouvelle prolongation (*f*) de crédit.

extra

See carriage.

ex-works

Our prices are ex-works. Nos prix s'entendent départ usine.

F

facilitate
 ... and this will facilitate your claim. ... et votre réclamation recevra une meilleure attention.
 ... to facilitate (handling/maintenance). ... afin de faciliter (la manutention/la maintenance).
 To facilitate despatch we would be obliged if you would complete the enclosed form. Afin de faciliter l'expédition nous vous serions obligés de bien vouloir remplir le formulaire ci-joint.

facilities
 We would be interested to know what facilities you provide (letter to a hotel). Nous voudrions connaître les prestations (f) que vous offrez.
 See fax, standard, warehousing.

fact
 See attention, draw.

factory
 See order (*noun*), responsible.

fail
 We are unable to understand why you have failed to reply to our letters. Nous ne parvenons pas à comprendre pour quelles raisons nos lettres sont restées sans réponse.

(without) fail
 See delivery.

failing
 Failing (receipt of payment). A défaut de (paiement).

failure
 Failure to pay within the agreed time ... Défaut de paiement dans les délais convenus ...

faithfully
 See yours.

fall
See market, price, sales.

familiar
As we are not familiar with this company ... Comme nous connaissons peu cette société ...
We are not familiar with this market and therefore ... Nous connaissons mal ce marché et par conséquent ...

famous
See after-sales service, reliability, remind.

(as) far (as)
See registered, *passim*.

(at) fault
We do not think our department was at fault. Nous ne pensons pas que l'erreur (*f*) vienne de notre service.

favour
We will be happy to return the favour. C'est avec plaisir que nous vous rendrons le même service (*m*).
See balance, credit (*noun*), irrevocable letter of credit, statement.

favourable
See groupage rates, negotiate, terms.

favourably
We hope to hear favourably from you. Nous espérons avoir des nouvelles favorables de votre part.

fax
We can now receive your documents by fax transmission. Nous sommes désormais en mesure de recevoir vos documents par téléphotocopie.
We have fax transmission facilities. Nous disposons d'un service de téléphotocopie.

feature
A feature of our new model is ... Une des caractéristiques (*f*) de notre nouveau modèle est ...

fee
The standard fee for dealing with this type of shipment is ... Le tarif ordinaire pour ce type d'expédition est de ...

feel
See misunderstanding, price, suit.

figure
See amend, quantities.

file

We are keeping your (curriculum vitae) on file in case ... Nous gardons votre (curriculum vitae) dans nos dossiers (*m*) au cas où ... See offer (*noun*).

fill

We are happy to inform you that your order was filled today. Nous avons le plaisir de vous informer que votre commande a été exécutée ce jour.

fill in

Please fill in the attached form and return it to us. Veuillez remplir le formulaire ci-joint et nous le retourner.

finances

See testify.

financially

See sound.

financial standing

We are enquiring as to the financial standing of ... Nous voudrions avoir des renseignements concernant le situation financière de ...

find

We are trying to find ... Nous sommes à la recherche de ...
See accepted bill, account sales, agent, complain, correspond, discuss, enclose, entry, manufacture, market, print, quotation, short, suit, supplier, supplies, undercharge.

fine

A fine of ... has been imposed because the documents were not translated. Une amende de ... a été infligée parce que les documents n'étaient pas traduits.
The customs authorities have imposed a fine of ... for ... (reason). Les autorités douanières ont infligé une amende de ... en raison de ...
See customs officials, non-standard.

finest

We use only the finest materials. Nous n'utilisons que les meilleurs matériaux (general)/tissus (cloth).

fire damage

As a result of fire damage ... En raison de dégâts (*m*) causés par un incendie ...

firm (Ltd)

See dealings, payment, well-established.

firm

> **Before placing a firm order we would like to ...** Avant de passer commande (*f*) ferme nous voudrions ...
>
> **We are happy to place a firm order for ...** Nous avons le plaisir de passer commande (*f*) ferme pour ...
>
> **We are happy to offer a firm price of ...** Nous avons le plaisir de proposer un prix ferme de ...

first-time buyer

> **first-time buyer ...** nouveau client (*m*).
>
> See offer (*verb*).

fit

> See meeting.

fix

> See time charter.

flexible

> See call on.

floating policy

> **Please renew our floating policy No ...** Veuillez renouveler notre police (*f*) flottante No ...
>
> See policy (*insurance*).

fob

> See quote.

folder

> **The enclosed folder shows ...** Le dépliant (*m*) ci-joint présente ...

follow

> **The outstanding items will follow shortly.** Les articles restant à livrer suivront sous peu.
>
> **We note that the balance of the order is to follow.** Nous avons pris note que le solde de la commande doit suivre.
>
> See balance, unable.

following

> **Following your enquiry about ...** Suite à votre demande relative à ...
>
> **Following your letter of ...** Suite à votre lettre du ...
>
> **The following were damaged: ...** Les suivant(e)s ont été endommagé(e)s: ...
>
> See accommodation, arrive, consign, deliver, domicile, draft, information, instructions, order (*verb*), payment, policy (of company), transport.

force

These rates come into force from ... Ces tarifs entrent en vigueur à partir du ...
See price.

foreign order

See terms.

form

Complete the form and send it to this address: ... Formulaire (*m*) à remplir et à envoyer à l'adresse suivante: ...

Please send us the necessary application forms. Nous vous prions de nous faire parvenir les formulaires (*m*) nécessaires.

See complete, cover (*verb*), expedite, facilitate, fill in, omit, send.

formalities

We would be grateful for your advice on the necessary formalities for ... Nous vous serions reconnaissants de nous conseiller sur les formalités (*f*) nécessaires à ...

See undertake.

former

... the former amount is ... ... le montant précédent est de ...

forthwith

See return.

forward

Please forward ... Veuillez envoyer/faire suivre ...

Please forward further details of these ... to ... Nous vous prions de nous faire parvenir une documentation plus complète sur ces ... à ...

Kindly forward your payment for ... Veuillez envoyer votre paiement pour ...

We would be obliged if you would forward a copy of the document to your insurers. Nous vous serions obligés de bien vouloir faire parvenir à votre assureur un exemplaire du document.

The documents have been forwarded to ... Les documents ont été envoyés à ...

We are passing the ... to ... for forwarding to you. Nous transmettons le ... à ... qui fera suivre.

We require the goods to be forwarded by air. Nous demandons que les marchandises soient expédiées par voie aérienne.

See deposit, instruct, payment, receipt, remittance, sample, separate cover.

forwarding agent
See charge (*noun*), convey, receipt, remittance, shipping documents.

forwarding charges
We would like details of your forwarding charges. Nous voudrions
connaître vos frais (*m*) d'expédition.

forwarding instructions
We look forward to receiving your forwarding instructions. Dans
l'attente de recevoir vos instructions (*f*) pour l'expédition.

fragile
See handling.

free (*of appointments*)
I wondered whether you would be free then? Peut-être seriez-vous
libre à ce moment?

free (*no charge*)
... free of charge. ... gratuitement.
We will forward a free copy of our ... Nous vous enverrons un
exemplaire gratuit de notre ...
We will send you a free sample of ... Nous vous enverrons un
échantillon gratuit de ...
See demonstration.

free of particular average, fpa
See rates.

freight
As agreed, we will charge the freight to you. Comme convenu nous
vous facturerons le fret.
The bills of lading are to be marked 'freight prepaid'. Les
connaissements doivent porter la mention 'port payé'.
See mark, port of entry.

freighter
See sail.

frequency
See sailings.

fringe benefits
... with attractive fringe benefits. ... avec des avantages en nature
intéressants.

(as) from
See price.

full
Fuller details are available in ... Une documentation plus complète
est disponible à ...

(in) full
    See liquidity, settle.
funds
    See bearer.
furnished
    We are seeking furnished accommodation in your area. Nous sommes à la recherche d'un logement meublé dans votre région.
further
    further to ... suite à ...
    Further particulars are available on request. Des renseignements complémentaires sont disponibles sur demande.
    Please let us have further particulars of ... Nous vous prions de nous faire parvenir des renseignements complémentaires sur ...
    For further particulars contact ... Pour obtenir plus amples renseignements s'adresser à ...
    Should you require further information we would be happy to supply it. Au cas où vous désireriez des renseignements complémentaires, nous serions heureux de vous les fournir.
    We enclose further details of the items which attracted your interest. Vous trouverez ci-joint une documentation sur les articles qui ont éveillé votre intérêt.
    We would be grateful if you would allow us to delay payment for a further 30 days. Nous vous serions reconnaissants de bien vouloir nous accorder un nouveau crédit de 30 jours.
    See business, coupon, decision, details, estimate, extension, forward, information, particulars, soon, telex.
future
    In future please ... A l'avenir, nous vous prions de ...
    I hope we will be able to meet at some future date. J'espère que nous pourrons nous rencontrer à une date ultérieure.
    See anticipate, contact (*verb*).

G

gather

    We gather that... Nous pensons que... /nous concluons que...

glad

    We shall be glad to... Nous serons heureux de...

    We should be glad if you would... Nous vous saurions gré de bien vouloir...

    See arrange, attention, enquiry, estimate, matter, payment, rates, settlement, ship (*verb*), supply, time charter, transfer.

gladly

    See shipping arrangements.

good

    Please be good enough to... Veuillez avoir l'amabilité (*f*) de...

goods

    See acknowledge, address, advise, agree, arrange, arrangements, arrive, board, bond, bonded warehouse, carriage forward, collect, condition, consign, consignment basis, containerised, correspond, cover (*insurance*), cover (*verb*), credit, (*noun*), customs, customs officials, deadline, deliver, despatch (*verb*), discount, disposal, dutiable, forward, impound, inform, insure, invoice, levy, notice (*noun*), order (*noun*), pack, payment, pick up, prefer, proceed, quality, reach, reduction, requirement, sale or return, sample, ship (*verb*), shipment (*transport*), suitable, tests, works.

go over

    Our representative will be happy to go over the advantages of these models with you. C'est avec plaisir que notre représentant discutera avec vous des avantages de ces modèles.

governing

    See regulations.

graduate

    Graduated in... in 19... Diplôme de... obtenu en...

grant

Would you be prepared to grant special terms for . . . ? Seriez vous disposés à accorder des conditions spéciales pour . . . ?

See credit terms, deferred terms, discount, hesitate, open account, reduction.

grateful

I would be grateful to you for an answer. Je vous serais reconnaissant de nous donner réponse.

We would be grateful for your help in this matter. Nous vous saurions gré (*m*) de votre aide sur cette question.

We would be grateful if you would send . . . Nous vous serions reconnaissants d'envoyer . . .

See amend, appointment, benefit, come, comments, deal, definite, dispose of, extend, formalities, interview, packing instructions, replacements, reserve (*verb*), understanding, visit (*noun*), *passim*.

greatly

See reply (*noun*), *passim*.

groupage rates

Our groupage rates are very favourable. Nos tarifs de groupage (*m*) sont très avantageux.

group booking

A discount of 10% is allowed for group bookings. Nous consentons une remise de 10% sur les réservations (*f*) de groupe (*m*).

We would like to make a group booking for . . . Nous voudrions faire une réservation (*f*) de groupe (*m*) pour . . .

growing

See demand.

guarantee

Can you guarantee delivery within . . . Pouvez-vous garantir la livraison sous . . .

Our machines are guaranteed for 12 months. Nos machines sont garanties 12 mois.

These prices are guaranteed until . . . Ces prix sont garantis jusque . . .

See delivery, shipment (*transport*).

guarantees

See reference.

H

(in) hand
Your order . . . is in hand. Votre commande . . . est en cours d'exécution.
hand (to)
. . . have been handed to . . . . . . ont été remis à . . .
See shipping documents.
handle
See document, equip.
handling
The fragile items are packed in special cases to resist rough handling. Les articles fragiles sont emballés dans des caisses spéciales résistant aux chocs au cours de la manutention.
The heavy parts are palletized for easier handling. Les pièces de poids important sont disposées sur palettes afin de faciliter la manutention.
This . . . has caused additional handling costs. Ce(tte) . . . a occasionné des frais de manutention (*f*) supplémentaires.
See prompt, stand up to.
handling charges
Please note that the handling charges . . . Nous vous faisons remarquer que les frais (*m*) de manutention . . .
hand over
See documents against acceptance.
(in the) hands (of)
The matter is now in the hands of . . . L'affaire est désormais entre les mains (*f*) de . . .
happen
See assure.
happy
I should be happy to . . . Je serais heureux de . . .

I will be happy to ... Je serai heureux de ...

I would have been happy to ... **but** ... J'aurais été heureux de ... mais ...

We are happy to inform you that your order is in hand. Nous avons le plaisir de vous faire savoir que votre commande est en cours d'exécution.

See accommodation, advise, appointment, arrangements, assistance, attend, call on, confirm, deliver, demonstration, firm, further, go over, information, meet (*person*), meeting, recommend, reference, service, shipment (*consignment*), solve, *passim*.

hear

I look forward to hearing from you soon (expecting a letter). Dans l'attente de recevoir bientôt de vos nouvelles.

We hope to hear from you shortly. Nous espérons recevoir de vos nouvelles sous peu.

We look forward to hearing from you again. Dans l'attente de recevoir à nouveau de vos nouvelles.

See contrary, favourably, satisfied, shortly, soon.

help

See grateful.

hereby

I hereby confirm ... Je confirme par la présente ...

I hereby give notice that ... J'ai l'honneur de vous notifier par la présente que ...

See instruct.

herewith

We enclose herewith ... Nous vous envoyons sous ce pli (*m*) ...

hesitate

We would not hesitate in granting ... **credit up to** ... C'est sans hésitation (*f*) que nous accorderions à ... un crédit jusqu'à concurrence de ...

high

See price.

hire

Hires commence at 12 noon. Location (*f*) à partir de midi.

hobbies

Hobbies. Centres d'intérêt.

hold

Rooms are held until 8 pm. Les réservations sont garanties jusqu'à 20h.

We are holding ... pending ... Nous retenons ... en attendant ...
See (in) abeyance, cover (*insurance*)**, disposal, pending, policy**
(*insurance*)**, price, shipping instructions, stock.**

hold up
   ... have been held up in ... ... ont été retardé(e)s à ...
   The consignment has been held up by ... L'envoi a été retardé par ...

home address
   Home address. Adresse (*f*) personnelle.

homologation
   We have made an application for homologation in respect of this
   machine and hope to be able to export it by the end of the year. Nous
   avons déposé une demande d'homologation (*f*) pour cette machine
   et espérons être en mesure de l'exporter avant la fin de l'année.

honour
   We regret that we are unable to honour your draft. Nous sommes au
   regret de ne pouvoir honorer votre traite.
   The Bank of ... have honoured your sight draft for ... La banque
   de ... a honoré votre traite à vue d'une valeur de ...
   See acceptances.

hope
   See approval, assist, business, clear, favourably, future, hear, pleasure,
   position, shortly, soon.

hospitality
   See invitation.

hotel
   See alternative, welcome, *passim.*

I

if
>**If not . . .** Dans la négative . . .

identify
>**See market.**

immediate
>**Your order will receive our immediate attention.** Nous nous occuperons immédiatement de votre commande.
>
>**See attention, delivery, despatch** (*noun*), **order** (*noun*), **replacements, shipment** (*transport*).

immediately
>**We have immediately arranged for delivery of . . .** Nous avons fait immédiatement le nécessaire pour livrer . . .
>
>**See examine, payment, receipt of payment.**

import
>**See levy, regulations.**

import duties
>c.f. **duty.**

import licence
>**See drawback.**

import quota
>**See exceed, subject.**

impose
>**See fine, non-standard.**

impound
>**Unfortunately customs officials have impounded the goods.**
>Malheureusement les autorités douanières ont saisi les marchandises.

improve
>**See product, progressive.**

improvement
>**As a result of improvements in . . .** Les améliorations (*f*) apportées

à ... ont pour résultat ...

This new model is a considerable improvement on the previous ones.
Ce nouveau modèle a été considérablement amélioré par rapport aux
précédents.

See policy (of company).

in

I shall be in ... (town) from ... to ... Je me trouverai à ... de ...
à ...

include

Please include details of arrangements for payment. Nous vous prions
de joindre des renseignements concernant les modalités de paiement.

These charges include ... Ces frais comprennent ...

**See additional clause, all-in price, all-in rate, amount, balance, extend,
invoice, omit, packing charge, price, pro-forma invoice, rates.**

inclusive

... inclusive of all charges. ... tous frais compris.

See rates.

inconvenience

Please accept our apologies for the inconvenience caused. Nous vous
présentons nos excuses pour tout dérangement (*m*) qui a pu être
occasionné.

This ... has put us to considerable inconvenience. Ce(tte) ... nous a
causé beaucoup de dérangement (*m*).

increase

We are obliged to increase our prices (by ...). Nous sommes dans
l'obligation d'augmenter nos prix (de ...).

We have been compelled to increase our prices by ... Nous avons été
contraints de relever nos prix de ...

Our prices/rates have been increased by ... %. Nos prix/tarifs ont
été augmentés de ... %.

See commission, cost, duty.

increasing

See demand.

incur

Any supplementary expenses incurred are payable by the purchaser.
Tous frais supplémentaires qui interviendraient sont à la charge de
l'acheteur.

We are seeking compensation for the additional charges incurred.
Nous demandons une indemnisation pour les frais supplémentaires

intervenus.

See responsible.

indebted

We are indebted to (XYZ Ltd) for (information). Nous sommes redevables de (renseignement) à (XYZ Ltd).

indemnify

Provided you indemnify us. A condition que vous nous dédommagiez.

indent

Our indent No . . . is enclosed. Ci-joint notre ordre (*m*) d'achat No . . .

With reference to our indent No . . . for . . . En référence à notre ordre (*m*) d'achat No . . . pour . . .

See balance, deliver.

inevitable

We are sorry that some delay is inevitable. Nous sommes désolés de vous faire savoir qu'un certain retard est inévitable.

inform

We are pleased to inform you that . . . Nous avons le plaisir de vous informer que . . .

We will inform you when the goods are ready to be collected. Nous vous informerons dès que les marchandises seront prêtes à être prises.

We are informed by . . . that you . . . Nous avons été informés par . . . que vous . . .

We have informed Lloyd's agent. Nous avons informé l'agent de (la) Lloyd(s).

See arrangements, arrive, charge (*noun*), correspondent, delay, dutiable, happy, insurer, order (*noun*), outcome, payment, police, regret, reputation, request (*noun*), theft.

informally

See meet (*person*).

Information

If you still require information we shall be happy to supply it. Si vous désirez de plus amples renseignements nous serons heureux de vous les fournir.

Mr . . . wishes to gather information on (local markets) . . . M . . . souhaite recueillir des renseignements (*m*) sur (le marché local).

We are at your disposal for any additional information you may require. Nous restons à votre disposition pour tout renseignement (*m*) supplémentaire que vous souhaiteriez recevoir.

We can supply the following information concerning . . . Nous sommes en mesure de vous communiquer les renseignements (*m*) suivants concernant . . .

We have been unable to obtain reliable information on . . . Nous n'avons pu obtenir de renseignements (*m*) précis sur . . .

We have obtained the following information from our sources . . . Après enquête, nous avons obtenu les renseignements (*m*) suivants . . .

We regret that we have no information on . . . Nous regrettons de ne posséder aucun renseignement (*m*) sur . . .

We regret that we are unable to supply the information you requested. Nous sommes au regret de ne pouvoir vous communiquer les renseignements (*m*) que vous nous avez demandés.

We supply this information for your own use only. Nous vous communiquons ces renseignements (*m*) à titre strictement confidentiel.

We would appreciate further information about . . . Nous souhaiterions recevoir des renseignements (*m*) plus complets sur . . .

Would you be able to supply information concerning . . . ? Seriez-vous en mesure de nous communiquer des renseignements (*m*) concernant . . . ?

See assistance, cargo flights, (in) confidence, decision, further, quotation, refer, responsibility, transport, urgently, warrant.

initials

See mark.

inquire

We are writing to inquire whether (you have . . .). Nous souhaiterions savoir si (vous avez . . .).

See matter, vacancy.

inquiry

In response to your inquiry of . . . concerning . . . we have pleasure in . . . En réponse à votre demande (*f*) de renseignements du . . . relative à . . . nous avons le plaisir de . . .

Thank you for your inquiry of . . . concerning . . . Nous avons bien reçu votre demande (*f*) de renseignements du . . . concernant . . . dont nous vous remercions.

We were pleased to receive your inquiry concerning . . . Nous avons bien reçu votre demande (*f*) de renseignements concernant . . .

insist

See reduction.

inspection

> **We require a certificate of inspection.** Il nous faut un certificat de contrôle.
>
> See insurer.

install

> **We wish to install**... Nous souhaitons installer...
>
> **We are installing a new computer system and would ask you to check all invoices carefully.** Nous mettons en place un nouveau système informatisé, et vous demandons de vérifier soigneusement toutes les factures.

installation

> See all-in price.

instalment

> **The first instalment on the contract has just been received.** Le premier paiement (*m*) prévu par notre contrat vient de nous parvenir.

instead

> **If (this item) is not available please send**... **instead.** Si (cet article) n'est pas disponible, nous vous prions de (le) remplacer par...
>
> **Might I suggest that we meet on**... **instead?** Puis-je alors vous proposer de me rencontrer le...?
>
> See read.

instruct

> **As instructed we have**... Selon vos instructions (*f*) nous avons...
>
> **We have instructed our bank to remit the amount of**... Nous avons demandé à notre banque de verser la somme de...
>
> **We have instructed**... **to forward**... Nous avons demandé à... d'envoyer/de faire suivre...
>
> **We will instruct our agent to forward the order as soon as payment has been received.** Nous chargerons notre agent d'expédier la commande dès que le paiement aura été reçu.
>
> **We hereby confirm our telex message of**... **instructing you to buy/sell**... Nous vous confirmons par ce courrier notre message par télex du... par lequel nous vous demandions d'acheter/de vendre...
>
> See bank, bonded warehouse, correspondent, credit (*noun*), documents against acceptance, drawee, re-present.

instructions

> **Following your instructions we have arranged for collection of the goods.** Suivant vos instructions (*f*) nous avons fait le nécessaire pour que les marchandises soient prises.

In accordance with your instructions . . . Selon vos instructions (*f*) . . .

Thank you for your instructions concerning . . . Nous vous remercions de vos instructions (*f*) concernant . . .

We await your further instructions. Nous attendons vos instructions (*f*).

We confirm receipt of your (recent) instructions concerning . . . Nous vous accusons réception des instructions (*f*) (que vous nous avez récemment envoyées) concernant . . .

I am writing to you to cancel our instructions concerning . . . Je vous demande de ne pas tenir compte de nos instructions (*f*) concernant . . .

See contrary, make up, surrender, telex.

insurance

The insurance is needed from . . . L'assurance (*f*) doit prendre effet à partir de . . .

The insurance should cover transhipment. L'assurance (*f*) doit couvrir le transbordement.

Insurance cover is to be arranged by yourselves. Vous devez vous charger des formalités d'assurance (*f*).

We confirm that we will effect insurance . . . Nous vous confirmons notre intention de passer une assurance . . .

We will effect insurance against all risks as requested. Suivant vos instructions nous contracterons une assurance tous risques.

See claim, containerised, third party.

insure

Please insure us for . . . Nous vous prions d'assurer . . .

We will insure this consignment against all risks for the value of the goods and the cost of transport. Cet envoi sera assuré tous risques pour la valeur des marchandises et les frais de transport.

The goods are to be insured . . . Les marchandises doivent être assurées . . .

insurer

We are keeping the goods pending the inspection of the insurer. Nous retenons les marchandises en attendant la venue de l'assureur (*m*) qui les inspectera.

We would be obliged if you would inform your insurers of the damage. Nous vous serions obligés de bien vouloir informer vos assureurs (*m*) des dégâts.

See forward, (in) touch.

intend

We intend to ... Nous avons l'intention (f) de ...

interest (%)

... bearing interest at 6% per annum. ... portant intérêt (m) à 6% par an.

interest

Our interest was aroused by ... Notre intérêt (m) a été éveillé par ...

Some of the items in the catalogue attracted our interest. Certains articles présentés dans le catalogue ont attiré notre attention (f).

We appreciate your interest in our products. Nous sommes heureux de l'intérêt (m) que vous portez à nos produits.

Thanks for your expression of interest in our software. Nous vous remercions de l'intérêt (m) que vous portez à nos logiciels.

During the trade fair at ... you visited our stand and expressed an interest in ... Vous avez visité notre stand de la foire commerciale de ... et votre intérêt (m) a été éveillé par ...

See discuss, further, particulars, product.

interested

We would be interested in having ... Nous souhaiterions recevoir ...

We would be interested to receive further particulars of ... Nous serions désireux de recevoir une documentation sur ...

I was interested to learn that ... C'est avec intérêt (m) que j'ai appris que ...

We would be interested to learn whether ... Nous aimerions savoir si ...

We were interested to note that you ... C'est avec intérêt (m) que nous avons remarqué que vous ...

See agent, estimate, facilities, know, particularly, rates, sailings, sole agency, tariffs, trial.

interview

I would be grateful if you would come to ... for an interview at ... on ... Je vous serais reconnaissant de bien vouloir vous rendre à ... pour passer une entrevue (f) à ... le ...

I would be obliged if you would attend for an interview at ... on ... Je vous serais obligé de bien vouloir venir passer une entrevue qui aura lieu à ... le ...

See attend.

introduce

We have pleasure in introducing ... to you. Nous avons le plaisir de

vous présenter . . .
See line.

investigate

You may be sure we will investigate the matter thoroughly. Soyez assuré que nous examinerons la question attentivement.

invitation

. . . thanks . . . for their kind invitation but regrets that he/she will be unable to attend. . . . remercie . . . de leur aimable invitation (*f*) mais regrette d'être dans l'impossibilité de s'y rendre.

Mr/Ms . . . is happy to accept the kind invitation of . . . M/Mme . . . est heureux(euse) d'accepter l'aimable invitation (*f*) de . . .

. . . regrets being unable to accept . . . 's invitation to dinner as . . . . . . regrette de ne pouvoir accepter l'invitation (*f*) de . . . à dîner en raison de . . .

I hope to be able to return your hospitality/invitation one day. J'espère avoir l'occasion de vous rendre votre hospitalité/invitation (*f*).

See accept.

invite

It was very kind of you to invite me/us. C'était très aimable de votre part de m'inviter/nous inviter.

. . . cordially invites you to . . . . . . vous invite cordialement à . . .

We are happy to invite you to . . . Nous avons le plaisir de vous inviter à . . .

See exhibition, launching, stay.

invoice

The enclosed invoice covers goods sent against your order No . . . La facture ci-jointe correspond aux marchandises expédiées selon votre commande No . . .

. . . against receipted invoice. . . . contre facture acquittée.

Please make out the invoice in $US. Veuillez libeller la facture en dollars US.

We enclose a copy of our invoice. Vous trouverez ci-joint un exemplaire de notre facture (*f*).

We enclose our invoice amounting to . . . Vous trouverez ci-joint notre facture (*f*) d'un montant de . . .

Your invoice should include . . . Votre facture (*f*) doit inclure . . .

The amount shown on the invoice does not correspond with the amount of the letter of credit. La somme figurant sur la facture ne correspond pas à la somme portée sur la lettre de crédit.

These items will be invoiced to you (at . . .). Ces articles vous seront facturés (à . . .)

See (in) abeyance, accept, adjust, amount, arrange, conditions of sale, cover (*verb*), delay, draw on, install, meet (*conditions*), method of payment, omit, payment, query, settlement, show, take account of, terms.

involve

See expense.

irrevocable letter of credit

Payment should be made by irrevocable letter of credit. Le paiement doit être effectué par lettre de crédit irrévocable (*f*).

Please open an irrevocable letter of credit of . . . in favour of . . . Nous vous prions d'ouvrir une lettre de crédit irrévocable d'un montant de . . . en faveur de . . .

issue

See cover note, notify.

items

See dispose of, *passim*.

J

justified
    We think you would be justified in . . . Nous estimons que vous seriez fondé à . . .
    Would we be justified in giving them credit up to . . . ? Pouvons-nous leur accorder sans risques un crédit jusqu'à concurrence de . . . ?

K

keen
 We are keen to ... Nous tenons beaucoup à ...
keep
 See bill, discount, file, insurer.
kind
 Perhaps you would be so kind as to ... Auriez-vous l'amabilité (*f*)
 de ...
 See accept, invitation, invite.
kindly
 See arrangements, correspondent, drawee, forward, matter, quote,
 receipt.
know
 We would be grateful to know/learn ... Nous vous serions
 reconnaissants de nous faire savoir/d'apprendre ...
 We would be interested to know ... Nous aimerions
 savoir/connaître ...
 We would like to know ... Nous voudrions savoir/connaître ...
 See alternative, appreciate, assistance, (in) confidence, dealings,
 delivery date, discount, expect, facilities, market, punctually, rates,
 reserve (*verb*), sailings, suitable, terms, vacant, write.
knowledge
 We have a good knowledge of local conditions. Nous avons une bonne
 connaissance (*f*) des conditions locales.

L

lack
   See warrant.

languages
   Languages (*curriculum vitae*). Langues pratiquées.

late
   The late delivery of your order was due to customs problems. Le retard dans la livraison de votre commande a été causé par des problèmes à la douane.
   This shipment is already late. Cet envoi est déjà en retard.
   We must emphasize that late deliveries cost us sales. Nous devons vous faire remarquer que des retards dans les livraisons nous coûtent des ventes.
   See deduct.

later
   This ... must arrive not later than ... Ce(tte) ... doit nous parvenir ... au plus tard.
   See meet (*person*).

launch
   We have just launched a new product. Nous venons de lancer un nouveau produit.

launching
   You are cordially invited to the launching of ... Vous êtes cordialement invité au lancement de ...

lead
   See business, standard.

leading
   See dealers, manufacturers.

leaflet
   c.f. brochure.

leakage
 See cover (*insurance*).
learn
 See concern (*verb*), discharge, dissatisfied, interested, shock, sorry.
leave
 See responsible, quality, stay.
legal action
 See satisfactory, unless.
less
 See airfreight, must.
let
 Please let us have ... Veuillez nous faire parvenir ...
 See acceptable, address, difference, endorsed, literature, rates, settlement, view.
letter
 We acknowledge receipt of your letter of ... Nous vous accusons réception de votre lettre (*f*) du ...
 We have your letter, dated ... Nous avons bien reçu votre lettre (*f*) en date du ...
 Mr ... **has asked me to thank you for your letter of** ... Je vous remercie de la part de M ... pour votre lettre (*f*) du ...
 We have received your letter of ... **in which you** ... Nous avons bien reçu votre lettre (*f*) du ... par laquelle vous ...
 In your letter of ... Dans votre lettre (*f*) du ...
 In your letter you ask about ... Dans votre lettre (*f*) vous demandiez des renseignements sur ...
 In your letter of ... **you complain that** ... Dans votre lettre (*f*) du ... vous nous faites part de votre mécontentement au sujet de ...
 Letter confirms (*telegrammes/telex*). Confirmation par écrit.
 Letter follows (*telegrammes/telex*). Lettre (*f*) suit.
 ... **and the accompanying letter** ... ... et la lettre qui l'accompagnait ...
 See ask, assure, astray, bearer, cancel, cross, delay, fail, meet (*person*), meeting, receive, refer, reply (*verb and noun*), request (*verb*), shipment (*transport*), sorry, surprised.
letter of credit
 This letter of credit is valid from ... Cette lettre (*f*) de crédit prend effet à partir de ...
 We would be pleased to supply ... **against your letter of credit.** C'est avec plaisir que nous fournirions ... contre votre lettre (*f*) de crédit.

See **extend, invoice, notify.**

levy

Ad valorem duty is levied on this type of goods. Les marchandises de ce type sont soumises à un droit ad valorem.

Under new regulations customs officials will levy a tax on imported consumer goods. Selon la nouvelle réglementation les autorités douanières imposeront un droit sur les biens de consommation importés.

liability

It may take a few weeks for us to clear our current liabilities. Il nous faudra peut-être quelques semaines pour liquider nos exigibilités (*f*).

We cannot accept liability for damage during loading. Nous n'acceptons aucune responsabilité (*f*) pour les avaries pendant le chargement.

We must disclaim liability in this matter. Nous déclinons toute responsabilité (*f*) dans cette affaire.

liberal

See **terms.**

liberty

See **despatch** (*verb*).

(under) licence

We produce these ... under licence. Nous produisons ces ... sous licence (*f*).

like

We would like to ... Nous voudrions ...

See **additional clause, agency, all-risks, demonstration, discuss, forwarding charges, group booking, open cover terms, reserve** (*verb*), **stay.**

limit

... within the limit of ... ... dans la limite de ...

limited (to)

See **credit** (*noun*).

line

This line sells very successfully. Cette gamme (*f*) est très recherchée.

We are introducing a new line of ... Nous introduisons une nouvelle gamme (*f*) de ...

... a new line of winter clothing. ... une nouvelle collection (*f*) de vêtements d'hiver.

See **discontinued.**

liquidity

We regret that owing to a temporary liquidity problem we are unable to pay your bill in full. Nous sommes au regret d'être dans l'impossibilité de régler la totalité de votre facture en raison de problèmes temporaires de liquidités (*f*).

list

We attach a list of ... Vous trouverez ci-joint une liste de ...

... listed as No 4563 in your new catalogue. ... répertorié(e) sous le No 4363 dans votre nouveau catalogue.

This item is no longer listed in your catalogue. Cet article ne figure plus dans votre catalogue.

... listed below ... dont la liste suit.

This company is not listed in ... Cette compagnie n'apparaît pas dans ...

See missing, price, unit.

list price

We can offer list price less 7.5% Nous proposons une réduction de 7.5% sur le prix normal.

We can offer 30% off list prices on certain items. Nous proposons une réduction de 30% sur le prix normal de certains articles.

See offer (*verb*).

literature

I would be grateful if you would let us have any literature on ... Je vous serais reconnaissant de bien vouloir nous faire parvenir toute documentation (*f*) sur ...

See receive, separate cover.

litigation

See settlement.

Lloyd's agent

We have had the case examined by Lloyd's agent. Nous avons fait examiner l'affaire par un agent de la Lloyd(s).

We have notified Lloyd's agent. Nous avons notifié l'agent (*m*) de la Lloyd(s).

See inform.

load

Mv ... loads at ... Le vapeur ... charge à ...

Mv ... should be at ... and ready to load by ... Le vapeur ... devrait se trouver à ... et être prêt à charger avant ...

... the mv ... loading on May 10 and due to sail on May 11. ... le vapeur ... qui effectue le chargement (*m*) le 10 mai et qui doit

appareiller le 11 mai.
... will be loading cargo on ... ... chargera la cargaison le ...
See **cover** (*insurance*), **ship** (*vessel*), **shipment** (*consignment*).

loading
Loading is expected to take place on ... Le chargement devrait avoir lieu le ...
Mv ... will commence loading on ... Le vapeur ... commencera à charger le ...
See **liability, proceed.**

local
See **suitable**, *passim.*

local agent
See **arrange.**

locally
See **product.**

longer
We no longer ... Nous ne ... plus.
See **able, available, manufacture, position, supplies, supply.**

long-established
See **reliable.**

look forward
I look forward to seeing you while I am in ... Dans l'attente (*f*) de vous rencontrer au cours de mon séjour à ...
I am looking forward to meeting you. Dans l'attente (*f*) de vous rencontrer.
We look forward to receiving your reply. Dans l'attente (*f*) de votre réponse.
See **business, hear, meeting, order** (*noun*), **receive, reply** (*noun*), **see, serve, service, stand, visit** (*noun*), **welcome**, *passim.*

look into
We have looked into the matter of your complaint. Nous avons examiné l'objet de votre réclamation.
See **matter.**

lorry
See **despatch** (*verb*).

loss
We think the contents are a total loss. Nous estimons que les marchandises sont perdues dans leur totalité.
See **responsibility, theft.**

lowest

... **lowest** (*telegrammes/telex*). ... le plus avantageux.
See rates.

lunch

I wondered if we might have lunch together at ... ? Serait-il possible
que nous dînions ensemble à ... ?

M

machines
  See guarantee, reliability.
machining
  See deposit.
mail
  Please mail us... Veuillez nous envoyer...
  We will mail the required information. Nous vous ferons parvenir les renseignements que vous désirez.
  We will mail you our brochure by return. Nous vous enverrons notre brochure par retour du courrier.
  We will be mailing (the other items) to you shortly. Nous vous enverrons (les autres articles) sous peu.
  Some weeks ago we mailed you... Il y a quelques semaines nous vous avons envoyé...
  See range, since (*time*), c.f. send.
main
  The main advantage of... Le principal avantage de...
  See trade
make
  See arrangements, claim, offer (*noun*), reservation, *passim.*
make out
  The payment should be made out to... Le règlement doit être établi au nom de...
  See invoice.
makers
  See bring out.
make up
  We will make up your order when... Nous exécuterons votre ordre quand...

Your order has been made up and we await your instructions for despatch. Votre commande a été exécutée et nous attendons vos instructions pour l'expédier.

Your order is being made up and will be despatched within ... Votre commande est en cours d'exécution (*f*) et sera expédiée sous ...

We have added 5 gallons of a similar product to make up the difference. Nous avons complété la commande avec 5 gallons d'un produit semblable.

See short.

management

See testify.

manual

See directions for use.

manufacture

As this ... is no longer manufactured we are sending you ... Comme ce(tte) ... n'est plus fabriqué(e) nous vous envoyons ...

We no longer manufacture this item but think you would find ... a close match. Nous ne fabriquons plus cet article mais pensons que vous trouverez un équivalent en choisissant ...

See demand.

manufacturers

We are the leading manufacturers for this article. Nous sommes le principal fabricant de cet article.

mark

Cases must be clearly marked ... Les caisses doivent porter clairement la mention ...

Each crate is marked THIS WAY UP. Chaque caisse porte la mention HAUT.

The boxes are marked with the initials of your company in red. Les boîtes portent en rouge les initiales de votre société.

The bill of lading has been marked 'freight prepaid'. Le connaissement porte la mention 'port payé'.

See freight, reduction, stack, urgent.

market

The market for ... is very slack/steady/buoyant/falling at present. Actuellement le marché pour ... est très calme/ferme/soutenu/en baisse.

We have identified a developing market for ... Nous avons décelé un marché en pleine extension pour ...

We believe there is a significant market for ... Nous croyons qu'il y a un marché d'importance réelle pour . . .

As this is a new market we would like to know . . . Comme il s'agit
d'un nouveau marché nous voudrions savoir . . .

This is a new market area for us and we want to find . . . Cette région
est un marché nouveau pour nous et nous voulons trouver . . .

**We wondered whether you had studied the possibilities of the market
in our country?** Nous aimerions savoir si vous avez étudié les
possibilités du marché (*m*) dans notre pays?

We wish to market this product in . . . Nous désirons mettre ce
produit sur le marché en . . .

See adapt, competition, familiar, information, product, suitable.

match

We have been unable to match the quality of your sample. Nous ne
sommes pas parvenus à trouver un(e) . . . de même qualité que votre
échantillon.

**We enclose a sample of our . . . which is the nearest we can get to
matching the sample you sent us.** Veuillez trouver ci-joint un
échantillon de notre . . . qui correspond le mieux à l'échantillon que
vous nous avez envoyé.

We are seeking a supplier of . . . to match the enclosed. Nous sommes
à la recherche d'un fournisseur de . . . semblable(s) à l'échantillon
ci-joint.

This cloth must match the enclosed pattern. Le tissu doit être
semblable à l'échantillon ci-inclus.

We wondered whether you would be able to produce . . . to match?
Vous serait-il possible de fabriquer des . . . assorti(e)s?

See manufacture.

material

See combine, finest, quality, sample, stronger.

matter

I would be glad if you would look into the matter. Je vous saurais
gré de bien vouloir examiner cette affaire (*f*).

Our . . . will be happy to discuss the matter with you. C'est avec
plaisir que notre . . . discutera avec vous de cette question(*f*).

We are taking up the matter with . . . Nous nous en référons à . . .

We should be glad if you would inquire into the matter. Nous vous
serions reconnaissants de bien vouloir examiner la question.

**We would be obliged if you would kindly take the matter up with (the
insurers) . . .** Nous vous serions obligés de bien vouloir en référer
(aux assureurs)/en discuter (avec les assureurs) . . .

See advice, appreciate, assistance, attention, discretion, discuss,
grateful, (in the) hands (of), investigate, liability, policy (*insurance*),
prompt, representative, understanding.

may (*permission*)

May we ... ? Pouvons-nous ... ?

You may ... Vous pouvez ... /Vous êtes autorisés à ...

meet (*conditions, etc.*)

How soon would you be able to meet this order? Dans quels délais
pourriez-vous exécuter cette commande?

This sum meets the amount outstanding on your invoice No ... Cette
somme correspond au montant restant à régler de votre facture
No ...

See approval, conditions, needs, offer (*noun*), requirement.

meet (*person*)

In my last letter we agreed to meet on the ... Dans ma dernière
lettre nous étions convenus de nous rencontrer le ...

I will be happy to meet you on the ... at ... C'est avec plaisir que
je vous recontrerai le ... à ...

**I will be in ... from ... to ... (and I would be very happy if we could
meet).** Je serai à ... de ... à ... (et je serais très heureux de
vous voir).

Might I suggest that we meet for dinner/drinks? Puis-je vous proposer
de vous rencontrer pour dîner/prendre l'apéritif ensemble?

Might I suggest that we meet informally at ... Puis-je vous proposer
de vous rencontrer de façon informelle à ...

Mr ... will be happy to meet you on ... at ... C'est avec plaisir que
M ... vous verra le ... à ...

When we last spoke we agreed to meet on the ... in ... Lors de notre
dernière conversation nous étions convenus de nous voir le ... à ...

I look forward to meeting you another time. Dans l'attente de vous
voir à une nouvelle occasion ...

I look forward to meeting you at a later date. Dans l'attente de vous
rencontrer à une date ultérieure ...

I look forward to meeting you then. Dans l'attente de vous rencontrer
à cette date ...

I look forward to the opportunity of meeting you. En attendant
l'occasion de vous rencontrer ...

See as, contact (*verb*), discuss, future, instead, look, forward, pleasure,
soon.

meeting

    During our meeting in ... you mentioned that ... Au cours de notre réunion (*f*)/entretien (*m*) à ... vous avez dit que ...

    If you would suggest a time for a meeting I would be happy to arrange my appointments to fit. Si vous vouliez bien proposer une heure pour notre entretien (*m*) je serais heureux d'organiser mes rendez-vous en conséquence.

    I look forward to our meeting. Dans l'attente de notre entretien (*m*).

    ... in order to arrange a meeting. ... afin de fixer un rendez-vous.

    Please telephone my secretary to confirm the arrangements for the meeting. Veuillez téléphoner à ma secrétaire pour confirmer le rendez-vous.

    Thank you for your letter agreeing to a meeting while I am in ... Je vous remercie de votre lettre par laquelle vous acceptez de me rencontrer pendant mon séjour à ...

    See bring forward, confirm, contact (*verb*), detained, negotiate, postpone, telephone.

mention

    As we mentioned in our previous correspondence ... Comme nous vous en avions fait part dans notre dernière lettre ...

    As I mentioned in our telephone conversation ... Comme je vous l'ai dit lors de notre conversation téléphonique ...

    Your agent mentioned that you might be able to ... Votre agent nous a dit que vous seriez peut-être en mesure de ...

    See consider, deadline, dealings, delivery, meeting, omit, regret, supply, trial, c.f. refer

messages

    See stay.

method of payment

    The usual method of payment is by banker's transfer within 30 days of receipt of statement/invoice. Les modalités (*f*) de paiement habituelles sont les suivantes: virement bancaire dans les 30 jours après réception du relevé/de la facture.

method of transport

    See any.

might

    Might I suggest ... ? Puis-je suggérer/proposer ... ?

minimize

    Maintenance time is minimized with our ... L'entretien est réduit grâce à notre ...

See cost.

minimum

See order (*noun*), price.

misread

We think your packing department might have misread our order sheet. Nous pensons que votre service d'emballage a peut-être mal interprété notre bon de commande.

miss

See entry.

missing

The missing articles are listed below: ... Ci-dessous la liste des articles manquants: ...

mistake

... an unfortunate mistake. ... une erreur regrettable.

It was certainly by mistake that ... C'est certainement par erreur (*f*) que ...

misunderstanding

I apologize for the misunderstanding. Je vous présente mes excuses pour ce malentendu (*m*).

We feel that there must have been a misunderstanding on your/our part. Nous pensons qu'il a dû y avoir malentendu (*m*) de votre/notre part.

model

See adapt, bring out, conform, discontinued, exhibition, export, feature, go over, improvement, options, range, reliable, requirement, revise, suggest.

modification

Please telex us if this modification is acceptable. Nous vous prions de nous faire savoir par télex si cette modification (*f*) est acceptable.

We think some modification of the ... would be necessary. Nous pensons que le/la ... nécessite quelques modifications (*f*).

We would be grateful for your early confirmation of this modification. Nous vous serions reconnaissants de nous confirmer au plus tôt ce changement (*m*)/cette modification (*f*).

modify

We would be obliged if you would modify our order to read ... Nous vous serions obligés de bien vouloir modifier notre commande comme suit ...

I wondered whether you would agree to modifying our arrangements for ... ? Peut-être accepteriez-vous de modifier nos dispositions

concernant . . . ?
See **arrangements, regulations.**

month
See since (*time*).

monthly
See **requirement.**

morning
See **pick up.**

move
See **premises.**

multiples
As these . . . **are only supplied in multiples of 12 we have adjusted your order.** Ces . . . n'étant fourni(e)s qu'en quantités multiples de 12 nous avons modifié votre commande.
See **price.**

must
The dimensions of the . . . must be (less than) . . . Les dimensions du/de la . . . doivent être (inférieures à) . . .
We must have . . . by . . . . . . doit nous parvenir avant . . .
See **later.**

mutual
See **discuss.**

mutually
. . . **in order to work out a mutually satisfactory arrangement** . . .
. . . afin de prendre des dispositions qui soient acceptables à l'un comme à l'autre/aux uns comme aux autres . . .

N

name
> **Your name has been given to us by . . .** Votre nom (*m*) nous a été transmis par . . .
> See reference, reserve (*verb*).

nearest
> **If you cannot supply . . . please send the nearest you have in stock.** S'il vous est impossible de nous fournir . . . veuillez nous envoyer ce que vous avez en magasin qui s'en approche le plus.
> **The nearest we can supply is . . .** Le/la . . . est ce que nous pouvons fournir de plus approchant.
> **The nearest we have in stock at present is . . .** . . . est ce que nous avons actuellement en stock de plus approchant.
> **We are sending you our nearest.** Nous vous expédions ce qui s'en approche le plus.
> See match, possible, substitute.

necessary
> See delivery date, form, formalities, transfer.

need
> **We need a device which will stand severe operating conditions.** Il nous faut un système qui puisse opérer dans des conditions difficiles.
> See bearer, insurance, price, urgently.

needs
> **. . . Ltd can meet all your (. . .) needs.** . . . SA peut satisfaire tous vos besoins (*m*) (en . . .).
> **Joe Dillon, our Paris agent will make sure you have your needs fully met (*US*).** Notre agent de Paris, Joe Dillon, veillera à ce que vos besoins (*m*) soient parfaitement satisfaits.
> **We have products to suit all your needs.** Nous avons les produits adaptés à tous vos besoins (*m*).

See **adapt, ample, arrangements, discuss, range.**

negotiable

Rates/charges for delivery outside the EEC are negotiable. Les frais de livraison en dehors de la CEE sont négociables.

negotiate

If we can negotiate suitable terms, . . . Si nous parvenons à négocier des conditions qui nous conviennent, . . .

I think a meeting will be necessary in order to negotiate the details. Je pense qu'il sera nécessaire de nous réunir afin de nous mettre d'accord sur les détails.

We would hope to negotiate favourable terms. Nous espérons négocier des conditions intéressantes.

See **sole agency, terms.**

negotiation

. . . subject to negotiation. . . . sous réserve de négociations (*f*).

net

Our terms are net. Nos prix sont nets de tous frais.

next

. . . in the next few weeks . . . . . . dans les prochaines semaines . . .

See **due.**

non-delivery

We were surprised to receive your telex concerning non-delivery of . . . C'est avec surprise que nous avons reçu votre télex concernant la non-livraison de . . .

non-returnable

The drums are non-returnable. Les fûts ne sont pas repris.

We now use non-returnable containers. Nous utilisons maintenant des conteneurs non consignés.

non-standard

Customs officials have imposed a fine on this shipment because the crates were non-standard. Les autorités douanières ont imposé une amende sur cet envoi, les caisses n'étant pas conformes aux normes.

See **delivery.**

normally

See **despatch** (*verb*).

note

As you will note from . . . Comme vous le remarquerez d'après . . .

I note that you will be in . . . on . . . Je remarque que vous serez à . . . le . . .

Please note the amounts drawn. Veuillez porter les sommes tirées.

See **advise, collect, conditions of sale, follow, interested, surprised.**

notice (*noun*)

Please give us ... weeks' notice when goods are required for export. Nous vous prions de nous donner un préavis de ... semaines pour les marchandises à l'exportation.

We require approximately 4 weeks' notice to supply special sizes. Il nous faut environ un délai de 4 semaines pour fournir des tailles spéciales.

We therefore give notice of termination of contract. En conséquence nous vous adressons un préavis de cessation de contrat.

We wish to bring to your notice ... Nous souhaitons porter à votre connaissance (*f*) ...

See **alteration, hereby.**

notice (*verb*)

... it was noticed that several of the crates had suffered damage. ... nous avons remarqué que plusieurs caisses ont subi des dégâts.

See **arrival.**

notify

Please notify ... Nous vous prions de notifier ...

We wish to notify the issue of a letter of credit. Nous avons l'honneur de vous aviser de l'émission d'une lettre de crédit.

... and notified ... accordingly. ... et nous avons notifié ... en conséquence.

See **bank, call for, error, Lloyd's agent, shipment** (*transport*).

number

See **complaint, discrepancy, options, settle, tally, unsettled.**

O

obliged (*grateful*)
See **cover** (*insurance*), **delay, expedite, facilitate, forward, insurer, interview, matter, modify, policy** (*insurance*).

obliged (*have to*)
See **cancel, complain, increase, price, rises, satisfactory, unfortunately.**

obtain
See **coupon, delivery date, difficulty, diploma, information, instructions, price, raw materials, reference, ship** (*verb*), **supplies, unable.**

occasion
See **service.**

occur
See **accident, responsible.**

off
See **list price.**

offer (*noun*)
Thank you for your offer of . . . (which we are pleased to accept).
Nous vous remercions de votre offre (*f*) concernant . . . , que nous sommes heureux d'accepter.

. . . have made an attractive offer. . . . proposent une offre intéressante.

We are pleased to accept your offer of . . . C'est avec plaisir que nous acceptons votre offre (*f*) de . . .

We are sorry to tell you that we cannot accept your offer of . . . Nous sommes au regret de vous faire savoir que nous sommes dans l'impossibilité d'accepter votre offre (*f*) de . . .

Unfortunately your offer is not acceptable. Nous ne pouvons malheureusement accepter votre offre (*f*).

We regret that your offer does not meet our conditions. A notre regret, votre offre (*f*) ne satisfait pas nos conditions.

This offer is firm until ... Cette offre (*f*) est valable jusqu'à/au ...

The best offer we can make for these is ... ... est le meilleur prix (*m*) que nous pouvons proposer pour ces ...

We shall, however, keep your offer on file. Nous garderons cependant votre proposition (*f*) dans nos dossiers.

See accept, advantage, extend, renew, restrict.

offer *(verb)*

We are prepared to offer a substantial discount on bulk orders. Nous sommes disposés à offrir une remise importante sur toute commande en gros.

We are willing to offer 5% off list price for trial orders. Nous sommes prêts à offrir une réduction de 5% sur le tarif pour toute commande à l'essai.

We can offer attractive terms to first-time buyers. Nous proposons des conditions intéressantes à tout nouveau client.

We can now offer ... Nous proposons maintenant ...

See agency, alternative, ask, demonstration, discontinued, discount, established, firm, list price, prepared (to), price, range, rebate, reduction, sale or return, service, sliding rates, special, stock, terms.

office

Office telephone number ... Numéro de téléphone au travail/à nos bureaux.

See come, open.

off-season

Take advantage of our off-season rates, these apply from ... to ... Profitez de nos tarifs hors saison valables de ... à ...

omit

Items 3 and 4 have been omitted from the delivery to us. Les articles 3 et 4 ne nous ont pas été livrés.

You omitted ... Vous avez omis ...

We find that you have omitted to complete details of ... on the form. Il apparaît que vous avez omis de remplir les rubriques ... du formulaire.

We omitted to include the cost of transport in our invoice. Nous avons omis d'inclure dans notre facture les frais de transport.

You have omitted to mention the delivery address on your order No ... Vous avez omis de mentionner sur votre commande No ... l'adresse de la livraison.

We omitted to specify ... Nous avons omis d'indiquer ...
See credit (*verb*).

(at) once
See airfreight, arrange, assure, correct, settle.

only
See information.

open
We are now opening an office in ... Nous ouvrons un bureau à ...
See credit (*noun*), irrevocable letter of credit.

open account
We are happy to grant you open account terms. Nous sommes
heureux de vous accorder les facilités d'un compte ouvert.
We would like to ask you to grant us open account terms. Nous vous
demandons de nous accorder l'ouverture d'un compte ouvert.
When we granted you open account terms ... Lorsque nous vous
avons accordé les facilités d'un compte ouvert ...

open cover terms
**We would like the consignment to be covered under our open cover
terms.** Nous souhaitons que l'expédition soit couverte selon les
conditions de notre police (*f*) ouverte.

operating conditions
See need.

operating instructions
See need, supply, unable.

opinion
In our opinion ... À notre avis (*m*) ...
We would prefer not to express an opinion on ... Nous préférons ne
pas émettre d'avis (*m*) sur ...

opportunity
Thank you for giving us the opportunity of ... Nous vous remercions
de nous permettre de ...
See business, meet (*person*), reciprocate, service, welcome.

option
We have no option but to ... Nous n'avons pas d'autre choix (*m*)
que ...

options
This basic model is available with a number of options. Ce modèle
de base est disponible avec un certain nombre d'options (*f*).

(in) order (to)
In order to maintain our high level of service ... Afin d'assurer la

qualité de notre service . . .

order *(verb)*

Please let us have the items we ordered without delay. Nous vous prions de nous faire parvenir sans délai les articles que nous avons commandés.

We ordered . . . but you have sent . . . Nous avions commandé . . . mais vous nous avez envoyé . . .

We would like to order 4 dozen on a trial basis. Nous souhaitons en commander 4 douzaines à titre d'essai.

We are prepared to order the following on a trial basis . . . Nous souhaitons commander les articles suivants à titre d'essai . . .

This item must be ordered specially. Cet article fait l'objet d'une commande spéciale.

See acknowledge, deliver, pick up.

order *(noun)*

Thank you very much for your order. Nous avons bien reçu votre commande (*f*) dont nous vous remercions.

We thank you for your order for . . . which is being attended to. Nous vous remercions de votre commande (*f*) de . . . qui est en cours d'exécution.

This is to place an order for . . . Nous désirons commander . . .

We enclose an order for . . . Vous trouverez ci-joint une commande de . . .

Further to your order No . . . for . . . Suite à votre commande (*f*) No . . . de . . .

Your order is receiving our attention. Votre commande (*f*) reçoit toute notre attention.

Your order is being processed for immediate despatch. Votre commande (*f*) est en cours d'exécution et sera expédiée immédiatement.

Your order will be processed shortly. Votre commande (*f*) sera expédiée sous peu.

Some time ago you placed an order for . . . Il y a quelque temps, vous nous avez passé une commande de . . .

We have pleasure in informing you that your order has now been completed. Nous avons le plaisir de vous informer que votre commande (*f*) a été exécutée.

Your order left our factory this morning. Votre commande (*f*) a quitté notre usine ce matin.

A trial order. Une commande à l'essai.

This trial order could be followed by regular orders. Cette commande
à l'essai pourrait être suivie de commandes (*f*) régulières.

Before we consider placing an order we would like . . . Avant de
passer commande (*f*) nous voudrions . . .

**Should you require further information before placing an order do
not hesitate to contact us.** Si vous désirez recevoir des renseignements
complémentaires avant de passer commande (*f*) n'hésitez pas à nous
contacter.

Do not hesitate to place an order with us, you will not be disappointed.
N'hésitez pas, passez commande (*f*) chez nous et vous ne serez pas
déçus.

We look forward to receiving an order from you. Dans l'attente de
recevoir une commande de votre part . . .

We look forward to receiving further orders. Dans l'attente de recevoir
des commandes (*f*) de votre part . . .

We are pleased to place the enclosed order. Nous avons le plaisir de
passer la commande ci-incluse.

We expect to place regular orders for some . . . per year. Nous
espérons passer des commandes (*f*) régulières de . . . environ par an.

**We may be able to place substantial orders if your prices are
competitive.** Nous serons peut-être amenés à passer d'importantes
commandes si vos prix sont intéressants.

We would be prepared to place orders for an annual minimum of . . .
Nous serions disposés à passer des commandes (*f*) d'une valeur
minimum de . . . par an.

If the goods are satisfactory we would expect to place further orders.
Si les marchandises nous donnent satisfaction nous serons amenés à
passer commande (*f*) régulièrement.

This is the first time the company has placed an order of this size.
C'est la première fois que la compagnie passe une commande aussi
importante.

Orders received before . . . will benefit from our old prices. Toute
commande (*f*) reçue avant . . . bénéficiera de nos anciens prix.

We have just received an order for . . . Nous venons de recevoir une
commande de . . .

We recently received an order from . . . Nous avons récemment reçu
une commande de la part de . . .

We hope to send further orders shortly. Nous espérons vous faire
parvenir de nouvelles commandes (*f*) sous peu.

We are obliged to cancel the first part of your order No . . . Nous

sommes contraints d'annuler la première partie de votre commande
(*f*) No...

We are unable to accept your order. Nous sommes dans l'impossibilité
d'accepter votre commande (*f*)

**See adjust, advise, airfreight, amend, appear, arrange, attention,
balance, banker's transfer, call for, cancel, carriage forward, (on)
condition (that), conditions, confirmation, cover (*verb*) credit terms,
date, delay, delivery, deposit, despatch (*noun*), discount, enclose,
exceptionally, execute, export orders, fill, firm, follow, happy,
immediate, instruct, invoice, late, make up, meet (*conditions*), modify,
multiples, omit, outstanding, palletized, payment, pending, price, print,
priority, proceed, process, prompt, promptly, quality, quote, receipt,
reduction, remittance, replacements, shipping instructions, short-
shipped, stock, subject, substitute, take account of, transport, unable,
urgent, c.f. shipment (*consignment*)**

order form

See process.

order sheet

See misread.

otherwise

Unless otherwise stated... Sauf avis contraire...

out (*absent*)

See regret.

outcome

We will inform you of the outcome in due course. Nous vous
informerons du résultat (*m*) en temps voulu.

outstanding

... is still outstanding. ... reste dû/en souffrance.

**The amount outstanding will be paid on receipt of the balance of our
order.** La somme restant à régler sera payée à la réception du solde
de notre commande.

This company has a number of outstanding bills. Cette compagnie a
un certain nombre de factures à régler.

We apologize for the outstanding bill. Nous vous présentons nos
excuses pour la facture impayée.

We trust that you will despatch the outstanding items shortly. Nous
espérons que vous expédierez sous peu les articles restants.

Peter Frampton was an outstanding member of... Peter Frampton
a été un membre remarquable de...

See balance, discharge, follow, meet (*conditions*), pay off, resistance

to wear.

overcharge

We think you have overcharged for ... Nous pensons que vous nous avez facturé ... à un prix trop élevé.

overdue

Payment is now overdue on ... Le règlement de ... est désormais en retard.

overdue account

... Ltd, are reported to have a 60 day overdue account with ... Il semblerait que ... ait un retard de 60 jours dans ses règlements avec ...

There are a number of overdue accounts attributed to this company. Il semble que cette compagnie ait un certain nombre de factures impayées.

overextend

See reputed.

overseas orders

Overseas orders are despatched by our agents ... Bros. Les commandes pour les pays d'outremer sont expédiées par nos agents ... Frères.

oversight

Due to an oversight on our part ... En raison d'une omission de notre part ...

This ... was due to a regrettable oversight. Ce(tte) ... a été dû(e) à une regrettable erreur/omission.

We think this must be due to an oversight on your part. Nous pensons que ce doit être une erreur/omission de votre part.

See apologies.

owing to

Owing to delays in ... En raison de retards dans ...

See engagement, liquidity, rises, rising, settle, unexpected.

P

pack

Please pack the goods according to the following (detailed) instructions: ... Veuillez emballer les marchandises selon les recommandations suivantes: ...

... packed in crushproof boxes. ... emballé(e)s dans des boîtes résistant aux chocs.

The goods are wrapped in polythene and packed in wooden crates. Les marchandises sont enveloppées de plastique et emballées dans des caisses en bois.

The items in glass are packed in crushproof cases 12 to a case. Les articles de verre sont emballés dans des caisses résistant aux chocs à raison de 12 par caisse.

See drums, handling.

package

The package has been sent by surface mail. Le colis (*m*) a été expédié par courrier non urgent.

packaging

The packaging has been designed for effective display. L'emballage (*m*) a été conçu pour l'étalage

packers

We think that the error was made by your packers. Nous pensons que l'erreur a été commise par votre service (*m*) d'emballage.

packing

Please use the greatest care in packing ... Nous vous prions d'emballer ... le plus soigneusement possible.

We have used waterproof packing to avoid damage in transit. Nous avons utilisé un emballage imperméable afin d'éviter tout dégât au cours du transport.

See transport.

packing charge
    The packing charge includes . . . Les frais d'emballage
    comprennent . . .
packing instructions
    We have taken note of your special packing instructions. Nous avons
    pris note de vos instructions (*f*) concernant l'emballage spécial.
    We would be grateful for your packing instructions. Nous vous
    saurions gré de nous envoyer vos instructions (*f*) concernant
    l'emballage.
packing list
    See tally.
packing note
    As requested we have enclosed a packing note with each case. Selon
    vos instructions, nous avons joint une note de colisage (*m*) à chaque
    caisse.
    See discrepancy.
packs
    . . . in family-sized packs ready for retail. . . . en paquets (*m*)
    économiques prêts pour la vente au détail.
palletized
    Large orders are palletized. Les commandes importantes sont
    disposées sur palettes.
    See handling.
pallets
    See cost, *passim.*
part
    See misunderstanding.
(in) part
    We are paying your bill in part because . . . Nous réglons une partie
    (*f*) de votre facture en raison de . . .
partial
    . . . in partial payment of . . . . . . qui règle en partie . . .
particularly
    The special accessories are particularly useful. Les accessoires
    spéciaux sont particulièrement utiles.
    We are particularly interested in . . . Nous sommes particulièrement
    intéressés par . . .
    See qualified.
particulars
    . . . full particulars of . . . are enclosed. . . . ci-joint une

documentation complète sur . . .

We will be happy to supply full particulars of any item which attracts your interest. C'est avec plaisir que nous vous fournirons une documentation complète sur tout article qui vous intéresse.

The enclosed brochure will give you full particulars of . . . La brochure ci-jointe vous donnera tous les détails (*m*) concernant . . .

Further particulars of our products are to be found in the enclosed booklet. Vous trouverez une documentation plus détaillée sur nos produits dans le livret ci-joint.

Particulars of terms of sale are set out on the last page of our catalogue. Les détails (*m*) des conditions de vente figurent à la dernière page de notre catalogue.

See export, further, interested.

parts

See crate, drums, remind, unpack, urgently.

pass

See forward.

pass (on)

Your enquiry has been passed (on) to us by . . . Votre demande (de renseignements) nous a été transmise par . . .

past

See business.

pattern

See match.

pay

We are prepared to pay up to . . . for . . . Nous sommes prêts à payer jusqu'à concurrence de . . . pour . . .

We are prepared to pay by . . . (*method*). Nous comptons payer par . . .

Please arrange for this sum to be paid over as soon as possible. Nous vous prions de faire le nécessaire pour que cette somme nous soit réglée le plus rapidement possible.

See account, banker's transfer, failure, liquidity, (in) part, c.f. settle

payable

The charges are payable by the vendor. Les frais sont à la charge du vendeur.

This account is payable by . . . Ce compte est exigible avant . . .

See additional, amount, charge (*noun*), deposit, drawback, incur, subscriptions.

payment

Please arrange for payment of this amount. Nous vous prions de faire
le nécessaire pour régler cette somme.

We will be glad if you will arrange payment by . . . (*date*). Nous vous
saurions gré de bien vouloir assurer le règlement avant . . .

Please inform us what arrangements you have made for payment.
Nous vous prions de nous informer des dispositions que vous avez
prises pour effectuer le paiement.

We have arranged payment through . . . Nous avons fait le nécessaire
auprès de . . . pour effectuer le paiement.

**We are pleased to confirm that the following arrangements have been
made for payment . . .** Nous avons le plaisir de vous confirmer que
les dispositions suivantes ont été prises pour effectuer le paiement . . .

**Please arrange for payment against presentation of the shipping
documents.** Veuillez faire le nécessaire pour que le paiement soit
effectué contre présentation des documents d'expédition.

On payment of the final invoice we will forward your order. Lorsque
la facture définitive aura été réglée, nous expédierons votre
commande.

On receipt of payment for the above we will despatch the goods. Dès
réception du règlement (*m*) pour les articles ci-dessus nous
expédierons les marchandises.

Shipment will be effected immediately we receive your payment.
L'expédition sera exécutée immédiatement après réception de votre
règlement (*m*).

In part payment of . . . En paiement (*m*) partiel de . . .

Payment will be made against documents. Le paiement sera effectué
contre les documents.

Please effect the following payments . . . Veuillez effectuer les
paiements (*m*) suivants . . .

. . . payment on receipt of invoice. . . . paiement (*m*) à la réception
de la facture.

Please make the following payments against this draft . . . Veuillez
effectuer les paiements (*m*) suivants contre cette traite . . .

Payments by the firm . . . Les versements (*m*) par la compagnie . . .

**See advice (note), amount, arrange, bank, banker's draft, clear, cover
(*verb*), credit card, customs officials, deduct, defer, delay, delivery,
effect, forward, further, include, instruct, irrevocable letter of credit,
make out, overdue, partial, receipt of payment, release, remind,
surrender, terms, unless, withhold, c.f. settlement.**

pay off

    This is to confirm that the pay off amount of our outstanding note is . . . Nous vous confirmons que le solde de notre facture restant à régler est de . . .

pending

    . . . pending the arrival of new stock. . . . en attendant l'arrivée d'un nouveau stock.

    We are holding your order pending receipt of precise shipping instructions. Nous retenons votre commande en attendant vos instructions précises concernant l'expédition.

    See (in) abeyance, cover note, customs officials, hold, insurer, shipping instructions, suspend, withhold.

(as) per

    See pro-forma invoice.

perform

    See service.

performance

    See unable.

period

    See regret.

personally

    See discuss.

phone

    Please phone me at the . . . Hotel. Veuillez me téléphoner à l'Hôtel . . .

    See appointment.

pick up

    Our transporter picked up the goods from the docks yesterday and we have just received them. Notre transporteur a pris les marchandises aux docks hier et nous venons de les recevoir.

    The goods you ordered were picked up by the carrier this morning. Les marchandises que vous avez commandées ont été prises par le transporteur ce matin.

place

    See (on) condition (that), firm, repeat order, subject, trial.

(in) place (of)

    We wondered whether you would accept . . . in place of . . . ? Vous serait-il possible d'accepter . . . au lieu de . . . ?

plant

    See delivery.

please
  Please ... Veuillez ...
  See replacements, thanks, transhipment, *passim.*
pleased
  We are pleased to ... Nous avons le plaisir de ...
  See advise, agreement, arrive, bank, bill of exchange, confirmation,
  discuss, inform, letter of credit, offer (*noun*), order (*noun*), payment,
  quarterly account, query, report, specifications.
pleasure
  I hope to have the pleasure of ... J'espère avoir le plasisir de ...
  It was a great pleasure to meet you. C'est avec grand plaisir (*m*) que
  je vous ai rencontré.
  We have pleasure in ... Nous avons le plaisir de ...
  See accept, advise, confirm, enclose, inquiry, introduce, order (*noun*)
  receive, recommend, request (*noun*), send.
point
  See settle.
point out
  We must point out ... Nous vous faisons remarquer que ...
  We would point out that ... Nous nous permettons de vous faire
  remarquer que ...
  See delivery, error.
police
  The local police have been informed. La police locale a été informée.
policy (*insurance*)
  As you hold the policy we would be obliged if you would take the
  matter up. Comme c'est vous qui détenez la police, nous vous serions
  obligés de bien vouloir prendre l'affaire en main.
  We would advise you to take out a policy for ... Nous vous conseillons
  de prendre une police (*f*) pour ...
  We would like to renew our floating policy No ... to cover ... Nous
  souhaitons renouveler notre police (*f*) flottante No ... pour
  assurer ...
  See cover (insurance), cover note, floating policy, renewal, terms.
policy (*of company*)
  Following a change in company policy ... Suite à un changement
  dans la politique de la compagnie ...
  It is not our policy to extend credit terms to new customers. Il n'est
  pas dans notre politique (*f*) d'accorder des facilités de paiement aux
  nouveaux clients.

Our policy is one of continual improvement. Notre politique (*f*) consiste à améliorer constamment (nos produits).

See progressive, settle.

polythene

See pack.

popular

The smaller model has proved so popular that we are having difficulty in meeting demand. Le modèle de petite taille a eu un tel succès que nous avons des difficultés à satisfaire la demande.

This ... has proved very popular. Ce(tte) ... s'est avéré(e) être très demandé(e)/apprécié(e).

port

See price.

port of entry

The shipment will be transferred to the local rail freight system at the port of entry. L'envoi sera transbordé sur le réseau rail-marchandises au port de débarquement.

position

I am now in a position to ... Je suis désormais en mesure de ...

We are no longer in a position to ... Nous ne sommes plus en mesure de ...

We hope you will understand our position. Nous espérons que vous comprendrez notre position (*f*)/situation (*f*)

See apply, appoint, re-order, settle, supply, trust.

possibility

See agency, delay, discuss, market.

possible

If it is not possible please send your nearest substitute. Si cela n'est pas possible, veuillez nous envoyer ce qui s'en approche le plus.

Would it be possible to ... /for you to ... ? (Vous) serait-il possible de ... ?

See acceptable, alternative, amount, arrange, balance, pay, ship (*verb*), suitable, supply, (in) touch.

post (*send*)

c.f. mail.

post (*job*)

See application, qualified.

postpone

This meeting has been postponed. Cette réunion a été reportée à une date ultérieure.

precise
  See pending.
prefer
  We would prefer ... Nous préférerions ...
  We would prefer not to comment on ... Nous préférerions ne pas
  faire de commentaires sur ...
  We would prefer top quality goods. Nous préférerions des
  marchandises de première qualité.
  See opinion.
premises
  We have now moved into new premises at ... Nous sommes à présent
  installés dans nos nouveaux bureaux (*m*)/locaux (*m*) de ...
  See demonstration.
premium
  The premium is to be charged to ... La prime (d'assurance) est à la
  charge de ...
  See consignee.
prepare
  Your order is being prepared and will be ready for despatch shortly.
  Votre commande est en cours d'exécution et sera prête à être expédiée
  sous peu.
  See airfreight, bill of lading.
prepared (to)
  We are prepared to ... **(if you will** ...**).** Nous sommes disposés à ...
  (si vous voulez ...)
  **We are prepared to keep the damaged/substandard goods if you will
  offer a reasonable discount.** Nous sommes prêts à garder les
  marchandises avariées/de qualité inférieure si vous consentez à nous
  offrir une réduction appréciable.
  We are prepared to offer a reduction of 7% Nous sommes prêts à
  offrir une réduction de 7%.
  We are prepared to pay ... Nous sommes prêts à payer ...
  See concession, consignment, basis, deferred terms, discount, grant,
  offer (*verb*), order (*verb*), pay, sale or return, special.
(at) present
  See market, nearest, price.
present (*a document*)
  See acceptance, drawback, request (*verb*).
presentation
  Upon presentation of ... Sur présentation (*f*) de ...

See acceptances, payment.

presume

See cover (*insurance*).

prevent

See recurrence.

previous

See engagement, improvement, mention, take account of.

previously

See dealings.

price

All prices are in sterling. Tous les prix (*m*) sont indiqués en livres sterling.

Our prices are held until ... Nos prix (*m*) sont garantis jusqu'à ...

These prices are firm until ... Ces prix (*m*) sont garantis jusque ...

The prices will remain in force until ... Ces prix (*m*) resteront en vigueur jusqu'en ...

These prices will remain valid until 1 April. Ces prix (*m*) resteront valables jusqu'au 1er avril.

These new prices will come into effect as from ... Ces nouveaux prix (*m*) seront valables à partir de ...

Prices are expected to fall soon. Les prix (*m*) baisseront sans doute bientôt.

In view of the rising cost of production and the new exchange rate we have reluctantly been obliged to revise our prices. En raison de l'augmentation du coût de la production et du nouveau taux de change, nous avons été contraints de réviser nos prix (*m*).

I also need to know your current prices. Il me faut aussi connaître vos prix (*m*) actuels.

The current price for this type of product is about ... depending on ... Le prix actuel pour ce type de produit est d'environ ... selon ...

Listed prices apply for multiples of ten. Les prix indiqués sont valables pour des quantités multiples de 10.

Price includes delivery to the nearest railhead/port. Le prix comprend la livraison à la gare la plus proche/au port le plus proche.

The prices are for minimum orders of ... Les prix (*m*) s'entendent pour des commandes minimum de ...

These prices apply for quantities from 1 to 99. Ces prix (*m*) sont valables pour toute quantité de 1 à 99.

It may be possible to sell the inferior quality/damaged goods at a

lower price. Il est peut-être possible de vendre les articles de qualité inférieure/endommagés à prix (*m*) réduit.

We have obtained very good prices for . . . Nous avons obtenu des prix (*m*) avantageux pour . . .

We feel your prices are rather too high. Nous estimons que vos prix (*m*) sont trop élevés.

We regret that we cannot offer any further price concession at present. Nous sommes au regret de ne pouvoir offrir une réduction plus importante sur les prix en ce moment.

See **apply, bill, dispose of, duty, ex-works, increase, order** (*noun*), **quote, range, realize, reduction, rises, satisfactory, special supply, unit.**

price list

A copy of our new price list is enclosed. Ci-joint notre nouveau tarif (*m*).

See **effective, revise, specifications.**

print

You will find your customer number printed clearly at the top of all documents relating to your order/correspondence. Vous trouverez votre numéro de client imprimé en clair en haut de tous documents concernant votre commande/toute correspondance.

See **conditions of sale.**

printed matter

Printed matter. Imprimés.

prior

Prior to this date . . . Antérieurement à cette date . . .

Prior to opening the box . . . Avant d'ouvrir la boîte . . .

priority

In view of your urgent need we are giving your order priority. En raison du caractère urgent de votre commande, nous exécuterons celle-ci en priorité.

We are giving your order priority. Nous exécuterons votre commande en priorité.

private

Private address. Adresse (*f*) personnelle.

Private and confidential. Personnel et confidentiel.

problem

See **customs, liquidity, solve.**

proceed

If we proceed with the order we will require a guaranteed delivery

date. Si nous passons commande ferme nous vous demanderons une date de livraison garantie.

We will be able to proceed with the loading of the goods upon receipt of the certificate. Nous serons en mesure de commencer à charger les marchandises à la réception du document.

We have proceeded with the shipment of your goods. Nous avons procédé à l'expédition de vos marchandises.

See deposit.

process

If you will complete all sections of our order form this will enable us to process your orders rapidly. Veuillez compléter toutes les rubriques de notre bon de commande, nous pourrons ainsi exécuter vos commandes dans les meilleurs délais.

Your order is now being processed. Votre commande est en cours d'exécution.

Our new process is time-saving and economical. Notre nouveau procédé (*m*) est économique en temps et en argent.

See order (*noun*).

produce

See match.

product

Design of products may vary slightly as we seek to improve quality. Comme nous cherchons à améliorer la qualité, l'aspect des produits (*m*) peut varier légèrement.

The catalogue shows our comprehensive range of products. Le catalogue présente notre gamme complète de produits (*m*)

We are sure that our products will meet with your approval. Nous sommes certains que nos produits (*m*) vous satisferont pleinement.

We thank you for your interest in our products. Nous vous remercions pour l'intérêt que vous portez à nos produits (*m*).

We think there is a market for your products locally. Nous pensons qu'il existe dans notre région un marché pour vos produits (*m*).

We think there is room for this type of product in our country. Nous pensons qu'il y a un créneau dans notre pays pour ce type de produit (*m*).

See agent, call on, demand, demonstration, display, enquiry, interest, launch, make up, market, needs, price, realize, representative, resistance, stronger, wearing, *passim.*

production line

. . . **ensures better safety on the production line.** . . . accroît la

sécurité sur la chaîne de production.
Especially useful for maintenance on the production line.
Particulièrement utile pour l'entretien sur la chaîne de production.
... makes it possible to carry out quality control tests on the production line. ... permet de procéder à des tests de contrôle de qualité sur la chaîne de production.

product list
We enclose a copy of our product list. Vous trouverez ci-joint la liste de nos produits.

product number
This product number refers to cutting oil and not to cutting tools. Ce numéro (m) de référence renvoie à l'huile de coupe et non aux outils de coupe.

professional experience
Professional experience. Expérience professionnelle.

pro-forma invoice
... as per your pro-forma invoice. ... selon votre facture (f) pro-forma.
The attached pro-forma invoice includes all costs to ... La facture pro-forma ci-jointe comprend tous les frais à destination de ...
We attach our pro-forma invoice for ... Nous envoyons ci-joint notre facture (f) pro-forma pour ...
We enclose our pro-forma invoice for ... Veuillez trouver ci-joint notre facture (f) pro-forma pour ...

progressive
... are a progressive company and seek to improve quality as a result of policy. La société ... est une compagnie novatrice qui a pour politique constante l'amélioration de la qualité.

progressive discount
See discount.

project
See discuss.

promise
See delivery.

prompt
Many thanks for your prompt reply concerning ... Nous vous remercions de votre réponse rapide concernant ...
... prompt delivery is essential. ... une livraison rapide est de première importance.
Thank you for your prompt help in this matter. Merci de m'avoir

aidé si rapidement dans cette affaire.

We thank you for your prompt handling of our urgent order. Nous vous remercions de l'exécution rapide de notre commande urgente.

See amount, clearance, reply (*noun*).

promptly

Your order will be dealt with promptly. Votre commande sera exécutée rapidement.

See bill, settle.

proposal

See acceptable, view.

proposal form

Please send us the proposal form for this cover. Nous vous prions de nous faire parvenir le formulaire (de demande) pour cette assurance.

propose

See basis, bill of exchange, date, suggest.

proposition

I would like to discuss your proposition in more detail. Je voudrais examiner de plus près votre proposition.

protect

Please protect from . . . Prière de protéger de . . .

protection

We confirm that your draft will be given our protection. Nous vous confirmons que nous ferons provision (*f*) pour votre traite.

protection (of goods)

See storage.

prove

See popular.

provide

See bearer, facilities, specimen.

provided that

Provided that . . . A condition que (*subjunctive*)/Pourvu que (*subjunctive*).

proviso

See subject.

punctual

It is essential that delivery should be punctual. Il est de première importance que la livraison nous parvienne à la date fixée.

punctually

As you know, we have always settled punctually. Comme vous le savez, nos règlements ont toujours été effectués à temps.

purchase
   Our company is considering the purchase of . . . Notre société envisage
   l'achat (*m*) de . . .
   Please purchase . . . Veuillez acheter . . .
   We wish to purchase . . . Nous souhaitons faire l'achat (*m*) de . . .
   See decision.
purchaser
   See cover (*insurance*)**, delivery, incur.**
purchasing department
   See error.

Q

qualifications

    Qualifications. Titres (*m*)/diplômes (*m*).

qualified

    This is a post for which I am particularly well qualified. C'est un poste auquel mes compétences seraient particulièrement bien adaptées.

qualify

    Orders received before ... will qualify for our old rates. Toute commande reçue avant le ... bénéficiera de nos anciens tarifs.

    See discount, exceptionally.

quality

    All the items in the catalogue conform to the highest standards of quality. Tous les articles du catalogue répondent aux plus grandes exigences de qualité (*f*).

    Our products are of the highest quality. Nos produits sont de première qualité (*f*).

    The quality of the material leaves much to be desired. La qualité du tissu laisse beaucoup à désirer.

    We are satisfied with the quality of the items. La qualité des articles nous donne entière satisfaction.

    We are sure the quality of the goods will meet your every expectation. Nous sommes certains que la qualité des marchandises répondra à votre attente.

    We expect the highest standards of quality. Nous exigeons une qualité exceptionnelle.

    See complain, disappointed, match, prefer, price, progressive, raw materials, remind, sample, satisfied, wearing, c.f. standard.

quantity

    This figure was quoted for quantities over ... Ce prix vous a été

donné pour toute quantité (*f*) dépassant . . .
See discount, price, ship (*verb*).
quarter
  See cover (*verb*).
quarterly
  See settlement.
quarterly account
  We are pleased to enclose our quarterly account. Nous avons le plaisir
  de vous envoyer ci-joint notre relevé trimestriel.
query
  Our representative Mr . . . will be able to answer all your queries.
  M . . . notre représentant sera en mesure de répondre à toutes vos
  questions (*f*).
  We will be pleased to answer any queries you may have. Nous serons
  heureux de répondre à toutes les questions (*f*) que vous désirez poser.
  We wish to query your invoice for . . . Nous voudrions avoir quelques
  explications (*f*) au sujet de votre facture pour . . .
  See any, reply (*noun*).
questionnaire
  See complete, send.
quotation
  We are sorry that you find our quotation too high. We should explain
  that . . . Nous sommes désolés d'apprendre que vous trouvez notre
  prix (*m*) trop élevé. Nous devons dire que . . .
  We have been asked to submit a quotation for . . . , and would like to
  ask you for information on . . . On nous a demandé d'établir un prix
  (*m*) pour . . . et nous voudrions recevoir des renseignements sur . . .
  We would like to ask you to submit a quotation for . . . Nous voudrions
  que vous nous établissiez un prix (*m*) pour . . .
quote
  Kindly quote us a rate for . . . Veuillez avoir l'amabilité de nous fixer
  un prix pour . . .
  Please quote for all-risks cover on a shipment of . . . by . . . (method
  of transport). Veuillez nous indiquer le prix d'une assurance tous
  risques pour un envoi de . . . par . . .
  Please quote us your lowest price for . . . Nous vous prions de nous
  indiquer votre prix le plus avantageux pour . . .
  Will you please quote prices FOB for the following . . . Nous vous
  prions de nous indiquer les prix FAB pour les . . . suivant(e)s.
  Please quote your customer reference number/the order number in

any correspondence. Veuillez rappeler votre numéro de client/numéro de commande dans toute correspondance.
See accept, correspond, delivery, quantity, reference, satisfactory, terms.

R

rail
See delivery charges, port of entry.
railhead
See price.
range
Our new range of ... Notre nouvelle gamme (*f*) de ...
We are mailing a full range of samples (by separate post). Nous
envoyons (sous pli séparé) une gamme complète d'échantillons.
We can offer a range of models to suit all your needs. Nous proposons
une gamme de modèles qui conviennent à tous vos besoins.
Prices range from ... to ... Les prix s'échelonnent de ... à ...
See demand, extend, product, requirement.
rapidly
See process.
(at the) rate (of)
See warehousing.
rates
Our current rates are ... Nos tarifs (*m*) actuels sont ...
We would be interested to know your current rates for ... Nous
voudrions connaître vos tarifs (*m*) actuels pour ...
We would be glad to have your lowest rates FPA. Nous aimerions
connaître vos tarifs (*m*) les plus avantageux FAP.
Please let us have your inclusive rates on ... Veuillez nous indiquer
vos tarifs (*m*) forfaitaires pour ...
Our rates do not include ... Nos tarifs (*m*) ne comprennent pas ...
We hope that these rates still apply. Nous espérons que ces tarifs
(*m*) sont toujours en vigueur.
See advantageous, containerised, delivery charges, force, negotiable,
off-season, qualify, quote, satisfactory.

131

raw materials

**It is becoming very difficult to obtain raw materials of the quality
you require.** Il devient très difficile de se procurer les matières (*f*)
premières présentant la qualité que vous désirez.

We hope to obtain new supplies of raw materials shortly. Nous
espérons recevoir sous peu un nouvel approvisionnement de matières
(*f*) premières.

See cost, difficulty, rises.

reach

The goods should reach us by ... Les marchandises devraient nous
parvenir avant ...

See agreement, arrange, receipt.

read

Line 2 should read 'under 5 kg' instead of 'under 500 kg'. La ligne 2
est modifiée comme suit: 'en dessous de 5 kg' au lieu de 'en dessous
de 500 kg'.

See error, modify.

ready

See call for, date, inform, load.

realize

**As you will have realized, our products are unequalled for price and
reliability.** Comme vous l'avez sans doute remarqué aucun produit
ne peut rivaliser avec les nôtres pour le prix et la fiabilité.

rebate

We can offer a substantial rebate for ... Nous proposons un rabais
important pour ...

See take account of.

receipt

We are in receipt of ... Nous avons bien reçu ...

We are pleased to acknowledge receipt of your order for ... Nous
avons le plaisir de vous accuser réception (*f*) de votre commande
de ...

Kindly forward the receipt for ... to ... Veuillez avoir l'amabilité
d'envoyer le reçu pour ... à ...

We enclose signed receipts for ... Vous trouverez ci-joint les reçus
(*m*) signés pour ...

We require the forwarding agent's receipt before ... Il nous faut le
reçu de l'agent transitaire avant ...

Your receipt for ... has just reached us. Votre reçu (*m*) pour ...
vient de nous parvenir.

See **acknowledge, bill of exchange, cancel, delivery, despatch** (*verb*), **letter, method of payment, outstanding, payment, pending, proceed, remittance, within.**

receipt of payment

Receipt of payment is required before goods can be despatched. Les marchandises ne sont expédiées qu'après réception (*f*) du paiement.

... these ... will be despatched immediately upon receipt of your payment/remittance. ... ces ... seront expédiées immédiatement après réception (*f*) de votre paiement/versement.

receive

I received your letter of ... J'ai bien reçu votre lettre en date du ...

We have received ... Nous avons reçu ...

We have just received ... Nous venons de recevoir ...

We have today received ... Nous avons reçu ce jour ...

It was a pleasure to receive ... C'est avec plaisir que nous avons reçu ...

We have still not received ... Nous n'avons pas encore reçu ...

... not having received ... ... n'ayant pas reçu ...

... but, receiving no reply ... ... mais, n'ayant reçu aucune réponse ...

We wonder whether you did in fact receive ...? Peut-être n'avez-vous pas reçu ...?

We look forward to receiving your literature. Dans l'attente de recevoir votre documentation ...

... and they will credit our account with the amount received. ... et ils créditeront notre compte de la somme reçue.

See **advice** (**note**), **application, arrange, attention, complaint, confirmation, despatch** (*noun*), **details, enquiry, estimate, exceptionally, expert, fax, immediate, inquiry, instalment, interested, letter, look forward, non-delivery, order** (*noun*), **payment, pick up, replacements, satisfactory, settlement, soon, specifications, still, surprised, tariffs, telephone call, visit** (*noun*), **wonder.**

recent

See **instructions, short-shipment.**

recently

See **acknowledge, appoint, order** (*noun*), **regulations, satisfied, settle, slack, visit** (*verb*), **wonder.**

reception

See **acknowledge.**

reciprocate

If I can reciprocate at any time, please let me know. C'est avec plaisir que je vous rendrai le même service à l'avenir.

We would be happy to reciprocate should the opportunity arise. C'est avec plaisir que nous vous rendrions le même service si l'occasion se présentait.

recommend

I am happy to be able to recommend ... to you. Je suis heureux de pouvoir recommander ... auprès de vous.

I have pleasure in recommending ... J'ai le plaisir de recommander ...

... for your requirements we would recommend ... ... pour vos besoins, nous vous recommandons ...

We would recommend that you ... Nous vous recommanderions de ...

We therefore feel able to recommend ... En conséquence nous pensons pouvoir recommander ...

We would not therefore recommend ... En conséquence, nous ne vous recommanderions pas ...

We are unable to recommend ... Nous ne pouvons recommander ...

Your company has been recommended to us by ... Votre compagnie nous a été recommandée par ...

See distributor, export orders, reservations.

record

According to our records ... Selon nos documents (*m*) ...

Mr ... has/XYZ Ltd ... have an excellent record. M ... a un dossier excellent/XYZ Ltd ... a une réputation excellente.

We have no record of ... Nous ne possédons aucune trace (*f*) de ...

recourse

See settlement.

recover

We are taking steps to recover (this sum). Nous prenons des mesures pour recouvrir (cette somme).

recruit

... that your company is now recruiting ... ... que votre compagnie est en train de recruter ...

recurrence

I can assure you that I will do all I can to prevent a recurrence of this. Soyez assuré que je ferai tout mon possible pour empêcher que ceci ne se reproduise.

reduce
   We use plastic to reduce weight. Nous utilisons une matière plastique afin de réduire le poids.
   See costs.

reduction
   A reduction of 3% is offered on orders over ... Nous offrons une réduction de 3% sur les commandes dépassant ...
   We are willing to offer a reduction of ... on the price of items marked *. Nous sommes disposés à offrir une réduction de ... sur le prix des articles marqués d'un astérisque (*).
   We must insist on a reduction in view of the poor quality of the goods. Nous exigeons une réduction de prix en raison de la qualité médiocre des marchandises.
   We trust that you will grant us a reduction. Nous espérons que nous accorderez une réduction.

refer
   The company you refer to in your letter ... La compagnie à laquelle vous faites référence dans votre lettre ...
   They refer to ... (for information as to their financial standing). Il nous donnent ... pour référence concernant (leur réputation/ situation financière).
   We refer to ... Nous nous reportons à ... /En référence à ...
   You may refer to ... Vous pouvez vous adresser à ...
   We have been referred to you for information concerning ... On nous a demandé de nous adresser à vous pour tout renseignement concernant ...
   See reference, trace.

ref(erence)
   Ref(erence) ... Réf(érence) ...
   See indent.

reference
   For references to our standing you may consult ... Pour toute référence (*f*) concernant notre situation (financière)/réputation, vous pouvez vous adresser à ...
   They quoted you as being willing to supply a reference to their standing. Il nous ont indiqué que vous seriez prêts à fournir des références (*f*) concernant leur situation.
   They referred us to you for references as to their financial standing. Il nous ont demandé de vous consulter pour obtenir des renseignements quant à leur situation financière.

References and guarantees may be obtained from ... Toutes références (*m*) et garanties peuvent être obtenues en écrivant à ...

... has given your name as a reference. ... a donné votre nom comme référence (*f*).

Mr ... will be happy to supply references for me. M ... sera heureux de vous donner des renseignements à mon sujet.

reference number

c.f. code number, product number.

refund

We require a full refund for the broken items. Nous exigeons un remboursement (*m*) total pour les articles brisés.

See cancel.

regards

Regards (*telegrammes/telex*). Salutations (*f*).

region

See contact (*verb*).

(in the) region (of)

See cost.

registered

As far as we can ascertain this company is not registered. Autant que nous pouvons en juger cette compagnie ne figure pas au registre (du commerce).

regret

We regret that we must ... Nous avons le regret de devoir ...

We regret to inform you that/of ... Nous sommes au regret de vous informer que ... /de ...

We therefore regret that we cannot ... En conséquence, nous sommes au regret de ne pouvoir ...

... but regrets that he expects to be away during the period you mention. ... mais regrette d'être absent pendant la période que vous indiquez.

... but regrets that he expects to be away/out of the office on that day. ... mais regrette d'être absent/en déplacement ce jour-là.

See cancel, claim, complain, credit card, customs, delay, delivery date, extension, honour, invitation, offer (*noun*), price, settle, theft, trouble, unable.

regrettable

See oversight.

regularly

See enquiry.

regulations

Regulations governing the import of this type of goods have recently been modified. La réglementation (*f*) qui s'applique à l'importation de ce type de marchandises a été récemment modifiée.

See levy.

relating to

Relating to . . . Relatif à . . .

See credit advice, draft agreement, print.

release

They will release the documents on payment of . . . Ils remettront les documents dès le paiement de . . .

The documents will be released on settlement of . . . Les documents seront remis dès le règlement de . . .

See drawee, remittance.

reliability

Our machines are famous for their reliability. Nos machines sont renommées pour leur fiabilité (*f*).

Our systems have a unique reputation for reliability. Nos systèmes ont une réputation exceptionnelle pour leur fiabilité (*f*).

See realize.

reliable

. . . have they been reliable in their dealings? . . . ont-ils été dignes de confiance dans leurs affaires?

. . . Ltd are a very reliable long-established company. La société . . ., établie de longue date, est une compagnie très sûre.

He has always been a very reliable worker. Il a toujours été un employé tout à fait digne de confiance (*f*).

The new model is extremely reliable. Le nouveau modèle présente une très grande fiabilité (*f*).

The new model is cheaper and more reliable. Le nouveau modèle est meilleur marché et présente une meilleure fiabilité (*f*).

See information.

reluctantly

See cancel, rises.

rely on

See attention.

remain

The remaining items will be despatched shortly. Les articles restant seront expédiés sous peu . . .

See deduction, price, c.f. outstanding.

remember

You may remember that . . . Vous vous souvenez peut-être que . . .

remind

We have to remind you that payment was due on . . . (date). Nous sommes au regret de devoir vous rappeler que le paiement est échu le . . .

We must remind you that our terms are . . . Nous vous rappelons que nos conditions sont les suivantes . . .

We would like to remind you that . . . Nous nous permettons de vous rappeler que . . .

We would remind you that we are famous for the quality of our parts. Nous vous rappelons que nous sommes renommés pour la qualité de nos pièces.

See all-in price, stipulate, wish.

remit

Kindly remit . . . Veuillez avoir l'obligeance de verser . . .

See balance, bank, instruct.

remittance

Thank you for your remittance for . . . Nous vous remercions de votre versement (*m*) en paiement de . . .

On receipt of your remittance for . . . we will release your order to the forwarding agents. Dès réception de votre versement (*m*) pour/de . . . nous remettrons votre commande aux agents transitaires.

The order will be despatched on receipt of your remittance for . . . La commande sera expédiée dès réception de votre versement (*m*) pour/de . . .

On receipt of the remittance we will forward your order. Dès réception du versement, nous expédierons votre commande.

Please do not delay in sending us your remittance. Nous vous prions de nous envoyer votre versement (*m*) sans retard.

Please let us have your remittance for this amount. Veuillez nous faire parvenir votre versement (*m*) pour cette somme.

We would be obliged if you would let us have your remittance for . . . Nous vous serions obligés de bien vouloir nous faire parvenir votre versement (*m*) pour/de . . .

See credit (*verb*), difference.

renew

We wish to renew our offer of . . . Nous renouvelons notre offre de . . .

We wish to renew our policy No . . . Nous souhaitons renouveler

notre police No . . .
See floating policy, terms.

renewal
    This policy is due for renewal. Cette police a atteint la date de
renouvellement.

rent
    We are seeking to rent . . . Nous cherchons à louer . . .

re-order
    We expect to re-order shortly. Nous espérons passer à nouveau une
commande sous peu.
    We hope to be in a position to re-order shortly. Nous espérons être
en mesure de passer à nouveau une commande sous peu.

repack
    The goods have had to be repacked and this has caused a delay. Les
marchandises ont dû être emballées à nouveau, ce qui a causé un
certain retard.

repairs
    See delivery.

repeat order
    We wish to place a repeat order for . . . Nous désirons renouveler
notre commande de . . .

replace
    Please replace this . . . with . . . Veuillez remplacer ce(tte) . . . par . . .
    See arrange.

replacements
    Please send us replacements for these. Nous vous prions de nous
envoyer des articles en remplacement de ces derniers.
    **We have received the replacements for the damaged items on our
order No . . .** Nous avons bien reçu les articles en remplacement de
ces derniers endommagés de notre commande No . . .
    We would be grateful for immediate shipment of replacements. Nous
vous saurions gré de nous envoyer immédiatement des articles de
remplacement.
    See airfreight, shipment (*transport*)**, way.**

reply (*verb*)
    I am sorry not to have replied sooner to your letter concerning . . . Je
suis désolé de n'avoir répondu plus tôt à votre lettre concernant . . .
    Replying to your enquiry/letter of . . . En réponse à votre
demande/lettre du . . .
    See delay.

reply (*noun*)

    Looking forward to your reply ... Dans l'attente d'une réponse de votre part ...

    Looking forward to a prompt reply I remain, Yours faithfully ...
Dans l'attente d'une réponse rapide, je vous prie de recevoir ...

    I am looking forward to an early reply. Dans l'attente d'une réponse rapide ...

    We would appreciate an early reply. Nous souhaiterions une réponse rapide.

    I would be grateful for a prompt reply (to these queries). Je vous serais reconnaissant de nous donner une réponse rapide (à ces questions).

    A prompt reply would be greatly appreciated. Nous souhaiterions beaucoup recevoir une réponse rapide.

    An early reply to these queries would be appreciated. Nous souhaiterions recevoir le plus tôt possible une réponse à ces questions.

    We have yet to receive a reply to our letter of ... Nous n'avons pas encore reçu de réponse (*f*) à notre lettre du ...

    We would appreciate a reply by telex. Nous souhaiterions une réponse par télex.

    See appreciate, (in) confidence, look forward, prompt, receive, satisfactory, telex.

reply card

    See complete, send.

report

    According to the report ... Selon le rapport ...

    We are pleased to report that ... Nous avons le plaisir de vous informer que ...

    We are sorry to have to report that ... Nous sommes désolés de devoir vous informer que ...

    See expert, overdue account, survey, (in) touch.

represent

    This item represents ... Cet article représente ...

    ... this sum represents ... ... cette somme représente ...

    Mr ... will now represent us in your area. M ... sera désormais notre représentant (*m*) dans votre région.

    We already represent ... Nous représentons déjà ...

    See call on.

re-present

    If you will instruct your bank to re-present the draft we can assure

you (that it will be honoured). Si vous voulez bien demander à votre banque de présenter à nouveau la traite, nous pouvons vous assurer (qu'elle sera honorée).

We have instructed our bank to re-present the draft. Nous avons demandé à notre banque de présenter à nouveau la traite.

representative

Our representative Mr ... will contact you to arrange a demonstration. Notre représentant (*m*) M ... vous contactera afin d'organiser une démonstration.

Our representative will be happy to call on you to explain the advantages of our products. Notre représentant (*m*) sera heureux d'aller vous voir pour vous présenter les avantages de nos produits.

Our sales representative will call to discuss the matter with you. Notre représentant (*m*) ira vous voir pour discuter de cette question avec vous.

See appoint, appointment, arrange, call, call on, contact (*verb*), convenience, demonstration, go over, query, service (*verb*), visit (*noun*).

reputation

The company enjoys a solid reputation. La société jouit d'une bonne réputation.

... have a good reputation (for ...). ... a/ont une bonne réputation pour ...

They have the reputation of being ... Ils ont la réputation d'être ...

We would be grateful if you could inform us of the reputation of ... Nous vous serions reconnaissants si vous pouviez nous donner des renseignements sur la réputation (*f*) de ...

See reliability, c.f. standing.

reputed

They are reputed to be a sound and well-managed company. Cette compagnie est réputée pour être saine et bien gérée.

They are reputed to have overextended recently. Elle est réputée pour s'être récemment étendue trop rapidement.

This company is reputed to be sound. Cette compagnie a la réputation d'être saine.

request (*noun*)

Details available on request. Renseignements fournis sur demande.

At the request of ... I am writing to inform you of ... A la demande de ... j'ai l'honneur de vous informer de ...

We hope you will be willing to comply with our request. Nous espérons que vous voudrez bien satisfaire notre requête (*f*).

See further, writing.

request (*verb*)

As requested ... Selon vos instructions (*f*) ...

As requested we have presented your documents to the customs officials. Selon vos instructions (*f*) nous avons présenté vos documents aux autorités douanières.

As requested we will advise you of the date of despatch. Selon vos instructions (*f*) nous vous aviserons de la date d'expédition.

Thank you for your letter of ... requesting ... Nous vous remercions de votre lettre du ... par laquelle vous nous demandez ...

We enclose the brochures you requested. Vous trouverez ci-joint les brochures que vous nous avez demandées.

... Plc request the pleasure of the company of ... La société ... a l'honneur d'inviter ...

See **charge** (*verb*)**, draw on, information, insurance, packing note, reserve** (*verb*)**, since** (*time*)**, urgently.**

require

As required ... Selon vos instructions/comme vous nous l'avez demandé ...

... will require (rooms on the same floor) ... ... souhaite(nt) (des chambres sur le même niveau) ...

See **banker's draft, cover** (*insurance*)**, delivery, deposit, forward, further, information, inspection, notice** (*noun*)**, order** (*noun*)**, proceed, receipt, stock, third party, urgently.**

requirement

We estimate our monthly requirement to be ... Nous estimons que nos besoins (*m*) sont de l'ordre de ... par mois.

We think that this model may be well adapted to your requirements. Nous pensons que ce modèle est celui qui sera adapté à vos besoins (*m*).

We have products to meet all your requirements. Nous avons les produits qui satisferont tous vos besoins (*m*).

The new range will meet all the requirements of the modern office. La nouvelle gamme satisfera tous les besoins (*m*) du bureau moderne.

We are sure these goods will meet your requirements. Nous sommes sûrs que ces marchandises satisferont vos exigences (*f*).

We trust that our Norma range will meet your requirements. Nous sommes sûrs que notre gamme Norma sera adaptée à vos besoins (*m*).

See **arrangements, recommend, suit, c.f. needs.**

reservation

Please confirm the reservation by return. Veuillez confirmer la réservation (*f*) par retour du courrier.

We wish to make a reservation for ... Nous souhaitons réserver ...

See amend, cancel, deposit.

reservations

There are reservations about ... Il existe quelques réserves (*f*) au sujet de ...

We could not recommend ... without certain reservations. Nous ne pourrions vous recommander ... sans certaines réserves (*f*).

We would have some reservations in recommending ... C'est avec quelques réserves (*f*) que nous vous recommandons ...

reserve (*noun*)

I would be grateful if you would reserve a single room with bath in the name of ... Je vous serais reconnaissant de bien vouloir réserver une chambre individuelle avec salle de bains au nom de ...

As requested we have reserved ... Selon vos instructions nous avons réservé ...

We would like to know whether cargo space should be reserved. Nous voudrions savoir si le volume nécessaire à la cargaison doit être réservé.

See accommodation.

reserve (*noun*)

We are pleased to be able to recommend ... without reserve. C'est avec plaisir que nous pouvons vous recommander ... sans aucune réserve (*f*).

resist

See handling.

resistance

All the items have good resistance to corrosion. Tous les articles présentent une bonne résistance (*f*) à la corrosion.

This product has outstanding resistance to wear. Ce produit présente une résistance (*f*) à l'usure exceptionnelle.

(in) respect (of)

See homologation.

respected

This company is respected throughout the trade. Cette compagnie a une solide réputation (*f*) dans la profession.

See company.

response
>   See inquiry, c.f. reply (*noun*), *passim*.

responsibility
>   **This information is given without responsibility on our part.** Nous vous donnons ces renseignements sans engagement de notre responsabilité (*f*).
>
>   **We accept total responsibility for the loss.** Nous acceptons l'entière responsabilité (*f*) de la perte.

responsible
>   **We cannot be held responsible for expenses incurred by delays in delivery.** Nous ne pouvons être tenus pour responsables des frais entraînés par les retards dans la livraison.
>
>   **As the damage occurred after the goods left our factory we cannot be held responsible.** Les dégâts s'étant produits après le départ des marchandises de notre usine, nous ne pouvons être tenus pour responsables.
>
>   **We cannot be held responsible for damage which occurs during transport.** Nous ne pouvons être tenus pour responsables des dégâts se produisant pendant le transport.
>
>   **I was responsible for . . .** J'étais responsable de . . .

restrict
>   **This offer is restricted to . . .** Cette offre n'est valable que pour . . .

result
>   **As a result of . . .** En conséquence de . . .
>
>   **This has resulted in . . .** Ceci a eu pour conséquence . . .
>
>   See backlog, delay, fire damage, improvement.

retail
>   See packs.

return
>   **Please return the goods at our expense.** Veuillez nous retourner les marchandises à nos frais.
>
>   **We are returning the (broken) items forthwith.** Nous retournons immédiatement les articles (cassés).
>
>   **Vehicles should be returned by . . .** Les véhicules doivent être retournés avant . . .
>
>   See carriage forward, collect (*US*), complete, favour, fill in, invitation, service (*noun*).

(by) return
>   **. . . by return.** . . . par retour du courrier.
>
>   See mail, reservation.

returnable
    See charge (*verb*), deposit.
revise
    ... our revised price list and details of our latest model. ... nos
    tarifs révisés et une documentation sur notre modèle le plus récent.
    See price.
ring
    Ring us on freephone ... Téléphonez-nous en appel
    gratuit/Téléphonez-nous au ... numéro vert.
    See appointment, c.f. call, telephone.
rises
    Owing to rises in the prices of raw materials (we are reluctantly
    obliged to ...). En raison de l'augmentation (*f*) du prix des matières
    premières (nous sommes contraints de ...).
rising
    Owing to rising fuel costs/transport costs ... En raison de
    l'augmentation (*f*) du coût du carburant/du transport ...
risk
    ... against all risks ... ... contre tous risques (*m*) ...
    To avoid the risk of (rough handling/delays ...). Afin d'éviter les
    risques (*m*) (de chocs à la manutention/de retards ...).
    We wondered whether you would consider this ... to be a fair risk?
    Nous voudrions savoir si ce(tte) ... n'implique pas un trop grand
    risque?
    We would think a credit of ... to be a fair risk. Nous estimons que
    vous pouvez accorder un crédit de ... sans risques (*m*).
    Would you consider a credit of ... a fair risk? Estimez-vous que
    nous pouvons accorder un crédit de ... sans risques (*m*)?
    Would you consider that we can deal with them without risk? Estimez-
    vous que nous pouvons faire affaire avec elle/eux sans risques (*m*)?
    See credit (*noun*), unwarranted.
(by) road
    See delivery charges.
room (for)
    See product.
rooms
    See hold, vacant.
rough
    See stand up to.

rough handling

    ... were subjected to rough handling. ... ont subi des dégâts pendant la manutention.

S

safe
> See consider.

safety
> See production line.

safety standards
> See conform.

sail
> This freighter is due to sail on ... Ce cargo doit appareiller le ...
> This vessel sails on ... Ce navire appareille le ...
> ... sailed from ... ... a appareillé de ...
> See loading.

sailings
> We shall be interested to know the times and frequency of your sailings. Nous voudrions connaître les horaires et la fréquence des départs (*m*).

sale or return
> We are prepared to offer these goods on a sale or return basis. Nous sommes prêts à proposer ces marchandises sur la base de reprise des invendus.

sales
> We think the fall in sales is due to the new duties on ... Nous pensons que la baisse des ventes (*f*) est due aux nouveaux droits sur ...
> See late.

sameday
> Sameday (*telegramme/telex*). Ce jour même.
> Sameday delivery. Livraison le jour même.

sample
> We would be happy to send you a sample of ... C'est avec plaisir que nous vous enverrions un échantillon de ...

147

We can forward samples of the materials which interest you. Nous pouvons vous envoyer les échantillons des tissus (*fabrics*)/des matériaux (*raw materials*) qui vous intéressent.

A sample of the defective ... is enclosed. Ci-joint un échantillon du/de la ... défectueux(se).

The articles you delivered are not up to sample. Les articles que vous nous avez livrés ne sont pas conformes à la qualité de l'échantillon (*m*).

The goods you supplied are not up to sample. Les marchandises que vous nous avez fournies ne sont pas conformes à l'échantillon (*m*).

The quality must be up to sample. La qualité doit répondre à celle de l'échantillon (*m*).

See appreciate, arrange, match, range, showrooms.

satisfactorily
See business.

satisfactory

The rate/price you quote is satisfactory, please ... Le tarif/prix que vous nous indiquez est raisonable, veuillez ...

We trust that these arrangements are satisfactory. Nous espérons que ces dispositions vous conviendront.

Unless we receive a satisfactory reply within ... (we shall be obliged to take legal action). A moins que nous ne recevions une réponse satisfaisante sous ... (nous serons contraints d'entreprendre une action en justice).

See arrangements, estimate, order (*noun*).

satisfied

We are delighted to hear that you are satisfied with the goods we recently sent. Nous sommes enchantés de savoir que les marchandises que nous vous avons récemment envoyées sont à votre entière satisfaction (*f*).

We are sure you will be satisfied with the quality of the goods. Nous sommes sûrs que la qualité des marchandises vous donnera entière satisfaction (*f*).

See quality.

say

Mr ... has asked me to say that ... M ... m'a chargé de vous faire savoir que ...

scope

There is wide scope for ... Il y a une grande latitude pour ...

(by) sea
  See delivery charges.
seal
  Sealed with . . . Scellé avec . . .
  See drums.
season
  See (in) time (for).
sea terminal
  See despatch (*verb*).
secretary
  I would be obliged if you would call my secretary to arrange an appointment. Je vous serais obligé de bien vouloir appeler ma secrétaire pour fixer un rendez-vous.
  See appointment, confirm, meeting.
see
  As you will see . . . Comme vous le constaterez . . .
  . . . if you could see your way to . . . . . . si vous aviez l'amabilité de . . .
  I see from. . . . that you are the agents for . . . J'ai appris par . . . que vous êtes les agents pour . . .
  I would like to come and see you on . . . J'aimerais venir vous voir le . . .
  I look forward to seeing you then. Dans l'attente de vous voir à cette date/à ce moment.
  See advertisement, exhibition, look forward, sorry, stand.
seek
  See agent, appoint, furnished, incur, match, product, progressive, rent.
sell
  See line, price.
send
  Please send . . . Nous vous prions de nous envoyer . . .
  Please send us a copy of . . . Auriez-vous l'obligeance de nous faire parvenir un exemplaire de . . .
  Please send the completed order form/questionnaire/reply card to the address below . . . Prière d'envoyer le bon de commande/questionnaire/carte-réponse à l'adresse ci-dessous.
  Send the completed form to us. Veuillez nous retourner le formulaire dûment complété.
  We have great pleasure in sending you . . . Nous sommes très heureux de vous envoyer . . .

We are sending you our illustrated catalogue. Nous vous envoyons notre catalogue illustré.

See ago, arrange, authorize, charter, complete, correspond, credit note, form, instead, invoice, manufacture, nearest, order (*noun*), **package, possible, proposal form, remittance, replacements, sample, satisfied, separate cover, short, since** (*time*), **specify, substitute, wonder, c.f. mail.**

separate cover

We are forwarding our literature on . . . under separate cover. Nous vous faisons parvenir notre documentation sur . . . sous pli (*m*) séparé.

We are sending a copy of . . . under separate cover. Nous vous envoyons un exemplaire de . . . sous pli (*m*) séparé.

separately

See charge (*verb*).

separate post

See range, c.f. cover (*noun*).

serve

We look forward to serving you. Nous restons à votre entière disposition (*f*).

We look forward to continuing to serve you . . . Dans l'attente de pouvoir vous être utile . . .

service (*verb*)

Our local representative Mr . . . will service your needs (*US*). M . . . notre représentant pour votre région répondra à vos besoins.

service (*noun*)

We can offer a unique service. Nous proposons un service exceptionnel.

We look forward to the opportunity of being of service . . . Dans l'attente de pouvoir vous être utile . . .

We anticipate being of continued service to you in days ahead . . . Dans l'attente de vous être utile à l'avenir . . .

We are writing to offer you our services as agents in . . . Nous vous offrons nos services (*m*) en qualité d'agents à . . .

Our technicians are at your service at all times. Nos techniciens restent en permanence à votre disposition (*f*).

I would be very happy to return the service. C'est avec plaisir que je vous rendrais le même service (*m*).

We would of course be happy to perform a similar service should the occasion arise. Nous serions bien entendu heureux de vous rendre un service semblable si l'occasion se présentait.

See **anticipate, cost, details.**
set
　A complete set of ... Un jeu complet de ...
　We require 3 sets of clean, shipped bills of lading. Il nous faut trois
　jeux (*m*) de connaissement non clausés/nets.
set out
　See **curriculum vitae, particulars**
settle
　We must ask you to settle this ... at once. Nous vous demandons de
　nous régler ce(tte) ... immédiatement.
　As you know our policy has always been to settle bills promptly.
　Comme vous le savez, notre politique a toujours été de régler
　rapidement nos factures.
　... prompt in settling their accounts. ... ponctuels dans le règlement
　de leurs comptes.
　This company has always settled bills promptly. Cette compagnie a
　toujours réglé ses factures rapidement.
　We expect to be able to settle within a few weeks/a month. Nous
　espérons pouvoir effectuer le règlement sous quelques semaines/un
　mois.
　There have recently been delays in settling bills. Il y a récemment eu
　des retards dans le règlement des factures.
　**We regret that we are unable to settle in full owing to a cash flow
　problem.** En raison d'un problème de liquidités nous sommes au
　regret de ne pouvoir régler la totalité de notre compte.
　We expect to be in a position to settle this ... by ... (date). Nous
　espérons être en mesure de régler ce(tte) ... avant ....
　There are still a number of points to be settled. Il reste un certain
　nombre de points à régler.
　See **assure, bill, bill of exchange, envisage, punctually, c.f. pay.**
settlement
　... in full settlement of ... ... en règlement (*m*) (total) de ...
　... in full settlement of the (above) invoice. ... en règlement (*m*)
　(total) de la facture (ci-dessus).
　Please let us have your draft in settlement of ... Nous vous prions
　de nous faire parvenir votre traite en règlement (*m*) de ...
　... settlement of the amount shown. ... règlement (*m*) de la somme
　indiquée.
　This ... is in settlement of ... Ce(tte) ... est en règlement (*m*)
　de ...

The documents will be handed to you against settlement of the amount shown on the invoice. Les documents vous seront remis contre le règlement de la somme indiquée sur la facture.

We would be glad if you would arrange early settlement of . . . Nous vous saurions gré de bien vouloir faire le nécessaire pour régler . . . le plus tôt possible.

Please arrange for settlement through your bank. Veuillez prendre les dispositions nécessaires pour effectuer le règlement par l'intermédiaire de votre banque.

If we do not receive full settlement within 30 days we shall have recourse to litigation. Si nous ne recevons pas le règlement dans sa totalité sous 30 jours, nous entreprendrons une action en justice.

We are now willing to accept quarterly settlements. Nous sommes désormais disposés à accepter des règlements (*m*) trimestriels.

See **arrangements, release, terms, c.f. payment.**

several
See **notice** (*verb*).

severe
See **need.**

ship (*verb*)
Please ship the goods . . . Veuillez nous expédier les marchandises . . .

The goods will be shipped . . . Les marchandises seront expédiées . . .

The consignment must be shipped by . . . L'envoi doit être expédié avant . . .

It was agreed that goods would be shipped by . . . (date). Il était convenu que les marchandises seraient expédiées avant . . .

We shall arrange for the goods to be shipped as soon as possible. Nous ferons le nécessaire pour que les marchandises soient expédiées aussitôt que possible.

We will be able to ship the items within 14 days. Nous pourrons expédier les articles sous quinzaine.

We are due to ship . . . and would be glad if you would obtain a vessel of about . . . tons capacity. Nous sommes sur le point d'expédier . . . et nous vous saurions gré de retenir un navire d'une capacité de . . . tonnes.

This consignment could be shipped on the mv . . . closing at noon on the . . . Cet envoi pourrait être chargé à bord du vapeur . . . dont la date limite du chargement est le . . . à midi.

Our agent confirms that the quantity ordered was actually shipped. Notre agent confirme que la quantité commandée a bien été expédiée.

The goods have been shipped on board mv ... Les marchandises ont été transbordées sur le vapeur ...

ship (*vessel*)

This ship is now loading for ... Ce navire est en chargement à destination de ...

See accept, cargo, discharge.

shipment (*transport*)

We thank you for your letter of ... notifying shipment of ... by mv ... Nous avons bien reçu votre lettre du ... par laquelle vous nous notifiez de l'expédition de ... par le vapeur de ...

... for shipment from ... to ... ... pour l'expédition (*f*) au départ de ... à destination de ...

Your goods are now awaiting shipment. Vos marchandises attendent d'être expédiés par ...

Shipment is to be effected by ... (method of transport). L'expédition (*f*) doit être effectuée par ...

We have arranged for immediate shipment of replacements. Nous avons fait le nécessaire pour que les articles de remplacement soient expédiés immédiatement.

Immediate shipment is guaranteed. Nous en garantissons l'expédition (*f*) immédiate.

See arrange, fee, payment, proceed, replacements.

shipment (*consignment*)

This shipment has been delayed by the strike of customs officials. Cet envoi (*m*) a été retardé par la grève des autorités douanières.

We are happy to acknowledge delivery of the shipment of ... Nous avons le plaisir de vous accuser réception de l'envoi (*m*) de ...

We expect the shipment to be loaded tomorrow. Nous espérons que l'envoi (*m*) sera chargé demain.

See balance, cover (*insurance*), delay, late, non-standard, port of entry, quote, unpack, value.

shipping agent

See bill of lading.

shipping arrangements

We will gladly undertake shipping arrangements for you. Nous prendrons volontiers toutes les dispositions (*f*) pour l'expédition.

shipping documents

The shipping documents will be handed to you against ... Les documents (*m*) d'expédition vous seront remis contre ...

We have handed a complete set of the shipping documents to the

forwarding agent. Nous avons remis un jeu complet des documents (*m*) d'expédition à l'agent transitaire.

See documents against acceptance, payment, sight draft.

shipping instructions

We are holding your order pending the arrival of shipping instructions. Nous retenons votre commande en attendant l'arrivée de vos instructions (*f*) concernant l'expédition.

We enclose our shipping instructions form. Vous trouverez ci-joint notre formulaire (*m*) d'expédition (*f*).

See pending.

shock

It was a great shock to learn of . . . Nous avons été stupéfaits d'apprendre que . . .

short

After checking the consignment we find that we are 3 cases short. Après avoir vérifié l'envoi, nous avons découvert qu'il manquait trois caisses.

We are sending 2 cases at once to make up the short delivery. Nous envoyons immédiatement 2 caisses afin de compléter la livraison.

We are writing to complain about a short delivery of . . . Nous vous adressons une réclamation au sujet d'une livraison incomplète de . . .

shortly.

We hope to hear from you shortly. Nous espérons avoir de vos nouvelles sous peu.

We will shortly be advising you of despatch. Nous vous aviserons de l'expédition sous peu.

. . . will contact you again shortly. . . . vous contactera à nouveau sous peu.

See balance, bring out, call on, despatch (*noun and verb*)**, follow, hear, mail, order** (*noun*)**, outstanding, raw materials, remain, re-order, telephone, (in) touch.**

short-shipment

We are writing to complain about short-shipment in your recent delivery of . . . Nous vous adressons une réclamation au sujet d'un envoi incomplet lors de votre récente livraison de . . .

short-shipped

The order was short-shipped by . . . (*number*)**. . . .** manquait/ manquaient à la livraison.

should

This should arrive . . . Ceci devrait/doit arriver . . .

show
> **Your invoice does not show** ... Votre facture n'indique pas ...
> See amount, credit (*verb*), settlement.

showrooms
> **Samples of our products can be seen in our showrooms at** ... Vous pouvez examiner des échantillons de nos produits dans nos salles (*f*) d'exposition à ...

sight
> **Payable at sight.** Payable à vue.
> See agree.

sight draft
> **We enclose our sight draft together with the shipping documents.** Vous trouverez notre traite (*f*) à vue ainsi que les documents d'expédition.
> See cover (*verb*), honour.

sign
> See absence, decline, receipt.

signature
> See contract, specimen.

significant
> See market.

similar
> See make up.

since (*time*)
> **Since sending you** ... Depuis que nous vous avons envoyé ...
> **Since writing to you on** ... **we** ... Depuis notre lettre du ... nous ...
> **It is now some time since** ... Cela fait maintenant quelque temps que ...
> **It is now some months since you requested details of** ... Cela fait maintenant quelques mois que vous nous avez demandé des renseignements sur ...
> **It is now 6 weeks since we mailed you detailed specifications of** ... Cela fait maintenant 6 semaines que nous vous avons envoyé une documentation complète/les spécifications sur ...
> See business.

since (*logic*)
> See cancel, decision.

sincere
> See apologies, wishes.

sincerely
See thank, yours.
single
See reserve (*verb*).
size
See discount, order (*noun*), sliding rates, stock.
slack
Business has been slack recently and ... Les affaires sont très calmes depuis quelque temps et ...
See demand, market.
sliding rates
We offer sliding rates according to the size of the load. Nous proposons un tarif progressif (*increasing*)/dégressif (*decreasing*) selon l'importance du chargement.
sliding scale
Charges are based on a sliding scale. Les frais sont établis selon un tarif (*m*) progressif (*increasing*)/degressif (*decreasing*)
slightly
See product.
sling
See discharge.
smaller
See popular.
small orders
See carriage.
sole agency
We would be interested in negotiating a sole agency with you. Nous aimerions négocier avec vous les termes d'une agence exclusive.
sole distributor
See distributor.
solid
See reputation.
solve
Our staff/engineers/technicians will be happy to help you solve your maintenance problems. Notre personnel qualifié/Nos ingénieurs/Nos techniciens seront heureux de vous aider à résoudre vos problèmes d'entretien.
soon
I hope that we will be able to meet soon. J'espère que nous pourrons nous rencontrer bientôt.

We hope to hear from you very soon. Nous espérons avoir de vos nouvelles très bientôt.

I will contact you as soon as I arrive. Je vous contacterai dès mon arrivée.

We will let you have these as soon as we receive further supplies. Nous vous les ferons parvenir dès que nous en serons réapprovisionnés.

See acceptable, alternative, amount, arrange, balance, definite, details, hear, pay, price, ship (verb), suitable, (in) touch.

sooner

See reply (verb).

soonest

Soonest (telegrammes/telex). Au plus tôt.

sorry

We are sorry that . . . Nous sommes désolés d'apprendre que . . .

I am sorry to learn from your letter that . . . Je suis désolé d'apprendre par votre lettre que . . .

We were sorry to see from your letter that . . . Nous avons été désolés d'apprendre par votre lettre que . . .

I am very sorry to learn of . . . J'ai été navré d'apprendre . . .

We are sorry to learn that you are disappointed with . . . Nous sommes désolés d'apprendre que vous êtes déçus par . . .

See able, accept, complaint, delay, dissatisfied, embargo, inevitable, offer (noun), quotation, report, standard

sound

. . . would you consider their business to be financially sound? . . . estimez-vous que la société soit financièrement saine?

See reputed, testify.

sources

See information.

space

See reserve (verb).

speak

When we last spoke on the telephone we agreed to/that . . Lors de notre dernière conversation (f) téléphonique nous étions convenus de/que . . .

See meet (person).

special

This is a special price and is not subject to our usual discounts. Cette offre spéciale ne bénéficie pas de nos réductions (f) habituelles.

We are prepared to offer these (items) at the special price of . . . Nous
sommes disposés à proposer ces (articles) au prix (*m*) spécial de . . .
See grant, notice (*noun*).

specialize

Our company specializes in . . . Notre société est spécialisée dans . . .

specially

See design, order (*verb*).

specifications

. . . these . . . are to be supplied to your own specifications. . . . ces . . .
doivent être fourni(e)s suivant vos propres spécifications (*f*).

We would be pleased to receive specifications of your new (machine)
together with your current price list. Nous voudrions recevoir les
caractéristiques (*f*) techniques de votre nouvelle (machine) ainsi que
vos tarifs en vigueur.

Please quote for the manufacture of . . . as per the enclosed
specifications. Veuillez nous établir un prix pour la fabrication de . . .
suivant les caractéristiques (*f*) techniques ci-jointes.

The enclosed handbook gives the specifications and directions for use.
Le livret ci-joint contient les caractéristiques (*f*) techniques et le
mode d'emploi.

See since (*time*).

specification sheets

Specification sheets. Fiches (*m*) techniques.

specify

As we specified in our letter of . . . Ainsi que nous l'avons spécifié
dans notre lettre du . . .

We specified . . . , but you have sent . . . Nous avions spécifié . . . ,
vous nous avez envoyé . . .

See contrary, omit.

specimen

Specimen signatures are provided (below). Des signatures spécimens
sont fournies (ci-dessous).

sports

Sports. Sports pratiqués.

stack

. . . marked DO NOT STACK. . . . porte(nt) la mention NE PAS
EMPILER.

The boxes have been stacked on disposable pallets. Les boîtes ont été
empilées sur des palettes non reprises.

staff
   See agreeable, solve.

stand
   See us at stand no ... at the ... trade fair. Venez nous voir à notre
   stand (*m*) d'exposition No ... de la foire commerciale de ...
   We look forward to seeing you at our stand at the ... Exhibition.
   Dans l'attente de vous voir à notre stand (*m*) de l'exposition ...
   See interest, trade fair.

standard
   ... up to standard. ... qui répond à la qualité attendue.
   **We are sorry that the quality of the articles was not up to our usual
   standard.** Nous sommes désolés d'apprendre que nos articles ne
   présentaient pas la qualité habituelle.
   **The facilities/goods were not up to the standard we were led to
   expect.** Les prestations/marchandises ne répondaient pas à la qualité
   que nous étions en droit d'attendre.
   **We wondered whether you could confirm that their work was of a
   good standard.** Pourriez-vous nous confirmer que leur travail était
   de bonne qualité (*f*).

standard (charge)
   See charge (*noun*), fee.

standards
   See quality.

standing
   We should be obliged if you would enquire as to the standing of ...
   Nous vous serions obligés de bien vouloir nous renseigner sur la
   situation de ...
   We wish to make enquiries as to the standing of ... Nous souhaitons
   nous renseigner sur la réputation de ...
   **We therefore wish to enquire whether you would consider the firm to
   be of good standing.** En conséquence, nous souhaitons savoir si vous
   estimez que l'entreprise a bonne réputation.
   See concern (*noun*), express, refer, reference, c.f. reputation.

stand up to
   Our cases are designed to stand up to the roughest handling. Nos
   caisses sont conçues pour résister aux chocs pendant la manutention.
   c.f. withstand.

statement
   The statement shows a balance of ... in your favour. Le relevé indique
   un solde créditeur de ...

We enclose our statement of account for ... Vous trouverez ci-joint notre relevé (*m*) de compte pour ...

See balance, method of payment, transactions, within.

stay

We would like to invite you to come and stay at ... Nous voudrions vous inviter à venir passer quelque temps à ...

I shall be staying at ... and messages can be left for me there. Je séjournerai/descendrai à ... où tout message peut m'être adressé.

See agreeable.

steady

See demand, market.

steps

See ensure, recover.

sterling

See price.

still

As we still have not received ... N'ayant pas encore reçu ...

We are still without (a reply to our letter). Nous n'avons pas encore reçu (de réponse à notre lettre).

See information, receive, settle.

stipulate

We must remind you that we stipulated marine ply for the crates. Nous vous rappelons qu'il était stipulé que les caisses seraient en contreplaqué marine.

See date, time limit.

stock

We do not stock the article you require but can offer ... instead. Nous ne stockons pas l'article demandé mais nous pouvons vous proposer ... à la place.

We do not stock the sizes you require. Nous ne stockons pas les tailles que vous nous demandez.

No longer stocked. N'existe plus.

These articles are in stock. Nous possédons ces articles en magasin.

... all the items you enquired about are in stock. Tous les articles qui vous intéressent sont en magasin.

Out of stock. Epuisé.

This item is out of stock. Cet article est épuisé.

The nearest we have in stock is ... Ce que nous avons en stock (*m*) qui s'en approche le plus est ...

We hold considerable stocks of all the items on your order. Nous possédons des stocks (*m*) importants de tous les articles figurant sur votre commande.

We can deliver most of the items you require from stock. Nous avons en magasin la plupart des articles que vous demandez.

Our agents in ... hold stocks of our products. Nos agents de ... possédent des stocks (*m*) de nos produits.

We hold large stocks to cater for all your requirements. Nous possédons des stocks (*m*) importants qui satisferont tous vos besoins.

What amount of stock would you require as agent? De quelle quantité de stock (*m*) auriez-vous besoin si vous deveniez notre agent?

See ample, exhausted, nearest, pending.

storage

... **protection for open air storage.** ... protection pour l'entreposage (*m*) à l'air libre.

stores

See deliver.

strict

See deadline.

strictest

See (in) confidence.

strictly

See confidential.

strike

See shipment (*consignment*).

stronger

This material is stronger and more versatile than our previous product. Ce matériau/tissu (*fabric*) est plus résistant et plus adaptable (à vos besoins) que notre produit antérieur.

We think that you should use a stronger material for the cases. Il est de notre avis que vous devriez utiliser un matériau plus résistant pour les caisses.

study

At ... I studied ... J'ai étudié ... à ...

See market, terms.

subject

... **on the subject of ...** ... au sujet de ...

Subject to the proviso that ... Restriction (*f*) faite que ...

Goods of this type are subject to import quotas. Les marchandises de ce type sont soumises à des quotas d'importation.

We are placing our order subject to ... Nous passons commande sous réserve (*f*) de ...

See alteration, contact (*verb*), delay, negotiation, special.

subject to

These will be subjected to a thorough examination. Ceux-ci/celles-ci seront soumis(es) à une inspection minutieuse.

See rough handling, tests.

submit

See compensation, quotation.

subscribe

I would like to subscribe to ... Je voudrais souscrire à ...

subscriptions

Subscriptions are payable to ... Les souscriptions (*f*) sont payables à ...

substantial

See offer (*verb*), order (*noun*), rebate.

substitute

If ... are not available please substitute ... Si ... ne sont pas disponibles, prière de les remplacer par ...

... and substitute ... et substituer ...

We have substituted ... Nous avons remplacé ...

We think this ... will be an acceptable substitute. Nous pensons que ce(tte) ... remplacera au mieux.

... which is a suitable substitute. ... qui puisse remplacer au mieux.

As the order is urgent we are sending 4 boxes of our nearest substitute. La commande étant urgente, nous vous envoyons en remplacement (*m*) 4 boîtes de ce qui s'en rapproche le plus.

See despatch (*verb*), possible.

suffer

See contamination, damage, notice (*verb*).

suggest

... may we suggest that ... ? ... nous nous permettons de suggérer que ...

Mr ... has asked me to suggest/propose an appointment on ... Je vous suggère/propose de la part de M ... un rendez-vous le ...

We would suggest that models No ... or ... would be most suitable for you. Nous proposons les modèles No ... ou ... comme étant les mieux adaptés (à vos besoins).

See confirm, contact (*verb*), enquiry, instead, meet (*person*), meeting, might, write.

suggestion
See thank, write.

suit

I hope these arrangements will suit. J'espère que ces
arrangements/dispositions vous conviendront.

We feel that you will find our ... excellently suited to your
requirements. Nous sommes sûrs que vous trouverez nos ...
parfaitement adaptés à vos besoins.

See arrangements, attend, needs, range.

suitable

Please let me know as soon as possible if this is suitable. Je vous prie
de me faire savoir le plus tôt possible si cela vous convient.

We believe this may be suitable. Nous pensons que ceci pourrait
convenir.

We do not think your goods will be suitable for our local market.
Nous ne pensons pas que vos produits seront adaptés à notre marché.

See advise, call on, negotiate, suggest.

sum

See account, bank, bring forward, clear, meet (*conditions*), pay,
represent, transfer, warehousing.

supplementary

See cover (*verb*), incur.

supplier

We wish to find a supplier of ... Nous souhaitons trouver un
fournisseur de ...

See match, trade (*verb*), up to date.

supplies

It is no longer possible to obtain supplies of ... Il n'est plus possible
de s'approvisionner en ...

We need to find supplies of ... Nous devons nous approvisionner
en ...

See raw materials, soon.

supply

Please supply ... Veuillez fournir ...

Are you in a position to supply ... ? Etes-vous en mesure de
fournir ... ?

Would you be able to supply? Pourriez-vous nous fournir ... ?

We wondered whether you would be in a position to supply ... Nous
voudrions savoir si vous seriez en mesure de nous fournir ...

We would be glad if you would supply us with ... Nous vous saurions
gré de bien vouloir nous fournir ...

Can you supply operating instructions in (English?). Pouvez-vous fournir le mode d'emploi en (anglais)?

It is no longer possible to supply these items at the price you mention. Il n'est plus possible de fournir ces articles au prix que vous indiquez.

These . . . are supplied in . . . Ces . . . sont disponibles en . . .

See accommodation, cancel, consignment basis, cover (*verb*), delete, ex-stock, further, information, letter of credit, multiples, nearest, notice (*noun*), particulars, reference, sample, transport, trial period.

sure

You may be sure that . . . Soyez assuré que . . .

See agreeable, disappointment, investigate.

surface mail

See package.

surprised

We were surprised to note that . . . Nous avons été surpris de remarquer que . . .

We were surprised to receive your letter of . . . C'est avec surprise que nous avons reçu votre lettre du . . .

See correspond, despatch (*noun*), non-delivery.

surrender

The documents will be surrendered against acceptance of our draft. Les documents seront remis contre acceptation de votre traite.

We enclose the documents surrendered against payment of . . . Vous trouverez ci-joint les documents remis contre le règlement de . . .

The documents will be surrendered to you by . . . (bank) against acceptance of the draft. Les documents vous seront remis par . . . contre acceptation de la traite.

. . . and have been instructed to surrender the documents to . . . . . . et ont été chargés de remettre les documents à . . .

survey

We enclose two copies of the expert's report/survey. Vous trouverez ci-joint deux exemplaires du rapport d'expertise (*f*).

suspend

We are suspending (payment) pending . . . Nous suspendons (le paiement) en attendant . . .

sympathy

We want to express our deepest sympathy on . . . Nous tenons à exprimer notre plus profonde sympathie (*f*) au sujet de . . .

system

See adapt.

T

take

  We take it that ... Nous supposons que ...

  See advantage, delivery, policy (*insurance*).

take account of

  Your invoice does not take account of the discount allowed for orders over ... /trial orders. Votre facture ne tient pas compte de la réduction dont bénéficient les commandes dépassant ... /les commandes à l'essai.

  We have taken acount of the rebate due on the previous order. Nous avons tenu compte de la remise qui vous était due à la commande précédente.

take back

  We must ask you to take back the goods. Nous vous demandons de reprendre les marchandises.

take out

  See policy (*insurance*).

take place

  See loading.

take up

  See matter.

tally

  We confirm that the items tallied with the advice note. Nous vous confirmons que les articles correspondaient bien à l'avis d'expédition.

  The number of items tallied with the packing list. La quantité d'articles concordait avec la liste de colisage.

tariffs

  We would be interested to receive your current tariffs. Nous voudrions recevoir vos tarifs (*m*) en vigueur.

  See effect.

tax
  See levy.
technical adviser
  See arrange.
technical specifications
  c.f. specifications.
technicians
  See service (*noun*).
telephone
  Our Sales Manager will telephone to arrange a meeting shortly. Notre
  directeur des ventes vous téléphonera afin de fixer un rendez-vous
  sous peu.
  Please telephone me on ... (*date/number*). Veuillez me téléphoner
  le ... (7 mai)/Veuillez me joindre au ... (47 56 47 47).
  See meeting, speak, c.f. call, ring.
telephone call
  I look forward to receiving your telephone call when you arrive. Dans
  l'attente de recevoir votre appel (*m*) (téléphonique) à votre
  arrivée ...
telephone conversation
  See confirm, mention.
telephone number
  Home telephone number. Numéro (*m*) de téléphone personnel.
telex
  Further to our telex of ... Comme suite à notre télex (*m*) du ...
  We would appreciate a reply by telex. Nous souhaiterions une réponse
  par télex (*m*).
  Please let us have details of the terms by telex. Veuillez nous faire
  parvenir le détail des conditions par télex (*m*).
  Telex reply. Réponse par télex (*m*).
  Please telex your instructions. Veuillez nous envoyer vos instructions
  par télex (*m*).
  Please telex us if ... Veuillez nous faire savoir par télex (*m*) si ...
  See confirm, modification, reply (*noun*).
tell
  See offer (*noun*).
temporary
  These difficulties are only temporary. Ces difficultés ne sont que
  temporaires.
  See liquidity.

termination

See notice (*noun*).

terms

Our usual terms are . . . Nos conditions (*f*) habituelles sont les suivantes . . .

Our terms are payment on invoice. Le règlement à la facture fait partie de nos conditions (*f*).

Please find below our terms of settlement for foreign orders. Vous trouverez ci-dessous nos conditions (*f*) de paiement pour les commandes en provenance de l'étranger.

What sort of terms would you expect? Quelles conditions (*f*) vous intéresseraient?/Quelles sortes de conditions (*f*) vous intéresseraient?

After studying our liberal terms . . . Après avoir étudié nos conditions (*f*) avantageuses . . .

We can quote you very advantageous terms. Nous pouvons vous fixer des conditions (*f*) très avantageuses.

Please let us have your usual terms of business. Veuillez nous faire parvenir vos conditions (*f*) habituelles (de vente).

We find your terms perfectly acceptable. Nous pensons que vos conditions (*f*) sont tout à fait acceptables.

We think the terms offered are advantageous. Nous pensons que les conditions (*f*) proposées sont avantageuses.

We would hope to negotiate favourable terms. Nous espérons négocier des conditions (*f*) avantageuses.

We would be interested to know on what terms you can supply . . . Nous voudrions connaître vos conditions (*f*) pour fournir . . .

This does not enter into the terms of our agreement. Ceci n'apparaît pas dans les clauses (*f*) de notre accord.

Please renew this policy on the same terms. Veuillez renouveler cette police selon les mêmes conditions (*f*).

See accept, according to, call on, claim, delivery, grant, negotiate, offer (*verb*), open account, open cover, terms, remind.

terms of sale

. . . details of our terms of sale . . . . . . des détails de nos conditions (*f*) de vente . . .

See conditions of sale, particulars.

testify

We are happy to testify to the sound management and finances of . . . Nous sommes heureux de pouvoir affirmer que la société . . . présente une gestion et une situation financière saines.

tests

All our goods have been subjected to extensive tests. Tous nos produits ont été soumis à de nombreux tests (*m*).

See production line.

thank

Thank you for ... Nous vous remercions pour ...

Thank you for your letter of ... Je vous remercie de votre lettre du ...

This is to thank you most sincerely for ... Je tiens ici à vous exprimer tous mes remerciements (*m*) pour ...

Thank you for your suggestion that we dine together at ... Je vous remercie de votre invitation à dîner à ...

Thank you in advance for your support and cooperation. Nous vous remercions à l'avance de votre soutien et de votre coopération.

Thanking you in advance ... Avec mes/nos remerciements (*m*) anticipés.

See ask, offer (*noun*), order (*noun*), product, understanding, *passim.*

thanks

Please express our sincere thanks to your staff. Veuillez transmettre nos remerciements (*m*) les plus sincères à votre personnel.

Please extend my thanks to ... Veuillez transmettre mes remerciements (*m*) à ...

Please extend to your staff my thanks for their warm welcome at your plant. Veuillez transmettre à votre personnel mes remerciements pour l'accueil chaleureux que j'ai reçu à votre usine.

theft

We regret to inform you of the loss of ... due to theft. Nous sommes au regret de vous informer de la perte de ... par vol (*m*).

then

See contact (*verb*), free (*of appointments*), meet (*person*).

there

See look forward, stay.

therefore

See claim, compensation, notice (*noun*), recommend, regret.

think

See cross, discuss, error, (at) fault, justified, loss, misread, overcharge, risk, sales, stronger, suitable, unreasonable.

third party

We require third party insurance on the vehicle. Nous désirons souscrire une assurance au tiers pour le véhicule.

thorough
   See subject to.
thoroughly
   See investigate.
through
   See payment.
tick
   Please tick the appropriate box. Veuillez mettre une croix dans la
   case appropriée.
time
   It is now some time since we wrote to you concerning... Nous vous
   avons écrit il y a quelque temps (*m*) au sujet de...
   Some time ago... Il y a quelque temps (*m*)...
   See attend, business, confirm, credit (*noun*), detained, meeting,
   sailings, service (*noun*), unfortunately.
(in) time (for)
   This... **must be delivered in time for**... Ce(tte)... doit nous être
   livré(e) à temps pour...
   ...**in time for the new season.** ... à temps pour la nouvelle saison.
time charter
   **We would be glad to know whether you can fix us a time charter
   for**... Nous voudrions savoir si vous êtes en mesure d'organiser un
   affrètement à temps pour...
time limit
   The stipulated time limit for this... **is**... La date limite stipulée
   pour ce(tte)... est...
time-saving
   ...**contains many time-saving gadgets.** ... présente un grand
   nombre d'accessoires qui font gagner du temps.
   See process.
timetable
   See call on.
today
   See arrange, despatch (*verb*), transfer.
together
   ...**together with**...... ainsi que...
   See drink, lunch, sight draft.
tomorrow
   See shipment (*consignment*), *passim*.

top quality
    See prefer.
total.
    See charge (*noun*).
(in) touch
    We will be getting in touch with you shortly. Nous vous contacterons sous peu.
    We will be getting in touch with you as soon as possible. Nous vous contacterons dès que possible.
    We have asked our Regional Sales Manager to get in touch with you. Nous avons demandé à notre directeur des ventes pour votre région d'entrer en contact (*m*) avec vous.
    The (British Consul in . . .) advised me to get in touch with you. Le (consulat britannique de . . .) nous a conseillé d'entrer en contact (*m*) avec vous.
    We have got in touch with the insurers and await their report. Nous avons contacté les assureurs et attendons leur rapport.
trace
    We are unable to trace the items you refer to. Nous ne parvenons pas à retrouver trace (*f*) des articles que vous mentionnez.
trade (*verb*).
    Our other main suppliers trade with us on these terms. Nos autres fournisseurs principaux traitent avec nous sur ces bases.
trade (*noun*)
    See respected.
trade fair
    Visit our stand at the . . . Trade Fair. Venez voir notre stand d'exposition à la Foire Commerciale de . . .
    See interest.
training
    Training. Formation/stages suivis.
    See education.
transactions
    This quarterly statement covers all transactions to the end of June. Ce relevé trimestriel couvre toutes les opérations (*f*) effectuées jusqu'à la fin du mois de juin.
transfer
    We would be very glad if you would arrange for the necessary transfer. Nous vous saurions gré de bien vouloir effectuer le virement (*m*) nécessaire.

Our business premises have been transferred to . . . Nos
locaux/bureaux ont été transférés à . . .
Please transfer . . . Veuillez virer . . .
**We have arranged for the sum of . . . to be transferred from . . . for
your credit.** Nous avons fait le nécessaire pour que la somme de . . .
soit virée de . . . à votre crédit.
We have today transferred the amount of . . . for your credit. Nous
avons ce jour viré la somme de . . . à votre crédit.
See arrange, port of entry.

transhipment

Please arrange for transhipment at . . . Veuillez organiser le
transbordement à . . .
See bill of lading, insurance

(in) transit

. . . in transit . . . . . . pendant le transport . . .
. . . the goods are in transit at . . . . . . ces marchandises sont en
transit (*m*) à . . .
See cover (*insurance*)**, damage, packing, warehoused.**

translate

See fine.

transmission facilities

See fax.

transport

The contents seem to have suffered damage during transport. Les
marchandises semblent avoir subi des dégâts au cours du transport
(*m*).
**We are happy to supply the following information concerning the
packing and transport of your order . . .** Nous sommes heureux de
vous fournir les renseignements suivants concernant l'emballage et
le transport de votre commande . . .
See delivery, responsible.

transporter

See pick up.

travel

See call on.

treat

See (in) confidence, confidential, urgent.

treated (*protected*)

All our products are treated with (rust inhibitor). Tous nos produits
ont reçu un traitement (antirouille).

trial

I would be interested in having/seeing a trial of the items mentioned.
J'aimerais prendre à l'essai/examiner, les articles mentionnés.

I would like to arrange a trial of the items mentioned. Je voudrais
bénéficier d'une période d'essai (*m*) pour les articles mentionnés.

**Our agent in ... will be happy to arrange a trial of the model which
interests you.** Notre agent de ... sera heureux de vous faire essayer
le modèle qui vous intéresse.

We are willing to give your ... a trial. Nous sommes disposés à
essayer votre ...

We would like to place a trial order for ... (quantity). Nous voudrions
passer une commande à titre d'essai de ...

See offer (*verb*), order (*noun*).

trial period

We would be happy to supply the ... for a trial period. Nous serions
heureux de vous fournir le/la ... pour une période d'essai (*m*).

(in) triplicate

See bill of lading, commercial invoice.

trouble

We regret the trouble this ... has caused. Nous regrettons les ennuis
(*m*) que ce(tte) ... vous a occasionnés.

See apologies.

truck

c.f. lorry.

trust

... was employed in a position of trust in ... (*department*). ... a
été employé à un poste de confiance (*f*) dans ...

We trust that ... Nous sommes certains que ...

**See arrangements, discount, outstanding, reduction, requirement,
passim.**

try

You are welcome to try these ... out in your own factory. Vous
pouvez bien sûr essayer ces ... dans votre usine.

See find.

twice

You have charged us twice for ... Vous nous avez facturé ... deux
fois.

type

See demand, price, product.

U

unable

    We are unable to accept your order. Nous sommes dans l'impossibilité (*f*) de retenir votre commande.

    We have followed the operating instructions carefully but have been unable to make the machine work correctly. Nous avons soigneusement suivi le mode d'emploi mais il nous a été impossible de faire fonctionner la machine correctement.

    We have been unable to obtain the performance claimed for this machine. Nous n'avons pu atteindre les performances attribuées à cette machine.

    We regret that we have no vacancies for that date and are unable to accept your booking. Nous regrettons d'être au complet pour cette date et de ne pouvoir retenir votre réservation.

    See claim, delivery date, fail, honour, information, invitation, liquidity, match, order (*noun*), recommend, trade.

uncleared

    See bank.

under

    See circumstances.

undercapitalised

    They could be considered to be undercapitalised. On pourrait estimer que leurs capitaux sont insuffisants.

undercharge

    We find that we have undercharged for . . . Nous avons découvert que nous vous avons facturé . . . à un prix inférieur.

undersigned

    We, the undersigned . . . Nous, soussignés . . .

understand

    We understand . . . . . . Nous croyons savoir . . .

We understand that you ... Nous croyons savoir que vous ...
See disappointment, fail, position.

understanding

Thank you for your understanding in this matter. Nous vous remercions de votre compréhension (*f*) dans cette affaire.

We would be grateful for your understanding in this matter. Nous vous saurions gré de votre compréhension (*f*) dans cette affaire.

undertake

We undertake all formalities on your behalf. Nous nous chargeons pour vous de toutes les formalités.

We undertake to ... Nous nous chargeons de ...

See customs formalities, shipping arrangements.

unequalled

See realize.

unexpected

Owing to unexpected demand/delay. En raison d'une demande/d'un retard inattendu(e).

unfortunate

See mistake.

unfortunately

Unfortunately, I am obliged to be away at that time.
Malheureusement je suis obligé de m'absenter à ce moment.
See offer (*noun*).

unique

See service (*noun*).

unit

Each unit contains ... Chaque unité (*f*) contient ...

The unit price is ... Le prix à l'unité (*f*) est de ...

We now list prices in units: the value of a unit in your currency is now ... Nous établissons maintenant nos prix en unités (*f*), la valeur d'une unité dans votre monnaie étant actuellement de ...

unless

Unless payment is received within ... days we shall be obliged to take legal action. A moins que nous ne recevions le paiement sous ... jours nous serons contraints d'entreprendre une action en justice.

See contrary, otherwise, satisfactory.

unloading

In the course of unloading ... Au cours du déchargement ...

unpack

The parts should be unpacked carefully. Les pièces doivent être déballées avec soin.

When our warehousemen unpacked the shipment . . . Lorsque nos employés à l'entrepôt ont déballé l'expédition . . .

unreasonable

We do not think it would be unreasonable to ask you to . . . Nous ne pensons pas être trop exigeants en vous demandant de . . .

unsaleable

We consider the damaged goods to be unsaleable. Nous estimons que les marchandises endommagées ne sont pas vendables.

unsettled

This company has a number of unsettled bills. Cette compagnie a un certain nombre de factures impayées.

until

See **expect, guarantee, hold, price, valid, withhold.**

unwarranted

We do not think this is an unwarranted risk. Nous ne pensons pas que ce risque soit sans garanties (*f*).

up to date

We have been up to date with our suppliers on a 30 day basis. Nous avons toujours réglé nos fournisseurs sur la base de 30 jours.

We use the most up-to-date processes. Nous utilisons les procédés les plus modernes/de pointe.

urgent

As your order is marked urgent we have . . . Comme votre commande porte la mention urgent nous avons . . .

Please treat this order as urgent. Nous vous prions de noter le caractère urgent de cette commande.

See **airfreight, banker's transfer, priority, prompt, substitute.**

urgently

We must urgently request that you . . . Nous vous demandons instamment de . . .

These items are urgently needed. Nous avons un besoin urgent de ces articles.

We require these parts urgently. Nous avons un besoin urgent de ces pièces.

This information is urgently required. Nous avons un besoin urgent de ces renseignements.

use

See **adapt, crushproof, information, reduce.**

useful

See particularly.

usual

See special, standard, terms.

usually

See airfreight, carriage forward, despatch (*verb*).

V

vacancy
   I am writing to inquire whether you have a vacancy for a ... Je voudrais savoir si vous avez un poste de ... libre.
   See unable.

vacant
   Please let us know whether you have any rooms vacant for ... Nous vous prions de nous faire savoir si vous avez des chambres libres pour ...

valid
   This ... is valid until ... Ce(tte) ... est valable jusqu'à ...
   We must emphasize that our estimate is only valid for work carried out before ... Nous devons vous rappeler que notre devis n'est valable que si les travaux sont exécutés avant ...
   See letter of credit, price.

value
   The value of each shipment will be ... la valeur de chaque envoi sera de ...
   ... to the value of ... ... jusqu'à concurrence de la somme de ... (*credit*)/ ... dont la valeur s'élève à ... (*declarations, conditions*).
   The shipment is valued at ... L'expédition est estimée à ...
   See agree, insure, unit.

vary
   See product.

vehicle
   See collect, return, third party.

vendor
   See payable.

verify
   We would ask you to verify ... Nous vous demandons de bien vouloir

vérifier ...

versatile

   See stronger.

vessel

   See charter, discharge, sail.

view

   In view of ... Eu égard à ... /Considérant ...

   With a view to ... En vue (*f*) de ...

   I would welcome your views on this. J'aimerais connaître votre opinion (*f*) sur ce sujet.

   Please let us have your views on our proposals. Veuillez nous faire connaître vos réactions (*f*) à nos propositions.

   See business, circumstances, delay, discount, price, priority.

visit (*verb*).

   We would be happy for our representative to visit you. C'est avec plaisir que nous organiserons une visite chez vous de notre représentant.

   Visit us at ... Venez nous voir à ...

   I recently arranged to visit you on ... Je viens de fixer une visite chez vous le ...

   See arrange, exhibition, interest, trade fair.

visit (*noun*)

   We look forward to receiving your visit ... Dans l'attente de votre visite (*f*) ...

   We would appreciate a visit from your representative when he is in the area. Nous souhaitons recevoir la visite de votre représentant lors de sa tournée dans notre région.

   We would be grateful for a visit from your engineer. Nous souhaiterions que votre ingénieur passe nous voir.

   See bring forward, decision.

volume

   See warehousing.

W

waive
    We are willing to waive our commission for this... Nous sommes
disposés à ne pas percevoir de commission pour ce(tte)...

want
    See **appreciate.**

warehoused
    ... full cover warehoused and in transit. ... assurance complète
couvrant l'entreposage et le transport.

warehouseman
    See **unpack.**

warehouse to warehouse
    ... warehouse to warehouse. ... d'entrepôt à entrepôt.

warehousing
    Warehousing charges are based on volume. Les frais d'entreposage
(m) ont pour base le volume.

    Warehousing charges at the rate of... should be added to this sum.
Les frais d'entreposage (m) au taux de... viennent s'ajouter à cette
somme.

    Warehousing facilities are also available at... Vous trouverez
également des entrepôts à...

warn
    See **exceed.**

warrant
    **The lack of information on the company would not warrant our giving
an evaluation.** Le manque de renseignements sur la compagnie ne
nous permet pas de porter un jugement.

waterproof
    See **packing.**

way
    Replacements are already on their way. Les articles de remplacement

sont en cours d'acheminement (*m*).
See mark.

wear
See resistance.

wearing
Our products have good wearing qualities. Nos produits sont très résistants à l'usure (*f*).

week
See next, since (*time*), *passim*.

weigh
See airfreight.

welcome
I would welcome the opportunity of (discussing the matter with you personally). J'apprécierais beaucoup de pouvoir (discuter avec vous de cette affaire).
We look forward to welcoming you to our hotel ... Dans l'attente de vous accueillir à notre hôtel ...
See view.

well-established
... are a well-established local firm. ... est une entreprise bien établie dans la région.

well thought-of
... is well thought-of ... ... a bonne réputation (*f*) ...

whether
Please let us know whether ... Veuillez nous faire savoir si ...
See agency, arrangements, (in) confidence, consignment basis, discount, extend, free (*of appointments*), inquire, market, match, (in) place (of), receive, reserve (*verb*), vacancy, vacant, *passim*.

while
See address, *passim*.

wholesale
Our wholesale terms are very competitive. Nos conditions de vente en gros sont très intéressantes (concurrentielles).

whom
See concern (*verb*).

will
Will you please ... ? Auriez-vous l'obligeance de ... ?

willing
See accept, agent, banker's transfer, commission, consignment basis,

  established, offer (*verb*), reduction, settlement, trial, waive.

willingness

  See assistance.

wish

  We wish to remind you that ... Nous nous permettons de vous
  rappeler que ...
  See agent, apply, arrangements, attention, claim, complain, express,
  notify, renew.

wishes

  We want to express our sincere good wishes. Nous vous présentons
  nos meilleurs voeux (*m*).

withhold

  We are withholding payment until/pending ... Nous retenons le
  paiement jusqu'à ... (*date*)/en attendant ...

within

  ... within 60 days of receipt of statement. ... dans les 60 jours
  suivant réception du relevé.
  See amount, cancel, deduct, deliver, delivery, despatch (*verb*), effect,
  failure, guarantee, limit, make up, method of payment, settle,
  settlement, ship (*verb*), unless.

without

  See alteration, delay, responsibility, still.

withstand

  Our ... are designed to withstand (the most demanding conditions).
  Nos ... sont conçu(e)s pour résister (aux conditions les plus
  difficiles).
  The protective coating must withstand tropical conditions. Le film
  protecteur doit résister aux conditions climatiques tropicales.
  c.f. stand up to.

wonder

  **We wondered whether you had received the catalogue we sent you
  recently?** Peut-être n'avez-vous pas reçu le catalogue que nous vous
  avons récemment envoyé?
  See agency, consignment basis, decision, drink, extend, free (*of
  appointments*), lunch, market, match, modify, (in) place (of), receive.

wooden

  See pack.

work

  See basis, standard, valid.

worker
See reliable.
working days
See despatch (*verb*).
work out
See mutually.
works
The goods are to be collected at our works at ... Les marchandises doivent être prises à notre usine de ...
worthwhile
See discuss.
would
... if you would ... ... si vous voulez ...
We would be ... Nous serions ...
wrap
Please wrap ... in ... Veuillez envelopper ... dans ...
Wrapped in ... Enveloppé dans ...
See pack.
wrapping
Please use waterproof wrapping ... Veuillez utiliser un emballage imperméable ...
write
I am writing to you about ... Je vous écris au sujet de ...
I am writing to you at the request of ... C'est sur la demande de ... que je vous écris.
I am writing to you at the suggestion of ... C'est sur le conseil de ... que je vous écris.
Mr ... whom I believe you know has suggested that I write to you. C'est sur la demande de M ... que vous connaissez je crois, que je me permets de vous écrire.
See arrangements, brochure, catalogue, confirm, express, inquire, instructions, request (*noun*), service (*noun*), short, short-shipment, since (*time*), time, vacancy.

Y

years
   See business.
yours
   Yours faithfully. Je vous prie d'agréer, Monsieur/Madame,
   l'espression de mes sentiments les plus distingués/respectueux.
   Yours sincerely. Veuillez agréer, (cher) Monsieur/Madame, mes
   sentiments les meilleurs.
   (A general and neutral letter ending. See the introductory section to
   this book for a range of possible letter endings in French).
yourselves
   See insurance.

FRENCH – ENGLISH

A

abonnement
> Nous avons souscrit un abonnement à votre revue, mais n'avons pas reçu le premier numéro. We have taken out a subscription to your periodical but have not received the first issue.

abordable
> ... à un prix abordable. ... at an accessible price.

aboutir
> Malheureusement, nos démarches n'ont pas abouti. Unfortunately, our approaches were unsuccessful.

abstraction
> Abstraction (*f*) faite de ... Apart from ...

accéder
> Nous ne pouvons accéder à votre demande. We cannot comply with your request.

acceptation
> Veuillez présenter cette traite à l'acceptation (*f*). Please present this draft for acceptance.
> See document, domicilié(e).

accepter
> ... faire accepter un effet. ... to have a bill accepted.
> See excuses, impossibilité, invitation, montant, responsabilité.

accompagner
> ... la facture qui accompagnait notre lettre ... ... the invoice which accompanied our letter ...

accomplir
> Toutes les formalités ont été accomplies. All the formalities have been completed.

accord
> Nous avons le plaisir de vous confirmer l'accord (*m*) conclu entre ...

187

et . . . We are pleased to confirm the agreement reached between . . . and . . .

Nous vous donnons notre accord (m) pour cette opération. We agree to this transaction.

. . . si nous nous mettons d'accord sur le prix . . . . . . if we come to an agreement as to the price . . .

See **chiffre, éventuel(le).**

accorder

Nous vous accorderons une réduction de 10% sur . . . We shall grant you a discount of 10% on . . .

See **compte, crédit, estimer, hésitation.**

(s') accorder

. . . ces comptes ne s'accordent pas. . . . these accounts do not agree.

accréditif

Nous avons fait le nécessaire pour qu'un accréditif soit émis à votre nom. We have arranged for a letter of credit to be made out in your name.

accroître

See **chaîne.**

accumulation

La faible demande de ces articles a pour conséquence une accumulation importante de nos stocks. The result of the slack demand for these articles is a significant buildup of stocks.

See **provoquer.**

accuser

J'ai l'honneur de vous accuser réception de . . . I confirm receipt of . . . /Thank you for . . .

Les prix de . . . accusent une légère hausse. (The) prices of . . . are showing a slight increase.

See **annuler, envoi.**

achat

Notre société envisage l'achat (m) de . . . Our company is considering the purchase of . . .

See **acompte, bordereau (d'achat), ordre.**

acheminement

Les articles de remplacement sont en cours d'acheminement (m). Replacements are already on their way.

acheter

See **nom.**

acheteur
  See intervenir, proposer.

achèvement
  Le dernier paiement sera effectué à l'achèvement (*m*) **des travaux.**
  The last payment will be settled on completion of the work.

acompte
  ... à titre d'acompte (*m*) **sur ... ** ... as an advance on ...
  Il n'est désormais plus nécessaire de verser un acompte lorsque vous
  vous engagez à un achat. It is no longer necessary to pay a deposit
  when you agree to purchase something.

acquéreur
  Nous venons de trouver acquéreur (*m*) **pour ...** We have just found
  a buyer for ...

acquisition
  Nous sommes désireux de faire l'acquisition (*f*) **de ...** We would like
  to acquire/purchase ...

acquit
  Pour acquit. Received with thanks.

acquitter
  Nous vous retournons sous ce pli notre facture acquittée. We enclose
  our receipted invoice.
  Ce règlement acquitte la somme restante. This payment clears the
  outstanding amount.

acte
  Un acte de naissance. A birth certificate.
  Nous prenons acte (*m*) **de votre réclamation.** We take note of your
  complaint.

acte de vente
  L'acte de vente a été dressé et attend votre signature. The bill of sale
  has been made out and awaits your signature.

actuel(le)
  Le prix actuel de cet article est de ... The present price of this article
  is ...
  See encontre.

actuellement
  Notre représentant se trouve actuellement dans votre région et passera
  vous voir le ... Our representative is now in your area and will call
  on you on the ...

additif
  Un additif à la police. An addendum to the policy.

adjudication

Mettre en adjudication (*f*). To put up for auction.

adresse

Adresse (*f*) personnelle. Personal address.

See formulaire.

adresser

Notre agent à . . . est Monsieur . . . et pour toute opération, nous vous prions de bien vouloir vous adresser à lui. Our agent at . . . is Monsieur . . . and we would be obliged if you would deal through him.

See demande, fin, incomplet(ète), réclamation, référence, succursale.

affaire

Je vous serais reconnaissant de bien vouloir examiner cette affaire (*f*). I would be grateful if you would look into the matter.

Nous faisons affaire avec vous depuis les . . . dernières années/depuis 1980. We have done business with you for the past . . . years/since 1980.

See (s')agir (de), compréhension, connaissance, (au) courant (de), décliner.

afférent(e)

Les frais afférents à cet envoi . . . The expenses relating to this consignment . . .

affranchir

Une lettre non affranchie. An unstamped letter.

affrètement à temps

Nous voudrions savoir si vous êtes en mesure d'organiser un affrètement à temps pour . . . We would be glad to know whether you can arrange a time charter for . . .

affréter

Veuillez affréter . . . Please charter . . .

afin (de)

Afin d'assurer la qualité de notre service . . . In order to maintain our high level of service . . .

agence

See frais.

agent

Nous attendons les instructions de votre agent (*m*) concernant l'expédition. We await despatching instructions from your agent.

Nous sommes les agents (*m*) exclusifs pour . . . We are the sole agents for . . .

See adresser, charger, connaissement, entrepôt, fonction, intermédiaire, outremer.

agir

   See compte.

(s')agir (de)

   L'affaire dont il s'agit ... The business in question ...

agréer

   Veuillez agréer, Monsieur, nos salutations les plus distinguées. Yours faithfully (see the introductory pages for an explanation of letter endings in French).

aider

   See frais.

ainsi (que)

   ... ainsi que ... ... together with ...

allier

   Ce nouveau tissu allie légèreté et robustesse. This new material combines lightness with strength.

allouer

   See commission.

amabilité

   Auriez-vous l'amabilité (f) de ... ? Would you be so kind as to ...?

amélioration

   Les améliorations (f) apportées à ... ont pour résultat ... Improvements in ... have resulted in ...

améliorer

   Ce nouveau modèle a été considérablement amélioré par rapport aux précédents. This model is a considerable improvement on the previous ones.

   See dispositif.

amende

   Les autorités douanières ont infligé une amende de ... en raison de ... The customs authorities have imposed a fine of ... for ...

   See autorités, infraction, normes.

amener

   Nous pouvons être amenés à modifier nos prix ... We might be compelled to modify our prices ...

ample

   Pour obtenir de plus amples renseignements s'adresser à ... For further particulars contact ...

animé(e)
Le marché est très animé. The market is very lively.
annonce
Nous avons remarqué l'annonce (*f*) que vous avez passée dans . . . We
have seen your advertisement in . . .
annuité
. . . payable par annuités (*f*). . . . payable in yearly instalments.
annuler
Je me vois malheureusement contraint d'annuler notre rendez-vous. I
am reluctantly obliged to cancel our appointment
Nous avons le regret de devoir annuler notre commande. We regret
that we must cancel our order.
Nous vous accusons réception de votre lettre par laquelle vous
annulez . . . We acknowledge receipt of your letter cancelling . . .
anticipé(e)
See remerciements.
aperçu
. . . pour nous donner un aperçu de vos prix. . . . in order to give us
an idea of your prices.
apéritif
Peut-être pourrions-nous discuter de ceci en prenant l'apéritif (*m*)/un
verre? I wondered whether we could discuss this over a drink?
apparaître
See clause, déballage, dégât, référence.
appareiller
Ce cargo vapeur doit appareiller le . . . This freighter is due to sail
on . . .
appartenir
Il vous appartient d'envoyer une réclamation à . . . You should send
a letter of complaint to . . .
appel
Dans l'attente de recevoir votre appel (*m*) téléphonique . . . I look
forward to receiving your telephone call . . .
appeler
Appelez gratuitement au . . . Call . . . freephone/tollfree.
Veuillez m'appeler le . . . Please call me on the . . .
appliquer
See réglementation.
apprécier
Je tiens à vous faire savoir combien j'ai apprécié . . . I wanted to let

you know how much I appreciated . . .

apprendre

See décharger, désolé(e), heureux(euse), intérêt, mécontentement, navré(e).

approchant

. . . est ce que nous avons de plus approchant. . . . is the nearest we have.

(s')approcher

S'il vous est impossible de nous fournir . . . veuillez nous envoyer ce que vous avez en stock qui s'en approche le plus. If you cannot supply . . . please send the nearest you have in stock.

approvisionnement

See matières premières.

approvisionner

Il n'est plus possible de s'approvisionner en . . . It is no longer possible to obtain supplies of . . .

See lots.

arrangement

Nous espérons que cet arrangement (*m*) vous conviendra. We hope this alternative will be suitable.

Nous venons de prendre des arrangements (*m*) avec la banque. We have just made arrangements with the bank.

See convenir.

arrhes

Veuillez nous faire parvenir des arrhes (*f*) de . . . en confirmation de la réservation. Please forward a deposit of . . . to confirm the reservation.

arrivée

See contacter, dès, rendez-vous.

arriver

Les articles suivants viennent d'arriver . . . The following items have just arrived . . .

Je devrais arriver à . . . le . . . I should arrive at . . . on . . .

article

See acheminement, attention, demander, disponible, échanger, écouler, expédier, facturer, livrer, restant(e).

aspect

See discuter.

assister

See démonstration.

assurance

Dans votre lettre vous nous donniez l'assurance (f) que votre facture serait réglée immédiatement. In your last letter you assured us that this bill would be settled at once.

L'assurance (f) en cours de transport doit être organisée par l'acheteur. In-transit cover should be arranged by the purchaser.

L'assurance (f) doit prendre effet à partir de ... The insurance is needed as from ...

Nous vous confirmons notre intention de passer une assurance auprès de ... We confirm that we intend to effect insurance with ...

Nous vous conseillons de prendre une assurance contre les risques de coulage. We would advise you to take out a policy against leakage.

Suivant vos instructions nous passerons une assurance tous risques. Following your instructions we will effect insurance against all risks ...

See risque, tiers.

assuré(e)

Vous pouvez être assuré que ... You may be confident that ...

Les marchandises doivent être assurées. The goods must be insured.

See (se) reproduire.

assurer

Nous vous confirmons que nous vous assurons ce(tte) ... We confirm that we hold you covered for this ...

See afin (de), livraison, police (d'assurance).

assureur

Nous vous serions obligés de bien vouloir informer vos assureurs (m) des dégâts. We would be obliged if you would inform your insurers of the damage.

atermoiement

Ces atermoiements (m) portent préjudice à toute l'affaire. These delays are prejudicing the whole business/deal.

(en) attendant

See retenir, suspendre.

attendre

See agent, destiné(e), qualité.

attente

Dans l'attente (f) de la livraison ... We look forward to taking delivery ...

Dans l'attente (f) de vous rencontrer ... Looking forward to meeting you ...

See **appel, nouvelles, rencontrer, réponse.**

attention

> **Certain articles présentés dans le catalogue ont attiré notre attention**
> **(f).** Some of the items in the catalogue attracted our interest.
>
> **Nous nous permettons d'attirer votre attention (f) sur . . .** We wish to
> draw your attention to . . .
>
> See **attirer, retenir.**

attirer

> **Nous voudrions attirer votre attention sur le fait que . . .** We would
> draw your attention to the fact that . . .
>
> See **attention.**

aucun(e)

> See **cas.**

augmentation

> **En raison de l'augmentation (f) du prix des matières premières (nous**
> **sommes contraints de . . .).** Owing to the rise in the prices of raw
> materials (we are reluctantly obliged to . . .).
>
> See **prix.**

augmenter

> **Nous sommes dans l'obligation d'augmenter nos prix (de . . .).** We are
> obliged to increase our prices (by . . .).
>
> See **chiffre d'affaire, coût, droit, venir (à).**

(d')autant

> **. . . ce qui réduit d'autant notre marge bénéficiaire.** . . . which reduces
> our profit (margin) by as much.

autorisation

> **Notre autorisation (f) d'importation expire à la fin du mois.** Our
> import licence expires at the end of this month.

autoriser

> **Veuillez envoyer les documents nous autorisant à . . .** Please send the
> documents authorising us to . . .

autorités

> **Les autorités (f) douanières retiennent l'envoi jusqu'au paiement d'une**
> **amende.** Customs officials are holding back the consignment pending
> payment of a fine.
>
> See **imposer, normes, saisir.**

avancer

> **La date de la visite/réunion a été avancée.** The date of the
> visit/meeting has been brought forward.
>
> **Lors de notre réunion M . . . a avancé une solution à . . .** During our

meeting M . . . put forward a solution to . . .

avant

Allez de l'avant (*m*) avec . . . Get ahead with . . .

avantage

See représentant.

avantageux(euse)

Nos prix de gros sont très avantageux. Our bulk rates are very competitive.

See facture, groupage.

avarie

En raison de l'état de la mer, la cargaison a subi de graves avaries (*f*). Owing to rough seas, the cargo has been seriously damaged.

See responsabilité.

avarié(e)

See défaire.

avenant

Un avenant de police. A supplementary policy/an additional clause.

avenir

A l'avenir, nous vous prions de . . . In future please . . .

(s')avérer

See vérifier.

avertir

Nous n'avons pas été avertis à temps. We were not warned in time.

Veuillez nous avertir de votre décision. Please let us know your decision.

See changement.

avion

Nous expédions habituellement par avion (*m*) les commandes urgentes. We usually airfreight urgent orders.

avis

A notre avis . . . (*m*). In our opinion . . .

Avis (*m*) Important. Important (Notice).

Nous n'avons pas encore reçu l'avis (*m*) de paiement pour . . . We have not yet received advice of payment for . . .

Sauf avis (*m*) contraire de votre part . . . Unless we hear from you to the contrary . . .

avis de crédit

See crédit.

avis d'expédition

See conforme, correspondre, expédition.

aviser

> **Nous avons l'honneur de vous aviser de l'émission d'une lettre de crédit.** We wish to advise you of the issue of a letter of credit.
>
> **Veuillez nous aviser de ...** Please advise us of ...
>
> **See banque, instructions, prendre.**

avoir

> **Nous vous envoyons ci-joint notre facture (*f*) d'avoir (*m*) pour ...** We enclose our credit note for ...
>
> **See différence.**

B

bancaire

> See **modalités, traite, virement.**

banque

> **Notre banque** (*f*) **vient de nous aviser du paiement de** ... Our bank has just notified payment of ...
>
> See **montant, présenter.**

barré

> **Un chèque barré/non barré.** A crossed/uncrossed cheque.

base

> **Ils proposent de collaborer sur les bases de** ... They propose working together on the basis of ...
>
> See **invendu, lots.**

bénéfice

> See **brut(e).**

bénéficier

> **Je vous serais très reconnaissant si vous pouviez me faire bénéficier de vos conseils.** I would be very grateful if you would give me the benefit of your advice.
>
> **Toute commande reçue avant le** ... **bénéficiera de nos anciens tarifs.** Orders received before ... will qualify for our old rates.
>
> See **commande, (tenir) compte (de), escompte, exceptionnel(le), réduction.**

besoin

> **La nouvelle gamme satisfera tous les besoins** (*m*) **du bureau moderne.** The new range will meet all the requirements of the modern office.

bien

> **Nous avions bien commandé 10 caisses de** ... We had actually ordered 10 boxes of ...

bienveillance

> **Je compte sur votre bienveillance** (*f*) **pour** ... I rely on your kindness

to . . .

bienvenu(e)

See conseil.

(à) bord

A bord du vapeur . . . On board the mv . . .

See destiné(e).

bordereau (d'achat)

Nous avons bien reçu votre bordereau (*m*) d'achat (*m*) pour . . . Thank you for your order (form) for . . .

brochure

Veuillez nous faire parvenir votre brochure (*f*). Please let us have your brochure.

brut(e)

Notre bénéfice brut s'élève à . . . Our gross profit amounts to . . .

but

Dans le but de simplifier les formalités . . . With a view to simplifying formalities . . .

C

cadre

Dans le cadre de la foire commerciale annuelle . . . As part of the annual trade fair . . .

campagne

Notre campagne (f) publicitaire a eu d'excellents résultats. Our advertising campaign has had excellent results.

See dépit.

candidature

J'ai l'honneur de poser ma candidature (f) au poste de . . . I wish to apply for the position of . . .

Nous vous remercions de votre candidature (f) au poste de . . . Thank you for your application for the post of . . .

capitaux

On peut estimer que les capitaux (m) de cette société sont insuffisants. This company can be considered to be undercapitalised.

caractéristique

Une des caractéristiques (f) de notre nouveau modèle est . . . A feature of our new model is . . .

Nous voudrions recevoir les caractéristiques (f) techniques de votre nouveau/nouvelle . . . We would be pleased to receive specifications of your new . . .

cargaison

Le vapeur . . . embarquera la cargaison le . . . et . . . The mv . . . will be accepting cargo on the . . . and . . .

See avarie, inspecter.

cargo

Les machines seront acheminées par cargo (m). The machines will be carried by cargo boat.

carnet

Notre carnet (m) de commandes est complet jusqu'au . . . Our order book is full until . . .

carte-réponse

See **compléter, effet.**

cas

. . . **le cas échéant** . . . . . . if so . . .

Nous ne pourrions en aucun cas (m) . . . Under no circumstances could we . . .

See **règlement.**

catalogue

Notre nouveau catalogue (m) **présente** . . . Our new catalogue features . . .

cause

Nos bureaux seront fermés du . . . au . . . pour cause de rénovation. Our offices will be closed from . . . to . . . for renovation work.

causer

See **circonstances, dérangement, dommages.**

céder

Nous pouvons vous céder les marchandises avariées à bas prix. We can let you have the damaged goods cheaply.

certifier

(Copie) certifié(e) conforme (et véritable). Certified true (and correct).

Nous joignons une copie certifiée de . . . We attach a certified copy of . . .

Je peux vous certifier que . . . I can guarantee that . . .

cesser

Nous avons cessé la fabrication de ce modèle. We no longer manufacture this model.

chaîne

. . . **accroît la sécurité sur la chaîne de production.** . . . improves safety on the production line.

changement

Veuillez nous avertir de tout changement (m) **d'adresse.** Please let us know of any change of address.

See **politique.**

charge

Nos conteneurs ont un volume de . . . et une charge (f) **utile de** . . . Our containers have a volume of . . . and a maximum load of . . .

Les frais sont à la charge de l'acheteur. The charges are payable by the purchaser.

See **destinataire, frais, intervenir, prime.**

chargement

Le chargement devrait avoir lieu le ... Loading is expected to take place on ...

Le vapeur ... termine son chargement (*m*) **le 21 mai à midi.** The mv ... is closing for cargo on 21 May at 12 noon.

See **responsabilité.**

charger

Le vapeur ... devrait se trouver à ... et être prêt à charger avant ... Mv ... should be at ... and ready to load by ...

Nous chargerons notre agent d'expédier la commande dès que le paiement aura été reçu. We will instruct our agent to forward the order as soon as payment has been received.

See **entrepôt.**

(se) charger (de)

Nous nous chargeons de toutes les formalités. We undertake all the formalities.

See **démarches, douanier(ière).**

chèque

See **barré, honorer, périmé(e).**

chiffre

Nous ne sommes pas d'accord avec vos chiffres (*m*). We do not agree with your figures.

See **concorder.**

chiffre d'affaire

Le chiffre d'affaire de cette société a augmenté tous les ans depuis ... This company's turnover has increased every year since ...

(se) chiffrer (à)

Les frais entraînés par le remplacement d'articles brisés se chiffrent déjà à ... The cost of replacing broken articles already amounts to ...

See **mot.**

choix

Nous n'avons d'autre choix (*m*) **que de ...** We have no option but to ...

... sont des marchandises de tout premier choix (*m*). ... are top quality goods.

ci-inclus

See **correspondre.**

ci-joint

Veuillez trouver ci-joint . . . Please find enclosed . . .

See **correspondre, couverture, crédit, curriculum vitae, dépliant, détail, document, emploi, ordre, relevé.**

circonstances

Ce(tte) . . . a été causé(e) par des circonstances (*f*) indépendantes de notre volonté. This . . . was due to circumstances beyond our control.

Dans les circonstances (*f*) actuelles . . . In/Under the present circumstances . . .

Eu égard aux circonstances (*f*) difficiles . . . In view of the difficult circumstances . . .

clause

Ceci n'apparaît pas dans les clauses (*f*) du contrat. This does not appear in the terms of the contract.

client(e)

See **imprimer, régulier, répondre.**

clientèle

See **prospecter.**

code

Les boîtes ont reçu un code couleur. The boxes have been colour coded.

colis

See **voie.**

colisage

Selon vos instructions nous avons joint une note de colisage (*m*) à chaque caisse. As requested we have enclosed a packing note with each crate.

See **concorder.**

collaborer

See **base.**

commande

C'est la première fois que la compagnie passe une commande aussi importante. This is the first time the company has placed an order of this size.

Cet article fait l'objet d'une commande spéciale. This item must be ordered specially.

Dans l'attente de recevoir une commande de votre part . . . We look forward to receiving an order from you . . .

Nous avons bien reçu votre commande (*f*) dont nous vous remercions. Thank you very much for your order.

Nous avons le plaisir de vous informer que votre commande (*f*) **a été exécutée.** We have pleasure in informing you that your order has been completed.

Nous avons récemment reçu une commande de la part de ... We recently received an order from ...

Nous ne fabriquons ces modèles que sur commande (*f*). These models are only made to order.

Nous vous remercions de votre commande (*f*) **de ... qui est en cours d'exécution.** We thank you for your order for ... which is being attended to.

Toute commande (*f*) **à l'essai bénéficie d'une remise de ...** Trial orders receive a reduction of ...

See **annuler, bénéficier, carnet, charger, (tenir) compte (de), compter, (à) condition (que), confirmation, délai, enregistrer, (s')ensuivre, escompte, essai, exceptionnel(le), exécuter, expédition, exportation, figurer, renouvellement, retirer, solde.**

commander

Nous souhaitons en commander 4 douzaines à titre d'essai. We would like to order 4 dozen on a trial basis.

See **bien.**

commentaire

Nous serions heureux d'avoir vos commentaires (*m*) **sur ce(tte) ...** We would be grateful for your comments on this ...

commercial(e)

See **cadre, entretenir, facture.**

commettre

See **emballage, erreur.**

commission

Nous vous allouerons une commission (*f*) **de 5%.** We shall allow you a commission of 5%.

See **déduction, prélever.**

communiquer

See **marche, renseignement.**

compagnie

See **recruter, réputé(e).**

compensation

... à titre de compensation (*f*). ... by way of compensation.

compétences

Compétences (*f*). Qualifications.

complémentaire
   Des renseignements complémentaires sont disponibles sur demande.
   Further particulars are available on request.
complet(ète)
   Une documentation complète est disponible à ... Full details are
   available at ...
   See carnet, jeu, renseignement.
compléter
   ... complété en bonne et due forme. ... duly completed.
   **Veuillez compléter et détacher le formulaire/questionnaire/carte-
   réponse ci-dessous.** Please fill in and detach the
   form/questionnaire/reply card below.
   See dûment, formulaire, retourner.
comporter
   Ce prix comporte une remise de 5% This price includes a 5% rebate.
composer
   See envoi.
compréhension
   Nous vous remercions de votre compréhension (*f*) dans cette affaire.
   Thank you for your understanding in this matter.
comprendre
   Ces frais comprennent ... These charges include ...
   See déception.
compression
   En raison d'une compression (*f*) de personnel. Owing to staff
   reduction/rationalisation.
compris
   Tous frais compris. Inclusive of all charges.
   See (s')entendre.
comptabilité
   ... notre service de comptabilité (*f*). ... our accounts department.
   See erreur.
comptable
   See (en) qualité (de).
compte
   Agir pour le compte de ... To act on behalf of ...
   **C'est pourquoi nous vous demandons de nous accorder l'ouverture
   d'un compte (*m*) ouvert.** For this reason we would like to ask you to
   grant us open account terms.
   Nous sommes heureux de vous accorder les facilités d'un compte (*m*)

ouvert . . . We are happy to grant you open account terms . . .
See (s')accorder, débiteur, découvert, exigible, liquider, porter, régler, titulaire.

(se rendre) compte (de)

Nous nous rendons compte de vos difficultés; cependant . . . While we appreciate your difficulties . . .

(tenir) compte (de)

Votre facture ne tient pas compte de la réduction dont bénéficient les commandes dépassant . . . /les commandes à l'essai. Your invoice does not take account of the discount given for orders over . . . /trial orders.

compte rendu

Nous vous en ferons parvenir un compte rendu détaillé sous peu. We will send you a detailed report shortly.

compter

. . . à compter du mois prochain . . . . . . from next month . . .

Nous comptons pouvoir livrer votre commande sous huitaine. We expect to be able to deliver your order within a week.

Soyez assuré que vous pourrez compter sur . . . You may be sure that you can count on . . .

See bienveillance, discrétion, sortir.

conclure

Nous sommes sur le point de conclure un marché avec . . . We are about to reach/sign an agreement with . . .

See accord.

concorder

La quantité d'articles concorde avec la liste de colisage. The number of items tallies with the packing list.

Nos chiffres ne concordent pas avec les vôtres. Our figures do not agree with yours.

concours

Je vous remercie du précieux concours (m) que vous m'avez apporté. Many thanks for your valuable assistance.

conçu(e)

Nous emballons nos machines dans des caisses spécialement conçues à cet effet. We pack our machines in specially designed crates.

concurrence

. . . jusqu'à concurrence de . . . . . . up to . . .

Nous sommes en concurrence (f) directe avec eux. We are in direct competition with them.

See **défier, hésitation.**

(à) condition (que)

Nous passons commande à condition que les marchandises nous soient livrées avant . . . Our order is placed on condition that the goods are delivered by . . .

See **dédommager.**

conditions

Nous ignorons les conditions (f) locales et . . . We are not familiar with local conditions and . . .

Veuillez prendre connaissance des conditions (f) de vente imprimées au dos de la facture. Please note the conditions of sale printed on the reverse side of the invoice.

Vous trouverez ci-dessous nos conditions (f) de paiement pour les commandes en provenance de l'étranger. Please find below our terms of settlement for foreign orders.

See **connaissance, détail, déterminé(e), livraison, location-vente, police (d'assurance), proposer.**

confiance

. . . a été employé à un poste de confiance (f) dans . . . . . . was employed in a position of trust in . . .

M . . . a toujours été un employé tout à fait digne de confiance (f). M . . . has always been a reliable employee.

Nous vous remercions de votre confiance (f) en nos produits. Thank you for your confidence in our products.

Vous pouvez faire entièrement confiance (f) à M . . . You may have complete confidence in M . . .

confidentiel(le)

Ces renseignements sont bien sûr fournis à titre strictement confidentiel. This information is, of course, given in strictest confidence.

Tout renseignement que vous pourriez nous donner sera considéré comme strictement confidentiel. Any information you may give will be treated in strictest confidence.

Veuillez nous faire savoir, à titre confidentiel, si . . . Please let us know in confidence whether . . .

See **renseignement.**

confirmation

Je n'ai pas reçu confirmation (f) de cette commande. This order has not been confirmed.

confirmer

Je vous confirme par la présente notre réservation par télex du . . . I am writing to confirm our telex booking of . . .

Pouvez-vous nous confirmer ces renseignements? Can you confirm this information?

See accord, assurer, crédit, réservation.

conforme

Pouvez-vous nous faire savoir si ce modèle est conforme aux nouvelles normes de sécurité? Can you advise us whether this model conforms to the new safety standards?

Le nombre de caisses est conforme avec l'avis d'expédition. The number of crates checked with the advice note.

See certifier, échantillon, homologation, normes.

conformément

Conformément à vos instructions . . . In accordance with your instructions . . .

confronter

See difficulté.

connaissance

Nous avons une bonne connaissance (f) des conditions locales. We have a good knowledge of local conditions.

Nous souhaitons porter à votre connaissance (f) . . . We wish to bring to your notice . . .

Nous n'avons pas connaissance (f) de cette affaire. We have no knowledge of this (matter).

connaissement

L'argent maritime vous fera parvenir le connaissement. The shipping agent will forward the bill of lading to you.

Des connaissements (m) directs ont été établis pour couvrir le transbordement. Through bills of lading have been prepared to cover transhipment.

Veuillez joindre le connaissement en triple exemplaire. Please attach in-triplicate copies of the bill of lading.

connaître

See frais.

conseil

Vos conseils (m) sur cette question seraient les bienvenus. Your advice on this matter would be greatly appreciated.

See bénéficier.

conseiller

... **et vous conseillera sur les produits qui pourraient vous convenir.**
... and will advise you on suitable products.

See **assurance, contact, prudence.**

consentir

Nous vous consentirons une remise de 5% We shall grant you a 5%
rebate.

See **crédit, groupe, prêt.**

conséquence

... **en conséquence.** ... accordingly.

See **modifier, réclamation.**

considérer

Cette maison est bien considérée. This firm enjoys a good reputation.

Après avoir longuement considéré ... After careful consideration ...

consigné(e)

Les fûts sont consignés ... **FF.** There is a deposit of ... FF on the
drums.

constat

Le constat d'avarie vous sera envoyé sous peu. The declaration of
damage will be sent to you shortly.

constater

Comme vous le constaterez ... As you will see ...

See **correspondre.**

contact

Le consulat britannique de ... nous a conseillé d'entrer en contact
(*m*) **avec vous.** The British Consulate in ... has advised us to get in
touch with you.

... **prendra contact avec vous pour fixer la date d'un rendez-vous.**
... will get in touch with you to arrange the date of a meeting.

contacter

Je vous contacterai à mon arrivée à ... I will contact you on arrival
at ...

**Pendant mon séjour à ... je pourrai être contacté à l'adresse
suivante** ... While in ... my address will be ...

See **dès.**

conteneur

**Nous avons fait le nécessaire pour que les marchandises soient
expédiées en conteneurs** (*m*). We have arranged for the goods to be
despatched by container.

See **charge, reprendre.**

contestation

... pour éviter toute **contestation** (*f*). ... in order to avoid dispute.

contingenté(e)

Ces produits étrangers sont **contingentés**. These foreign products are subject to quota.

contractuel(le)

Les prix **contractuels** ne sont pas sujets à modification. Prices agreed by contract cannot be modified.

contraint(e)

See annuler, augmentation, prix, réclamation, relever.

contraire

See avis.

contrat

Nous avons passé un **contrat** (*m*) pour ... We have signed a contract for ...

See clauses, dédouané(e), lié(e), projet, reconduire, résilier.

contre

Par **contre** ... On the other hand ...

contre-ordre

Sauf **contre-ordre** (*m*) de votre part ... Unless we hear from you to the contrary ...

contretemps

Nous sommes désolés de ce fâcheux **contretemps** (*m*). We are very sorry about this unfortunate misunderstanding.

convenir

Dans ma dernière lettre nous étions **convenus** de nous recontrer le ... In my last letter we agreed to meet on the ...

J'espère que ces arrangements vous **conviendront**. I hope these arrangements will suit.

Comme **convenu** nous tirerons sur vous ... As agreed we will draw on you ...

See conseiller, date, fret.

copie

See certifier, intégral(e).

correspondance

See imprimer, indiquer, rappeler.

correspondant

... nous a informé que vous étiez leur **correspondant** (*m*) à ... We are informed by ... that you are their correspondent in ...

correspondre

Ci-inclus un échantillon du tissu qui correspond le mieux à l'échantillon que vous nous avez envoyé. We enclose a sample of the material which comes nearest to matching the sample you sent.

La facture ci-jointe correspond aux marchandises envoyées selon notre ordre No ... The enclosed invoice covers goods sent against your order No ...

Nous avons constaté avec surprise que les marchandises ne correspondaient pas à l'avis d'expédition. We were surprised to find that the goods did not correspond with those on the advice note.

See différence.

côté

Côté (m) à ouvrir. Open this side.

Nous avons mis de côté les caisses endommagées. We have put aside the damaged crates/boxes.

coulage

See assurance.

coupon

Pour plus amples renseignements retournez le coupon à ... To obtain more complete details return this coupon/voucher/form to ...

courant

Ces articles vous seront livrés dans le courant du mois. These articles will be delivered in the course of the month.

(au) courant (de)

Je n'étais pas au courant de la situation. I was not aware of the situation.

Veuillez me tenir au courant de cette affaire. Please keep me informed about this.

courrier

Suite à votre courrier (m) du 20 ... Following your letter of the 20th ...

coût

Le coût des matières premières a considérablement augmenté cette dernière année. Costs of raw materials have increased considerably in the past year.

Le coût de ... serait de ... environ. The cost of ... would be in the region of ...

See prix.

couverture

Nous envoyons ci-joint une note de couverture (f) en attendant que la

police vous soit délivrée. We enclose a cover note pending the issue of the policy.

couvrir

Les dégâts causés par la corrosion ne sont pas couverts par cette police. Corrosion damage is not covered by the present policy.

Nous vous serions obligés de bien vouloir nous couvrir contre tous risques ... We would be obliged if you would cover us against all risks ...

See police.

craindre

Nous craignons que ... /de ... We are concerned that ... /We are afraid of ...

crédit

Le crédit accordé devrait être limité à ... Credit should be limited to ...

Estimez-vous que nous puissions leur consentir un crédit? Would you consider them to be creditworthy?

Nous sommes prêts à vous accorder des facilités de crédit (m). We are prepared to offer you credit facilities.

Nous avons demandé à la Banque ... d'ouvrir un crédit en votre faveur. The ... Bank has been instructed to open a credit in your favour.

Votre versement a été porté au crédit (m) de notre compte ce jour. Your remittance was credited to our account today.

Nous expédierons les marchandises aussitôt que le crédit nous sera confirmé. We will ship the goods as soon as the credit is confirmed.

Nous envoyons ci-joint un avis de crédit (m) relatif à ... We enclose a credit advice relating to ...

Nous sommes au regret de ne pouvoir accepter de règlement par carte (f) de crédit (m). We regret that we do not accept payment by credit card.

See aviser, estimer, hésitation, lettre de crédit, virer.

créditer

Veuillez créditer notre compte en conséquence. Please credit our account accordingly.

créditeur

Votre compte est désormais créditeur de la somme de ... FF. Your account is now ... FF in credit.

See solde.

croiser

   Nous pensons que votre lettre a dû croiser la nôtre. We think our letters must have crossed.

curriculum vitae

   Je vous envoie ci-joint un exemplaire de mon curriculum vitae. I enclose a copy of my curriculum vitae.

D

dans

Dans les 3 jours qui suivent ... Within 3 days of ...

date

Date (*f*) de naissance. Date of birth.

Comme les marchandises doivent respecter une date limite de livraison impérative nous avons ... As the goods must meet a strict delivery deadline, we have ...

La date limite dont nous étions convenus est désormais dépassée. The deadline we agreed on has now passed ...

A 90 jours de date (*f*). 90 days after date.

See instructions, jour, rencontrer.

déballage

Au déballage (*m*) il est apparu qu'un certain nombre de verres étaient brisés. On unpacking it was noticed that a certain number of glasses were broken.

débattre

Prix à débattre. Prices subject to negotiation.

débiteur

Votre compte est désormais débiteur de ... FF. Your account now shows a debit balance of ... FF.

débouché

Nous sommes à la recherche de nouveaux débouchés (*m*) pour nos produits. We are seeking new outlets for our products.

débutant(e)

See seconder.

déception

Nous sommes certains que vous comprendrez notre déception (*f*). We are sure you will understand our disappointment.

déchargement

Pendant le déchargement de la cargaison ... While the cargo was

214

being discharged . . .

décharger

Nous avons appris que le vapeur . . . doit décharger à . . . le . . . We have learned that mv . . . is expected to unload at . . . on . . .

décision

See Avertir, Entériner, Revenir.

déclaration

Nous adressons une déclaration (*f*) de sinistre (d'accident) à notre compagnie d'assurance. We are making a claim on our insurance company.

décliner

Nous déclinons toute responsabilité dans cette affaire. We must disclaim liability in this matter.

(se) décomposer

Le total se décompose comme suit . . . The amount is made up as follows . . .

découvert

Votre compte est à découvert (*m*). Your account is overdrawn.

découvrir

See manquer, vérification.

déçu(e)

Nous avons été déçus par la qualité de . . . We were disappointed by the quality of . . .

dédommager

. . . à condition que vous nous dédommagiez. . . . provided you indemnify us.

dédouané(e)

Le contrat est basé sur un prix 'marchandises dédouanées'. The contract is based on a duty paid price.

dédouaner

Nous espérons faire dédouaner l'envoi le . . . We hope to have the consignment cleared at customs on . . .

Nous vous demandons de dédouaner . . . le plus rapidement possible. We must ask for prompt clearance of . . .

déduction

Après déduction (*f*) de notre commission et de nos frais il reste un solde de . . . After deduction of our commission and expenses there remains a balance of . . .

déduire

L'escompte de 2% n'aurait pas dû être déduit, votre règlement étant

en retard. The 2% discount should not have been deducted as your payment was late.

Nous en avons déduit que . . . We have deduced (from it) that . . .

défaire

Nous voulons nous défaire de ces marchandises avariées. We would like to get rid of the damaged goods.

défalquer

Vos frais doivent être défalqués de cette somme. Your expenses should be deducted from this amount.

défaut

. . . plusieurs articles présentaient un défaut (m) de fabrication. . . . several articles had manufacturing defects.

(à) défaut (de)

A défaut de paiement sous 30 jours . . . Failing payment within 30 days . . .

défier

Nos prix défient toute concurrence. Our prices are unbeatable.

définitif(ive)

Nous vous serions reconnaissants de nous donner rapidement une réponse définitive. We would be grateful for a firm answer soon.

See livraison, réponse.

dégât

Il est apparu que certaines des palettes ont subi des dégâts (m). It was noticed that some of the pallets had suffered damage.

See assureur, couvrir, remarquer.

dégressif(ive)

Nos tarifs dégressifs ne s'appliquent pas aux articles soldés. Our tapering rates do not apply to the reduced items.

délai

Votre commande sera expédiée sans délai (m). Your order will be despatched without delay.

Votre paiement doit nous parvenir le 15 dernier délai (m). Your payment should reach us on the 15th at the latest.

See déplacement, exécuter, livraison, prévoir.

délivrer

Nous ne délivrons ce certificat que sur demande de l'intéressé. This certificate is only supplied on the request of the person concerned.

See couverture.

demande

En réponse à votre demande (f) de renseignements du . . . , relative

à ... nous avons le plaisir de ... In response to your inquiry of ... concerning ... we have pleasure in ...

Il y a une demande (*f*) croissante pour ... There is an increasing demand for ...

Nous avons bien reçu votre demande (*f*) de renseignements du ... concernant ... dont nous vous remercions. Thank you for your inquiry of ... concerning ...

Nous avons des difficultés à satisfaire la demande pour votre nouvelle gamme de ... We are having difficulty in meeting demand for your new range of ...

Renseignements fournis sur demande (*f*). Details available on request.

Adressez votre demande (*f*) d'emploi à ... Applications to ...

See **accéder, accumulation, complémentaire, délivrer, déposer, donner, homologation, inattendu(e), indemnisation, papier, réponse, suite, tabler, transmettre.**

demander

Les travaux demanderont un minimum de 3 mois. The work will take a minimum of 3 months.

Le type d'article que vous fabriquez est très demandé ici. The type of article you manufacture is much in demand here.

Nous vous remercions de votre lettre du ... par laquelle vous nous demandez ... Thank you for your letter of ... requesting ... /inquiring about ...

See **crédit, dédouaner, instamment, intégralité, reprendre.**

démarches

Nous entreprendrons de votre part les démarches (*f*) nécessaires pour trouver d'éventuels fournisseurs. We will undertake to approach possible suppliers on your behalf.

Nous nous chargeons de toutes les démarches (*f*) nécessaires. We undertake all the necessary formalities.

See aboutir.

démonstration

Notre représentant pour votre région sera heureux de vous faire une démonstration (*f*) gratuite. Our local representative will be happy to give you a free demonstration.

Nous avons assisté à une démonstration (*f*) de vos produits à ... et nous aimerions ... We saw a demonstration of your products at ... and would like ...

démuni(e)

Nous nous trouvons temporairement démunis de ... We are

temporarily out of ...

départ

Nos prix s'entendent départ (*m*) usine. Our prices are ex-works.

dépasser

Nous vous signalons que le quota d'importation pour ces articles a été dépassé. We would warn you that the import quota for these articles has been exceeded.

See date, voie.

dépendre

Ce service ne dépend pas de nous. This department is not under our control.

dépenses

Ce(tte) ... nous a entraîné dans des dépenses (*f*) supplémentaires. This ... has involved us in additional expense.

See entraîner, (se) monter (à), occasionner.

dépit

En dépit de notre campagne publicitaire, nos ventes n'ont pas progressé. In spite of our advertising campaign, sales have not increased.

déplacement

Les frais de déplacement vous seront remboursés dans les meilleurs délais. Travelling expenses will be refunded as soon as possible.

See frais.

dépliant

Le dépliant ci-joint présente ... The enclosed leaflet shows ...

déplorer

See manque.

déposer

Marque déposée. Registered trade mark.

Toute demande de ... doit être déposée avant le ... Applications for ... must be received before ...

dépositaire

Nous sommes les dépositaires (*m*) exclusifs de cette marque. We are the sole distributors of this make.

dépourvu(e)

Nous sommes pour l'instant dépourvus de cet article. This item is temporarily out of stock.

depuis

Depuis notre lettre du ... , nous ... Since writing to you on ...

we . . .

Depuis que nous vous avons envoyé . . . Since sending you . . .

dérangement

Ce retard nous a occasionné beaucoup de dérangement (*m*). This delay has put us to considerable inconvenience.

Nous vous présentons nos excuses pour tout dérangement (*m*) **que cela a pu causé.** Please accept our apologies for any inconvenience caused.

Notre téléphone était en dérangement (*m*). Our telephone was out of order.

déranger

J'espère que je ne vous dérangerai pas si . . . I hope it will be convenient for me to . . .

dès

Je vous contacterai dès mon arrivée. I will contact you when I arrive.

Nous vous les ferons parvenir dès que nous en serons réapprovisionnés. We will let you have these as soon as we receive further supplies.

désaccord

Nous sommes pour l'instant en désaccord (*m*) **avec** . . . **au sujet de** . . . At the moment we are in dispute with . . . over . . .

descendre

Il nous est impossible de descendre au-dessous de ce prix. We cannot go below this price.

désignation

Veuillez indiquer la désignation exacte des marchandises sur la feuille de livraison. Please give a full description of the goods on the delivery sheet.

désirer

La qualité des marchandises laissait beaucoup à désirer. The quality of the goods left much to be desired.

See marché.

désireux(euse)

Nous serions désireux de . . . We should like to . . .

See acquisition, prospecter.

désolé(e)

Je suis désolé d'apprendre par votre lettre que . . . I am sorry to learn from your letter that . . .

See contretemps, mécontentement, suite.

destinataire

La prime sera à la charge des destinataires (*m*). The premium is to be charged to the consignees.

destination

Le vapeur à destination de ... appareillera le ... The vessel bound
for ... will sail on ...

destiné(e)

Les marchandises suivantes qui vous sont destinées arrivent à bord du
vapeur ... qui est attendu à ... le ... The following goods are arriving
for your account on mv ... due at ... on ...

détail

Ci-joint le détail des travaux effectués. Enclosed is the detailed
account of the work carried out.

Les détails (*m*) des conditions de vente figurent à la dernière page de
notre catalogue. Particulars of the terms of sale are set out on the
last page of our catalogue.

(au) détail

Nous ne vendons aucune marchandise au détail (*m*). We do not retail
goods.

See paquet.

déterminé(e)

Selon des conditions bien déterminées. Under fixed conditions.

devis

Auriez-vous l'obligeance de nous établir un devis (*m*) pour ... Please
submit a quotation for ...

Nous souhaiterions avoir un devis (*m*) pour ... We would be glad to
have an estimate for ...

devoir

Je devrais me trouver à ... le ... I expect to be in ... on the ...

Nous devons ces renseignements à ... We are indebted to ... for this
information.

Nous vous devons donc la somme de ... We therefore owe you the
sum of ...

See remise.

différence

Veuillez nous faire parvenir votre règlement/avoir correspondant à la
différence. Please let us have your remittance/credit note for the
difference.

See prononcé(e).

différer

La qualité diffère beaucoup d'un envoi à l'autre. The quality varies
considerably from one consignment to another.

Le règlement peut être différé jusqu'à la réception de notre facture pour le reste de l'expédition. Payment may be deferred until receipt of the bill for the rest of the consignment.

difficulté

Nous avons eu des difficultés (f) à trouver des matières premières. We have had difficulties in obtaining raw materials.

Nous pensons que cette société est confrontée à des difficultés (f) d'ordre financier. We believe this company is experiencing some financial difficulties.

See entrevoir.

diminuer

La qualité a diminué sensiblement. Quality has decreased noticeably.

dîner

Serait-il possible que nous dînions ensemble à . . . ? I wondered if we might have lunch together at . . . ?

diplôme

J'ai obtenu le diplôme de . . . à . . . I obtained the diploma of/in . . . at . . .

directive

Veuillez nous envoyer vos directives (f) quant à . . . Please send us your instructions as to/concerning . . .

discrétion

Nous comptons sur votre discrétion (f) à ce sujet. We are counting on your discretion in this matter.

discutable

Cette politique est très discutable. This policy is questionable.

discuter

J'aimerais discuter avec vous de certains aspects de ce projet. I would like to discuss some aspects of this project with you.

See apéritif, éventuel(le), question.

disponible

Ces articles ne sont plus disponibles. These items are no longer available.

See complémentaire, remplacer.

disposé(e)

Nous sommes disposés à négocier les conditions. We are willing to negotiate the terms.

See étendre, invendu, offrir.

disposer

Nous ne disposons plus que d'un stock limité. We only have a limited stock.

dispositif

Notre dispositif (*m*) **de contrôle a été amélioré.** Our control device has been improved.

disposition

Nos techniciens restent en permanence à votre disposition (*f*). Our technicians are at your service at all times.

Nous restons à votre entière disposition (*f*). We look forward to serving you.

Nous tenons les marchandises à votre disposition (*f*). We are holding the goods at your disposal.

Veuillez prendre les dispositions (*f*) **nécessaires pour nous régler par traite bancaire.** Please arrange for payment by banker's draft.

Veuillez avoir l'obligeance de nous faire connaître les dispositions (*f*) **prises pour effectuer le règlement.** Kindly inform us what arrangements you are making for settlement.

See (se) tenir.

distinction

Tous les articles de cette page sont à prix unique sans distinction (*f*) **de qualité.** All the articles on this page are at one price irrespective of quality.

distributeur

Nous sommes le principal distributeur (*m*) **en** ... We are the leading dealers in ...

Pourriez-vous nous recommander quelqu'un qui puisse devenir notre distributeur (*m*) **à ... ?** Could you recommend anyone who could act as our distributor in ... ?

divers

Frais divers. Sundry expenses.

document

Documents (*m*) **contre acceptation.** Documents against acceptance.

Vous trouverez ci-joint un exemplaire du document (*m*). We attach a copy of the document.

See autoriser, envoyer, expédition, jeu, remettre, répondre, tard, tiré.

documentation

Je vous serais reconnaissant de bien vouloir nous faire parvenir toute documentation (*f*) **sur** ... I would be grateful if you would let us have any documentation on ...

See complet(ète), exportation.

(se) documenter

Nous souhaiterions nous documenter sur ... We wish to obtain
information on ...

domicile

Livré à domicile (*m*). Delivered.

domicilié(e)

Les acceptations suivantes ont été domiciliées chez vous ... The
following acceptances have been domiciled with you ...

dommage

Il est dommage que ... It is a pity that ...

dommages

Les dommages (*m*) causés par ... The damage caused by ...

donner

Etant donné la demande croissante pour ... Considering/Given the
increasing demand for ...

See réclamation, référence, renseignement, satisfaction, suite.

dos

Voir au dos. See on back.

See conditions.

dossier

Nous avons ajouté votre rapport au dossier (*m*). We have added your
report to the file.

See proposition.

douane

Les marchandises sous douane (*f*) ne sont pas imposables. Goods left
in bond are not dutiable.

See droit, entrepôt.

douanier(ière)

Veuillez vous charger des formalités douanières. Please undertake
the customs formalities.

double

Auriez-vous l'obligeance de nous envoyer la facture en double
exemplaire. Would you be so kind as to send the invoice in duplicate.

doute

See émettre.

dresser

See acte de vente.

droit

A qui de droit. To whom it may concern.

Nous serions en droit de réclamer une indemnisation. We would be entitled to claim for compensation.

Vous avez droit à une subvention de . . . You are entitled to a grant from/of . . .

Les droits (m) de douane. Customs duty.

Des droits (m) d'entrée plus élevés nous obligent à augmenter nos prix à partir de . . . Heavier import duties force us to increase our prices from . . .

See imposer, qualité, soumettre.

dû, due

Je vous prie de recevoir un chèque d'un montant de . . . en règlement de la somme due. Please find enclosed a cheque for . . . in payment of the amount due.

See devoir, port.

dûment

. . . dûment complété. . . . duly completed.

See endossé(e), retourner.

duplicata

Pourriez-vous me fournir un duplicata (m) du certificat? Could you supply a duplicate of the certificate?

durée

Pour une durée (f) de 6 mois. For a period of 6 months.

E

échanger
  Les articles en solde ne sont ni échangés ni repris. Reduced articles
  can neither be exchanged nor returned.
échantillon
  **Les articles que vous nous avez livrés ne sont pas conformes à la
  qualité de l'échantillon** (*m*). The articles you delivered are not up to
  sample.
  See correspondre, exposition, valeur.
échéance
  Nous avons toujours fait face à nos échéances (*f*). We have always
  met our liabilities/Our payments have always been made on time.
  ... à brève échéance (*f*). ... in the short term.
  La traite vient à échéance (*f*) **à la fin du mois.** The draft falls due at
  the end of the month.
échelonner
  Les paiements seront échelonnés sur 12 mois. The payments will be
  spread over 12 months.
éclaircissement
  Nous souhaiterions avoir quelques éclaircissements (*m*) **sur cette
  question.** We would like to have some explanation about this matter.
économique
  See paquet, procédé.
écouler
  **Nous vous serions reconnaissants de bien vouloir écouler ces articles
  au meilleur prix.** We would be grateful if you would dispose of these
  items at the best price.
  See excédentaire.
écrit
  ... par écrit. ... in writing.

écritures

La transaction que vous mentionnez n'apparaît pas dans nos écritures (*f*). The transaction you refer to does not appear in our books.

See erreur.

effectuer

Le paiement doit être effectué sous huitaine. Payment must be effected within a week.

See achèvement, détail, disposition, expédition, irrévocable, opération, traite, virement.

effet

Utilisez la carte-réponse fournie à cet effet (*m*). Use the reply card provided.

... prenant effet (*m*) **au 1er janvier.** ... taking effect from 1st January.

Nos effets (*m*) **seront honorés à la banque ... dès leur présentation.** Our acceptances will be honoured at ... (bank) on presentation.

See accepter, conçu(e), honorer, lettre de crédit.

égard

... à cet égard (*m*). ... in this respect.

... à tous égards (*m*). ... in every respect.

... eu égard à ... ... considering ...

See circonstances.

(s')égarer

Nous pensons que cette lettre a dû s'égarer. We think this letter must have gone astray.

(s')élever

La somme totale s'élève à ... The total sum amounts to ...

emballage

Les frais d'emballage (*m*) **comprennent ...** The packing charge includes ...

Nous pensons que l'erreur a été commise par votre service d'emballage (*m*). We think the error was made by your packing department.

emballer

... emballés dans des boîtes résistant aux chocs. ... packed in crushproof boxes.

Les marchandises sont enveloppées de plastique et emballées dans des caisses en bois. The goods are wrapped in polythene and packed in wooden crates.

Veuillez emballer les marchandises selon les recommandations suivantes: ... Please pack the goods according to the following instructions: . . .

See conçu(e).

embargo

Nous sommes au regret de vous informer qu'il existe désormais un embargo (*m*) sur . . . We regret to inform you that there is now an embargo on . . .

embarquer

See cargaison.

émettre

Certains ont émis des doutes sur la réputation de cette société. Doubts have been expressed about this company.

Nous préférons ne pas émettre d'avis sur . . . We would prefer not to express an opinion on . . .

émission

See aviser.

empiler

. . . porte(nt) la mention NE PAS EMPILER. . . . marked DO NOT STACK.

emploi

Je suis sans emploi (*m*) pour l'instant. I am temporarily unemployed.

Nous n'avons pas l'emploi (*m*) de ce type de machine. We have no use for this type of machine.

Vous trouverez le mode d'emploi dans le manuel ci-joint. Directions for use are to be found in the enclosed manual.

See demande.

employé(e)

J'ai été employé chez . . . en qualité de . . . I was employed at . . . as . . .

emprunt

Nous avons contracté un emprunt (*m*) pour 5 ans. We have taken out a loan for a period of 5 years.

enclin(e)

See frais.

encontre

Cette mesure irait à l'encontre (*f*) de notre politique actuelle. This measure would go against our present policy.

endommager

Certaines machines ont été endommagées par . . . Some of the machines have been damaged by . . .

See côté, part, remplacement.

endossé(e)

Veuillez nous faire parvenir le ..., dûment endossé. Please let us
have the ... duly endorsed.

engagement

Sans aucun engagement (*m*) de votre part. Without any obligation
on your part.

See responsabilité.

engager

Les frais engagés seraient trop élevés. The expenses involved would
be too high.

Vous vous êtes engagés à terminer l'étude avant ... You undertook
to complete the survey by ...

Nous vous engageons vivement à ne pas ... We would strongly advise
you against ...

See acompte.

ennui

Nous regrettons les ennuis (*m*) que ce retard vous a causés. We regret
the trouble this delay has caused.

enregistrer

Nous avons bien enregistré votre commande et vous informerons de
la date de livraison dans les meilleurs délais. We have booked your
order and will advise you of the delivery date as soon as possible.

(s')ensuivre

Il s'ensuit que nos commandes sont en retard. As a consequence our
orders are late.

entamer

Nous entamerons des négociations aussitôt que ... We shall begin
negotiations as soon as ...

(s')entendre

Ces prix s'entendent CAF. These are CIF prices.

Les prix s'entendent frais de transport compris. These prices include
the cost of transport.

entériner

Le conseil d'administration n'a pas encore entériné la décision. The
Board of Directors has still to ratify this decision.

entraîner

Cela entraînerait des dépenses importantes. That would involve heavy
expenses.

See dépenses, responsable.

entreposage

Les frais d'entreposage (*m*) sont basés sur le volume. Warehousing charges are based on volume.

... protection pour l'entreposage (*m*) à l'air libre. ... protection for open air storage.

entrepôt

Nous avons chargé notre agent de mettre les marchandises dans un entrepôt (*m*) sous douane. We have instructed our agent to deposit the goods in a bonded warehouse.

entreprise

See extension, licencier, rapport, renom, sain(e).

entretemps

Entretemps nous mettrons les marchandises de côté. In the meantime we will be putting the goods on one side.

entretenir

Les relations commerciales que nous entretenons avec elle ne nous permettent pas ... The commercial relations we have with them/this company do not allow us to ...

entretien

Grâce à notre technique, vos frais d'entretien (*m*) seront réduits. Thanks to our technique, your maintenance costs will be reduced.

Suite à notre entretien (*m*) du ... Further to our conversation of the ...

entrevoir

Je vous avais laissé entrevoir des difficultés. I gave you to understand that there would be difficulties.

entrevue

Je vous serais obligé de bien vouloir vous rendre à une entrevue (*f*) qui aura lieu à ... le ... I would be obliged if you would come for an interview at ... on ...

See lieu.

envelopper

Les machines doivent être enveloppées dans une toile imperméable/une bâche en plastique. The machines must be wrapped in waterproof canvass/a plastic sheet.

See emballer.

envisager

Nous envisageons l'achat de ... We are considering the purchase of ...

envoi

L'envoi (*m*) est composé de ... The consignment consists of ...

Nous avons le plaisir de vous accuser réception de l'envoi (*m*) de ... We are happy to acknowledge delivery of the shipment of ...

See afférent(e), dédouaner, différer, manquer, raison, retard.

envoyer

Les documents ont été envoyés à ... The documents have been forwarded to ...

See depuis, directive, gratuit(e), mot.

envoyeur

Prière de retourner à l'envoyeur (*m*). Please return to sender.

épargner

... afin de vous épargner un voyage inutile ... ... in order to save you an unnecessary journey ...

épuisé(e)

Notre stock de ... est complètement épuisé. Our stock of ... is completely exhausted.

équivoque

Pour éviter toute équivoque (*f*). To avoid any misunderstanding.

erreur

Ce(tte) ... a été dû(e) à une erreur d'écritures (*f*). This ... was due to a clerical error.

Nous nous permettons de signaler une erreur de compatibilité dans ... We wish to point out an accounting error in ...

Le/la ... vous a été facturé(e) par erreur (*f*). The ... was charged to you in error.

Nous ne pensons pas que l'erreur (*f*) vienne de notre service de ... We do not think our ... department was at fault.

Nous pensons que vous avez commis une erreur dans ... We think you have made an error in ...

... une erreur regrettable. ... an unfortunate mistake.

... sauf erreurs (*f*) ou omissions (SE ou O). ... errors and omissions excepted (E & OE).

See emballage, relever.

escompte

Toute commande en gros bénéficie d'un escompte (*m*) progressif de ... Bulk orders/large orders qualify for a progressive discount of ...

See déduire.

escompté(e)

Nous n'avons pas obtenu les résultats escomptés. We have not obtained the expected results.

essai

J'aimerais recevoir les articles suivants à l'essai: ... I would be interested in having the following articles on trial: ...

Nous passons une commande à titre d'essai (*m*). We are placing a trial order.

See commande, (tenir) compte (de).

essor

Le marché pour ... est en plein essor (*m*). The market for ... is developing fast.

estimer

Nous estimons que vous pouvez leur accorder sans risque les crédits dont vous faites mention. We would consider them to be safe for the credit you mention.

See capitaux, crédit, fondé(e).

établir

Le règlement doit être établi au nom de ... The payment should be made out to ...

See connaissement, devis.

état

... en l'état (*m*) actuel des choses. ... as things stand ...

Les marchandises nous sont parvenues en bon état (*m*). The goods arrived in good condition.

étendre

Nous sommes disposés à étendre notre offre spéciale à ... We are willing to extend our special offer to include ...

Nous souhaitons étendre notre gamme de ... We wish to extend our range of ...

étonnant(e)

Il est étonnant que ... It is surprising that ...

étude

Votre projet est à l'étude (*f*). We are examining your project.

See engager, ressortir.

évaluer

La perte a été évaluée à ... The loss has been estimated at ...

éventuel(le)

Nous voudrions discuter d'un accord éventuel entre nous ... We would like to discuss the possibility of an agreement between us ...

See démarches.

éviter

See contestation, équivoque, (se) produire.

examiner

Nous avons examiné l'objet de votre réclamation. We have looked into the matter of your complaint.

See affaire, loisir.

excédentaire

Nos stocks excédentaires sont écoulés à bas prix. Our surplus stocks are reduced to clear.

excellent(e)

See renom.

exceptionnel(le)

A titre exceptionnel, toute commande reçue avant . . . bénéficiera d'une réduction de . . . Exceptionally, all orders received before . . . will qualify for a discount of . . .

See service.

exclusif(ive)

See agent, dépositaire.

excuses

Je vous prie d'accepter toutes mes excuses (f) pour . . . Please accept my sincere apologies for . . .

Nous tenons à vous présenter nos excuses (f) pour le retard dans la livraison de . . . We must apologise for the late delivery of . . .

See dérangement, impayé(e), malentendu.

exécuter

Votre commande sera exécutée sans délai. Your order will be made up without delay.

See commande, façon, soin.

exécution

Votre commande est en cours d'exécution (f). Your order is being made up.

See commande, survenir.

exemplaire

. . . en double exemplaire (m). . . . in duplicate.

See curriculum vitae, document, double, gratuit(e), parvenir.

exigences

Nous sommes sûrs que ces marchandises satisferont vos exigences (f). We are sure these goods will meet your requirements.

exiger

. . . ci-joint les pièces exigées. . . . enclosed are the required

documents.
See **supplément.**

exigibilités

Il nous faudra peut-être quelques semaines pour liquider nos
exigibilités (*f*). It may take a few weeks for us to clear our current
liabilities.

exigible

Ce compte est exigible le ... The account is payable on ...

expédier

Ces articles ont-ils bien été expédiés? Were these items in fact
despatched?
See **crédit, délai, outremer, port, réception, restant(e), versement.**

expédition

Les documents d'expédition (*f*) vous seront remis contre ... The
shipping documents will be handed to you against ...
L'expédition (*f*) de votre commande ... The despatch of your
order ...
L'expédition (*f*) doit être effectuée par ... Shipment must be effected
by ... (method of transport/route).
Nous sommes surpris de ne pas encore avoir reçu un avis d'expédition
(*f*). We are surprised not to have received advice of despatch yet.
See **agent, faciliter, mode, police (d'assurance), traite.**

expérience

M ... a une expérience (*f*) approfondie en ... M ... has broad
experience in ...

expertise

Nous venons de recevoir le rapport d'expertise (*f*) sur ... We have
just received the expert's report on the ...

expirer

See **autorisation.**

exportation

Nous n'assurons pas la livraison des commandes à l'exportation (*f*).
We do not deliver export orders.
Vous trouverez ci-joint une documentation complète sur nos modèles
à l'exportation (*f*). We enclose full particulars of our export models.

exposer

Nos produits seront exposés à ... Our products will be on display
at ...

exposition

Vous êtes invité à visiter notre exposition (*f*) de ... à ... We invite you to visit our exhibit/exhibition of ... at ...

Vous pouvez voir des échantillons de nos produits dans nos salles d'exposition à ... Samples of our products can be seen in our showrooms at ...

See foire.

exprès

... par exprès. ... express delivery.

exprimer

Je voudrais exprimer ... I wish to express ...

extension

Notre entreprise a pris une grande extension (*f*). Our firm has grown considerably.

F

fabrication
>See cesser, défaut.

fabriquer
>**Comme nous ne fabriquons plus cet article nous vous envoyons . . .** As we no longer manufacture this item we are sending you . . .
>See commande, demander.

faciliter
>**Afin de faciliter l'expédition nous vous serions obligés de bien vouloir remplir le formulaire ci-joint.** To facilitate despatch we would be obliged if you would complete the enclosed form.
>See tâche.

facilités
>**Des facilités (f) de paiement sont offertes pour toute commande importante.** Credit terms are available for large orders.
>See compte, crédit.

façon
>**. . . de façon à exécuter votre commande . . .** . . . in order to execute your order . . .

facture
>**Aidez-nous à maintenir des prix avantageux en réglant rapidement vos factures (f).** Help us to keep our prices down by settling your bills promptly.
>**. . . facture (f) commerciale en triple exemplaire.** . . . in-triplicate copies of the commercial invoice.
>**. . . selon votre facture (f) pro-forma.** . . . as per your pro-forma invoice.
>See accompagner, acquitter, avoir, (tenir) compte (de), correspondre, double, impayé(e), indiquer, intégralité, modifier, montant, rectifier, tirer.

235

facture d'avoir
    See avoir.

facturer
    Ces articles vous seront facturés. These items will be invoiced to you.
    Vous avez facturé 4 douzaines mais n'en avez envoyé que 3. You have
    charged for 4 dozen but only sent 3.
    See erreur, fret, prix, tort.

faillite
    Cette maison vient de faire faillite (*f*). This firm has just been declared
    bankrupt.

faire
    Nous vous faisons les (boîtes) au prix de ... The (boxes) are charged
    to you at ...

falloir
    Il nous faut absolument ces pièces. We have an urgent need of these
    parts/documents.

faute (de)
    Faute de paiement ... Failing payment ...

faveur
    Comme vous êtes un de nos plus anciens clients, nous vous proposons
    un tarif de faveur (*f*) de ... pour ... As you are one of our oldest
    customers we are prepared to offer a special rate of ... for ...
    See crédit.

favoriser
    Afin de favoriser nos ventes à l'étranger ... In order to promote our
    sales abroad ...

ferme
    Avant de passer commande ferme, nous voudrions savoir ... Before
    placing a firm order we would like to know ...
    Nous avons le plaisir de proposer un prix ferme de ... We are happy
    to offer a firm price of ...

fermer
    See mort(e).

feuille de livraison
    See désignation.

fiabilité
    Le nouveau modèle présente une très grande fiabilité (*f*). The new
    model is extremely reliable.

figurer
    Ces articles ne figuraient pas sur notre commande. These items did

not appear on our order.
See détail.

financier(ière)
See difficulté, référence, situation.

financièrement
See sain(e).

fin
Je vous adresse ce rapport à toutes fins utiles. I am sending you this report in case it may be useful.

fixer
See contact, rendez-vous.

flottant(e)
Veuillez renouveler notre police flottante No... Please renew our floating policy No...

foi
... comme la facture en fait foi. ... as the invoice shows/bears out.

foire
Venez voir notre stand d'exposition à la Foire Commerciale de... Visit our stand at the... Trade Fair.

fonction
Nous faisons fonction d'agents pour... We are acting as agents for...
Le prix est fonction de la durée de... The price is related to the length of...

fondé(e)
Nous estimons que vous seriez fondé à... We think you would be justified in...

forfaitaire
Le prix forfaitaire pour une semaine de ski à... est de... FF. The inclusive price for a week's skiing at... is... FF.

formalité
Auriez-vous l'obligeance de nous indiquer les formalités (f) nécessaires à... Would you be so kind as to let us know the necessary formalities for...
See accomplir, but, (se) charger (de).

formulaire
Prière de compléter le formulaire et de le retourner à l'adresse suivante:... Please complete the form and return it to the following address:...
See faciliter, retourner.

fournir

Nous vous saurions gré de bien vouloir nous fournir . . . We would be glad if you would supply us with . . .

See (s')approcher, demande, duplicata, effet, même, porteur.

fournisseur

Nous souhaitons trouver un fournisseur (*m*) de . . . We wish to find a supplier of . . .

frais

Nous pouvons vous aider à réduire vos frais (*m*). We can help you reduce costs.

Veuillez nous faire connaître le montant de vos frais (*m*) de déplacement. Please advise us of the amount of your travelling expenses.

Nous sommes enclins à intégrer ces charges dans les frais (*m*) généraux de l'agence. We are ready to include these expenses in the agency overheads.

See afférent(e), charge, (se) chiffrer (à), comprendre, compris, déduction, défalquer, déplacement, emballage, engager, (s')entendre, entreposage, entretien, livraison, manutention, négociable, net(te), omettre, retourner.

franchise

Votre police prévoit une franchise (*f*) de . . . FF. Your policy gives/allows a(an) (accidental) damage excess/franchise of . . . FF.

franco

Toutes nos commandes au-dessus de . . . sont expédiées franco de port. Orders over . . . are despatched carriage paid.

fret

Comme convenu nous vous facturerons le fret. As agreed, we will charge the freight to you.

G

gamme

... notre nouvelle gamme (*f*) de vêtements d'hiver. ... our new line of winter clothing.

See besoin, demande, étendre.

garantir

Ces prix sont garantis jusque ... These prices are guaranteed until ...

Nos machines sont garanties 12 mois. Our machines are guaranteed for 12 months.

Les réservations sont garanties jusqu'à 20h. Rooms are held until 8pm.

gérer

See réputé(e).

gratuit(e)

Nous vous enverrons un exemplaire gratuit de notre ... We will forward a free copy of our ...

See démonstration.

gratuitement

... gratuitement. ... free of charge.

gré

Nous vous saurions gré (*m*) de bien vouloir ... We would be grateful if you would ...

Vendre de gré à gré. To sell by negotiation/mutual agreement.

See fournir, intermédiaire.

grève

En raison d'une grève (*f*) de (la SNCF) ... Owing to a (rail) strike ...

groupage

Nos tarifs de groupage (*m*) sont très avantageux. Our groupage rates are very favourable.

239

groupe

Nous consentons une remise de 10% pour les réservations de groupe (*m*). A discount of 10% is allowed for group bookings.

H

hausse
 Les prix ont subi une hausse (*f*) de 5%. Prices have risen by 5%.
 See accuser.

hésitation
 C'est sans hésitation (*f*) que nous accorderions à ... un crédit jusqu'à
 concurrence de ... We would not hesitate in granting ... credit up
 to ...

heureux(euse)
 Je suis très heureux d'apprendre que ... I am very pleased to hear
 that ...
 See recommander, voir.

homologation
 Nous avons fait une demande pour obtenir une homologation (*f*)
 conforme aux nouvelles normes de sécurité. We have made an
 application for homologation in respect of the new safety standards.

honneur
 Nous avons l'honneur (*m*) de vous informer que ... We wish to inform
 you that ...
 See aviser, candidature.

honorer
 L'effet n'a pas été honoré. The bill has been dishonoured.
 Nous sommes au regret de ne pouvoir honorer votre chèque. We regret
 that we are unable to honour your cheque.
 See effet.

hors saison
 Profitez de nos tarifs hors saison valables de ... à ... Take advantage
 of our off-season rates, these apply from ... to ...

hors tout
 Mesures hors tout ... Overall measurements ...

huit

Téléphonez aujourd'hui en huit. Phone today week.

huitaine

See effectuer.

I

ignorer
    Pour des raisons que j'ignore ... For reasons unknown to me ...
    See conditions.

immédiatement
    Nous avons fait immédiatement le nécessaire pour que ... We
    immediately arranged for ...

impayé(e)
    Nous vous présentons nos excuses pour la facture impayée. We
    apologise for the outstanding/unpaid bill.

impératif(ive)
    See date.

impérativement
    Ces articles doivent nous parvenir impérativement avant ... It is
    essential that these items reach us before ...

important(e)
    Nous possédons des stocks importants pour satisfaire tous vos besoins.
    We hold ample stocks to cater for all your needs.
    See entraîner, marché, offrir.

importation
    See réglementation.

importer
    See imposer.

imposable
    Nous devons vous informer que ces marchandises sont imposables.
    We must inform you that these goods are dutiable.
    See douane.

imposer
    Selon les nouveaux règlements, les autorités douanières imposeront
    un droit sur les biens de consommation importés. Under the new

regulations, customs officials will levy a tax on imported consumer goods.

impossibilité

Nous sommes dans l'impossibilité (*f*) d'accepter votre commande. We are unable to accept your order.

imprévu

... sauf imprévu (*m*). ... barring accidents.

imprimer

Votre numéro de client est clairement imprimé sur toute correspondance. Your customer number is clearly printed on all correspondence.

imprimés

Tarif imprimés. Printed paper rate.

inattendu(e)

En raison d'une demande inattendue... Owing to unexpected demand...

incessamment

Vous devriez recevoir ces articles incessamment. You should receive these items shortly.

incident

See (se) produire.

inclure

See omettre.

incomplet(ète)

Nous vous adressons une réclamation au sujet d'une livraison incomplète de... We are writing to complain about a short delivery of...

indemnisation

Nous avons l'honneur de vous adresser une demande d'indemnisation (*f*) selon les termes de notre police No... We wish to claim under the terms of our policy No...

See droit.

indiquer

Veuillez indiquer votre numéro de client dans toute correspondance. Please quote your customer number in any correspondence.

Votre facture n'indique pas... Your invoice does not show...

See désignation, formalité, solde, vigueur.

infliger

See amende.

information
See supplément.

informer
Nous avons été informés par ... que vous ... We are informed by ...
that you ...
Nous avons le plaisir de vous informer que ... We have pleasure in
advising you that ...
See **assureur, commande, correspondant, embargo, honneur, manquer,
regret, résultat.**

infraction
Toute infraction (*f*) au règlement est passible d'une amende. A fine
is imposed for any infringement of the regulations.

inopportun(e)
Cette mesure nous semble inopportune. This measure seems to us to
be ill-timed.

inspecter
Nous avons immédiatement fait inspecter la cargaison par ... We
immediately had the cargo examined by ...

installer
Nous désirons installer ... We wish to install ...
See **locaux.**

instamment
Nous vous demandons instamment de ... We must urgently request
that you ...

instant
See **dépourvu(e), désaccord, emploi.**

instructions
Selon vos instructions (*f*) nous vous aviserons de la date d'expédition.
As requested, we will advise you of the date of despatch.
See **agent, assurance, colisage, conformément, suivant.**

insuffisant(e)
See **capitaux.**

intégral(e)
Il nous faut une copie intégrale de ... We require a copy of ...

intégralité
Nous vous demandons de régler la facture dans son intégralité (*f*).
We would ask you to settle the bill in full.

intention
Nous avons l'intention (*f*) de ... We intend to ...

intérèssant(e)
See offre, proposer.

intéressé(e)
See délivrer.

intérêt
Centres d'intérêt. Hobbies.

C'est avec intérêt (m) que j'ai appris ... I was interested to learn that ...

Nous vous remercions de l'intérêt (m) que vous portez à nos produits. Thank you for your interest in our products.

... portant intérêt (m) à 6% par an. ... bearing interest at 6% per annum.

intermédiaire
Nous vous saurions gré de passer par l'intermédiaire (m) de notre agent. We would be grateful if you would deal through our agent.

intervenir
Tous frais supplémentaires qui interviendraient sont à la charge de l'acheteur. Any supplementary expenses incurred are payable by the purchaser.

inutile
See épargner.

invendu
Nous sommes disposés à proposer ces marchandises sur la base de reprise des invendus (m). We are prepared to offer the goods on a sale or return basis.

inversement
... et inversement. ... and vice versa.

invitation
J'espère avoir l'occasion de vous rendre votre hospitalité (f)/invitation (f). I hope to be able to return your hospitality/invitation.

... regrette de ne pouvoir accepter l'invitation (f) de M ... en raison de ... ... regrets being unable to accept ... 's kind invitation as ...
See (se) rendre.

inviter
Je vous invite à la prudence. I advise you to be cautious.
See exposition, lancement.

irrévocable
Le paiement devra être effectué par lettre de crédit irrévocable.
Payment should be made by irrevocable letter of credit.

isotherme

   ... par camion isotherme. ... by insulated/refrigerated lorry.

issue

   Il n'y a pas d'issue (*f*) à cette situation. There is no way out of this situation.

J

jeu

Un jeu complet des documents nécessaires. A complete set of the required documents.

joindre

Le document n'était pas joint à votre lettre. The document was not attached to your letter.

Je n'ai pu le joindre. I was not able to contact/get in touch with him.

Nous joignons notre facture à la présente. We enclose our bill.

See certifier, colisage, connaissement, montant.

jouir

See réputation.

jour

... à 30 jours (*m*) de date, documents contre acceptation. ... at 30 days, documents against acceptance.

juger

Nous ne jugeons pas utile de ... We do not think it advisable to ...

L

laisser
See entrevoir.

lancement
Vous êtes cordialement invité au lancement (*m*) de ... You are cordially invited to the launching of ...

lancer
Nous lançons un nouveau produit qui ... We are launching a new product which ...

lettre
See affranchir, annuler, convenir, croiser, demander, depuis, désolé(e), (s')égarer, porteur, rappel, recommandée, répondre, suivre.

lettre de change
Nous avons le plaisir de vous accuser réception de votre lettre (*f*) de change pour ... We are pleased to confirm receipt of your bill of exchange for ...
Nous vous proposons d'effectuer le règlement par lettre (*f*) de change. We propose settling by bill of exchange.

lettre de crédit
Cette lettre (*f*) de crédit prend effet à partir de ... This letter of credit is valid from ...
See aviser, irrévocable, prolonger.

liaison
Nous travaillons en liaison (*f*) avec le ministère de ... We work in conjunction with the ministry of ...

libre
Nous vous prions de nous faire savoir si vous avez des chambres libres pour ... Please let us know whether you have any rooms vacant for ...
Seriez-vous libre le ... ? Would you be free on ... ?

licence

Nous produisons ces ... sous licence (f). We produce these ... under licence.

licencier

Cette entreprise vient de licencier une partie de son personnel. This firm has just dismissed some of its staff.

lié(e)

Nous sommes liés par contrat. We are bound by contract.

lieu

Lieu (m) de paiement ... Place of payment ...

En premier lieu ... In the first place ...

J'ai tout lieu de croire que ... I have every reason to believe that ...

L'entrevue aura lieu le 15 septembre à 14h. The interview will take place on 15 September at 2pm.

S'il y a lieu ... If necessary ...

See chargement.

ligne

Nous ne faisons pas entrer ceci en ligne (f) de compte. We do not take this into consideration.

limite

Dans la limite de ... Within the limit of ...

limiter

See crédit.

liquider

D'après nos calculs ce règlement liquide le compte. We calculate that this payment clears the account.

See exigibilités.

liquidités

En raison de problèmes de liquidités (f) nous sommes dans l'impossibilité de ... Owing to a temporary liquidity problem we are unable to ...

See porteur, régler.

lisiblement

Ecrire lisiblement. Write clearly.

liste

... dont la liste suit. ... listed below.

See manquant(e).

litige

Nous sommes en litige (m) avec eux depuis ... We have been in dispute with them since ...

livrable

Nos marchandises sont livrables immédiatement. Our goods are available for immediate delivery.

livraison

Les délais de livraison (*f*) varient selon les modes de transport. Delivery time depends on the method of transport.

Les frais de livraison (*f*) sont de ... par route, rail ou mer, ou de ... par voie aérienne. Delivery charges are ... by road, rail or sea, or ... airfreighted.

Nous assurons la livraison dans le monde entier. We can deliver to any part of the world.

Nous espérons pouvoir effectuer la livraison sous 10 jours. We expect to deliver within 10 days.

Veuillez nous donner une date de livraison (*f*) définitive. Please give us a firm delivery date.

Veuillez nous indiquer vos conditions de livraison (*f*) par voie aérienne. Please quote your terms for delivery by airfreight.

See date, désignation, excuses, exportation, incomplet(ète), responsable, retarder.

livrer

Auriez-vous l'obligeance de faire livrer ... immédiatement. Will you please arrange for immediate delivery of ...

Etes-vous en mesure de nous livrer ces articles? Are you in a position to deliver these articles?

See compter, courant, domicile, échantillon, suivre.

location

Location (*f*) à partir de 12h00. Hires commence at 12 noon.

location-vente

Nous souhaiterions connaître vos conditions de location-vente (*f*) pour ... We would like to know your hire-purchase terms for ...

locaux

Nous sommes à présent installés dans nos nouveaux locaux (*m*) de ... We have now moved into new premises at ...

loisir

Examinez notre nouvelle collection à loisir (*m*). Examine our new range at leisure.

lors

... lors de notre dernière réunion ... ... during our last meeting ...

lots

Nous sommes prêts à vous approvisionner sur la base de lots (*m*). We are prepared to supply you on a consignment basis.

louer

 Nous cherchons à louer ... We are seeking to rent ...

 Nous ne pouvons que nous louer de son travail. We cannot speak too highly of his work.

lu(e)

 Lu et approuvé. Approved.

M

magasin

Nous avons en magasin la plupart des articles que vous nous demandez. We have most of the articles you require in stock.

Nous n'avons pas cet article en magasin. We do not have this article in stock.

mains

L'affaire est désormais entre les mains (*f*) de ... The matter is now in the hands of ...

maintenir

See facture.

maison

See considérer, faillite, relation.

majorer

Nos prix seront majorés de 5% à partir du 1er juillet. Our prices will be increased from the 1st July.

malentendu

Je vous présente mes excuses pour ce malentendu (*m*). I apologise for this misunderstanding.

malheureusement

See aboutir, annuler.

mandat

... par mandat-poste (*m*). ... by money order.

manquant(e)

Ci-dessous la liste des articles manquants: ... The missing articles are listed below: ...

manque

En raison de ce retard nous devons déplorer un manque à gagner. We regret the loss of potential earnings/missed opportunity caused by this delay.

manquement

> **Tout manquement** (*m*) **à cette clause entraînerait la résiliation immédiate du contrat.** Failure to respect this clause will result in the immediate termination of the contract.

manquer

> **Après avoir vérifié l'envoi nous avons découvert qu'il manquait trois caisses.** After checking the consignment we find that we are three cases/crates short.

> **Je ne manquerai pas de m'en informer.** I shall not fail to enquire about it.

manuel

> See **emploi.**

manutention

> **Ce(tte)... a occasionné des frais de manutention** (*f*) **supplémentaires.** This... has caused additional handling costs.

> See **résister.**

marchand(e)

> See **valeur.**

marchandise

> See **assuré(e), céder, choix, (à) condition (que), conteneur, correspondre, crédit, date, dédouané(e), défaire, désignation, destiné(e), (au) détail, disposition, douane, emballer, entrepôt, état, imposable, livrable, parvenir, port, qualité, transborder, (en) transit.**

marche

> **Veuillez nous communiquer la marche à suivre.** Please let us know what course of action to take.

marché

> **Le marché pour... est actuellement très calme/ferme/soutenu/en baisse.** The market for... is at present very slack/steady/buoyant/falling.

> **Nous désirons mettre ce produit sur le marché en...** We wish to market this product in...

> **Nous venons de passer un marché important.** We have just concluded a large (sales) contract.

> See **animé(e), essor.**

marge

> See **(d')autant.**

marque

> See **déposer, dépositaire.**

matières premières

Nous espèrons recevoir sous peu un approvisionnement de matières (f) premières. We hope to obtain new supplies of raw materials shortly.

See augmentation, coût, difficulté.

mécontentement

Nous avons été désolés d'apprendre votre mécontentement (m) au sujet de ... We are sorry to learn that you are disatisfied with ...

Nous tenons à vous faire part de notre plus vif mécontentement (m) au sujet de ... We wish to complain most vigorously about ...

même

Nous ne sommes pas à même de vous fournir ... We are not in a position to supply ...

See renseignement.

mener

See transaction.

mensualité

... payable par mensualités (f) de ... FF. ... payable in monthly instalments of ... FF.

mention

Les caisses doivent porter clairement la mention ... Cases/boxes must be clearly marked ...

mépris

... au mépris (m) des règlements en vigueur. ... disregarding (the) present regulations.

messageries

... notre service de messageries (f) ... ... our express delivery service ...

mesure

Dans une certaine mesure ... To a certain extent ...

See encontre, hors tout, inopportun(e), recouvrer.

(en) mesure (de)

Je suis désormais en mesure de ... I am now in a position to ...

See affrètement à temps, livrer.

meublé(e)

Nous sommes à la recherche d'un logement meublé dans la région de ... We are seeking furnished accommodation in the ... area.

minutieusement

Après avoir vérifié minutieusement ... After carefully checking ...

modalités

> Les modalités (*f*) de paiement sont les suivantes: virement bancaire dans les 30 jours après réception du relevé/facture. The method of payment is by banker's transfer within 30 days of receipt of statement/invoice.

mode

> Notre tarif varie selon le mode d'expédition. Our charges vary according to the method of despatch.
>
> See emploi.

modèle

> See améliorer, caractéristique, cesser, conforme, exportation, fiabilité, sortir.

modification

> Nous pensons que le/la ... nécessite quelques modifications (*f*). We think that some modification of the ... would be necessary.
>
> ... sauf modification (*f*). ... subject to alteration.

modifier

> Nous avons modifié votre ordre/facture en conséquence. We have adjusted your order/invoice accordingly.
>
> See amener, multiple, réglementation.

moment

> ... en ce moment (*m*). ... at the present time.

montant

> ... la banque acceptera votre traite pour le montant de la facture. ... the bank will accept your draft for the amount of the invoice.
>
> Nous joignons notre facture d'un montant de ... We enclose our invoice for/totalling ...
>
> See frais.

(se) monter (à)

> Nos dépenses se montent à ... Our expenses amount to ...

mort(e)

> Le magasin est fermé pendant la morte saison. The shop is closed out of season.

mot

> ... je vous enverrai un mot. ... I shall send you a note.
>
> Les travaux se chiffreront au bas mot à ... FF. The cost of the work will be/amount to at least ... FF.

moyen

> ... au moyen de ... ... by means of ...

multiple

Ces ... n'étant fourni(e)s qu'en quantités multiples de 12 nous avons modifié votre commande. As these ... are only supplied in multiples of 12 we have adjusted your order.

N

naissance

See acte, date.

navré(e)

J'ai été navré d'apprendre que ... I was very sorry to learn of/that ...

né(e)

Né(e) le ..., à ... Date and place of birth ...

néant

Néant. Nil/NA.

nécessaire

Je voudrais faire le nécessaire pour que ... I would like to arrange
for ...

See conteneur, disposition, formalité, immédiatement, jeu, prolonger.

nécessité

... ce qui nous met dans la nécessité de ... ... which obliges us
to ...

négative

Dans la négative ... If not ...

négociable

Les frais de livraison en dehors de la CEE sont négociables. Charges
for delivery outside the EEC are negotiable.

négociation

See entamer.

négocier

See disposé(e).

net(te)

Les prix de notre catalogue sont nets de tous frais. The prices in our
catalogue are inclusive (of all charges).

nom

Veuillez acheter à notre nom (*m*) ... Please buy on our behalf ...

Votre nom (*m*) **nous a été transmis par**... We have been given your name by...

nommer

M... **a été récemment nommé au poste de**... M... was recently appointed to the position of...

non livraison

C'est avec surprise que nous avons reçu votre télex concernant la non livraison de... We were surprised to receive your telex concerning non-delivery of...

normes

Les autorités douanières ont imposé une amende sur cet envoi, les caisses n'étant pas conformes aux normes (*f*). Customs officials have imposed a fine on this shipment because the crates were non-standard.

See conforme, homologation.

notamment

... **notamment**... ... especially...

note

See colisage, couverture.

notifier

Nous vous prions de notifier... Please notify...

nouvelles

Dans l'attente de recevoir bientôt de vos nouvelles... I look forward to hearing from you soon.

nul(le)

Nul(les) et non avenu(es). Null and void.

numéro

See abonnement, indiquer, rappeler, référence.

O

objet

See **commande**.

obligation

Nous nous trouvons dans l'obligation (*f*) de ... We are obliged to ...

obligé(e)

See **assureur, entrevue**.

obligeance

Auriez-vous l'obligeance (*f*) de me renseigner au sujet de ... I would be grateful if you would let me have some information about ...

See **devis, disposition, formalité, livrer**.

observer

Nous vous faisons observer que ... We must point out that ...

obtenir

See **ample, diplôme, escompté(e)**.

occasion

Saisissez nos occasions (*f*) exceptionnelles. Take advantage of our special bargains.

See **invitation, présenter, profiter, service**.

(d')occasion

Nous sommes les premiers spécialistes européens des machines-outils d'occasion. We are the foremost European specialists in secondhand machine tools.

occasionner

Les dépenses occasionnées par ... The expenses incurred by ...

See **dérangement, manutention**.

(s')occuper (de)

Nous nous occupons de cette affaire. This is being attended to.

oeuvre

Nous mettrons tout en oeuvre afin de ... We shall do our utmost

260

to . . .

offre

. . . **vous propose une offre** (*f*) **intéressante.** . . . have made/are making (you) an attractive offer.

See étendre, profiter, renouveler, valable.

offrir

Nous sommes disposés à offrir une réduction importante sur toute commande en gros. We are prepared to offer a substantial discount on bulk orders.

See facilités, prime.

omettre

Nous avons omis d'inclure dans notre facture les frais de transport. We omitted to include the cost of transport in our invoice.

omission

En raison d'une omission (*f*) **de notre part** . . . Due to an oversight on our part . . .

See erreur.

opération

Ce relevé trimestriel couvre toutes les opérations (*f*) **effectuées jusqu'à la fin du mois de juin.** This quarterly statement covers all transactions up to the end of June.

See accord, adresser.

ordre

Ci-joint notre ordre (*m*) **d'achat No** . . . Our indent No . . . is enclosed.

La société a un chiffre d'affaire de l'ordre (*m*) **de** . . . The company has a turnover of about . . .

See modifier.

organiser

See transbordement.

outremer

Ces commandes pour les pays d'outremer sont expédiées par nos agents . . . **Frères.** Overseas orders are despatched by our agents . . . Bros.

ouvrable

. . . **pendant les jours ouvrables.** . . . during working days.

P

paiement

Vous vous trouvez maintenant en retard de paiement (*m*). Your payment is now overdue.

See achèvement, autorités, avis, charger, conditions, (à) défaut (de), délai, échelonner, effectuer, facilités, faute (de), irrévocable, modalités, réception, suspendre.

panne

Nous avons eu une série de pannes (*f*) **avec . . .** We have experienced continued breakdowns with . . .

papier

. . . demande à faire sur papier (*m*) **libre.** . . . application to be written on plain paper.

paquet

. . . en paquets (*m*) **économiques prêts pour la vente au détail.** . . . in family-sized packs ready for retail.

part

Nous mettons ces articles à part. We shall put these articles to one side.

. . . d'autre part, les caisses étaient endommagées. . . . besides, the crates/boxes were damaged.

Je vous remercie de la part de . . . de votre lettre du . . . Mr . . . has asked me to thank you for your letter of . . .

See contre-ordre, engagement, mécontentement, omission.

partie

M . . . ne fait plus partie de notre personnel. M . . . is no longer a member of our staff.

partir

. . . à partir du 1er avril. . . . from the 1 April.

See prix.

parvenir
Auriez-vous l'obligeance de nous faire parvenir un exemplaire de . . .
Please send us a copy of . . .
Les marchandises devraient nous parvenir avant . . . The goods should
reach us by . . .
See brochure, connaissement, délai, dès, différence, documentation,
endossé(e), état, impérativement, solde, tard, trace.

passer
Notre représentant passera vous voir le . . . Our representative will
call on you on the . . .
See actuellement, annonce, assurance, commande, contrat, essai,
marché.

passible
En tant que transporteur de ces caisses vous êtes passible d'une
amende. As transporter of these crates/cases you are liable to a fine.

payable
See annuité, mensualité, vue.

pension
Nos tarifs en pension complète sont les suivants: . . . Our rates for
full board are . . .

percevoir
Vous trouverez ci-joint un reçu pour le montant de la somme perçue.
Please find attached a receipt for the amount paid.

perdre
. . . emballages perdus. . . . non-returnable containers.

performant
. . . nous avons appris que la société Poulé et Richard SA est très
performante. . . . we have learned that Poulé et Richard SA is a
highly efficient company.

périmé(e)
Nous vous retournons le chèque périmé. We are returning the cheque
which is no longer negotiable/out of date.

permanence
See disposition.

permettre
Nous vous remercions de nous permettre de . . . Thank you for giving
us the opportunity of . . .

(se) permettre
See erreur, rappeler, remarquer.

personnel
  See compression, licencier, partie.
personnel(le)
  ... adresse personnelle. ... private address.
persuadé(e)
  Nous sommes persuadés que ... We are confident that ...
perte
  See évaluer.
peu
  Nous espérons avoir de vos nouvelles sous peu. We hope to hear from you shortly.
pièce
  See exiger, falloir.
place
  Nous mettons en place un nouveau système informatique et nous vous demandons de vérifier soigneusement toutes les factures. We are installing a new computer system and would ask you to check all invoices carefully.
plaisir
  C'est avec grand plaisir (m) que je vous ai rencontré. It was a great pleasure to have met you.
  Nous avons le plaisir de ... We are pleased to ... /We have pleasure in ...
  See accord, envoi, ferme, informer, question, (se) rendre, traiter.
pli
  Nous vous envoyons un exemplaire de ... sous pli (m) séparé. We are sending a copy of ... under separate cover.
  Veuillez trouver sous ce pli (m) ... Please find herewith ...
  See acquitter.
point
  Nous sommes sur le point de moderniser ... We are about to modernize ...
pointe
  Nous utilisons les procédés de pointe. We use the most up-to-date processes.
police (d'assurance)
  Nous souhaitons que l'expédition soit couverte selon les conditions de notre police (f) ouverte. We would like to have the consignment covered under our open cover terms.
  Nous souhaitons renouveler notre police (f) flottante No ... pour

assurer . . . We would like to renew our floating policy No . . . to cover . . .
See **additif, couvrir, flottant(e), franchise, indemnisation, renouveler.**

politique
Suite à un changement dans la politique de la compagnie . . . Following a change in company policy . . .
See **discutable, encontre.**

port
Les marchandises sont habituellement expédiées en port (*m*) **dû.** Goods are usually despatched carriage forward.

porter
Comme convenu nous portons à votre compte . . . As agreed we are charging your account with . . .
Veuillez porter les sommes tirées. Please note the amounts drawn.
Les articles portés sur la commande . . . The articles shown on the order . . .
See **intérêt, mention.**

porteur
Le porteur de cette lettre est M . . . The bearer of this letter is M . . .
Veuillez fournir au porteur (*m*) **toutes les liquidités dont il a besoin.** Please provide the bearer with such funds as he may need.

posséder
See **important(e), stock, trace.**

possible
(Vous) serait-il possible de . . . ? Would it be possible (for you) to . . .?

poste
See **candidature, confiance, nommer.**

pourparlers
Nous sommes en pourparlers (*m*) **avec** . . . We are negotiating with . . .

préalable
Pour l'exportation de ces biens de consommation une description détaillée des marchandises doit être envoyée au préalable aux autorités douanières. To export these consumer goods a detailed description must be sent to the customs authorities first/beforehand.
Il est possible de résilier le contrat avec avis (*m*) **préalable de 3 mois.** The contract may be terminated by giving 3 months' notice (of termination).

préavis

Veuillez nous donner un préavis de 3 mois. Please give 3 months' notice.

préjudice

See atermoiement.

prélever

Nous prélevons une commission de 5%. We charge a commission of 5%.

prendre

Veuillez nous aviser lorsque les marchandises seront prêtes à être prises. Please advise us when the goods are ready to be called for.
See disposition.

preneur

... nous sommes preneurs (m). ... we are buyers.

présentation

Nous tirerons sur vous 60 jours après présentation (f). We will draw on you at 60 days after sight.
See effet.

présente

Je vous confirme par la présente... I hereby confirm...
See confirmer.

présenter

Nous avons demandé à notre banque de présenter à nouveau la traite. We have requested our bank to re-present the draft.

Nous avons le plaisir de vous présenter... We have pleasure in introducing... to you.

... si l'occasion se présentait. ... should the opportunity arise.

See acceptation, catalogue, défaut, dépliant, dérangement, fiabilité, impayé(e), représentant, service.

prestations

See qualité.

prêt

... consentir un prêt (m). ... to grant a loan.

prétendre

Ils prétendent être les spécialistes de ce type d'article. They claim to be the specialists in this type of article.

prévenir

See soin.

prévoir

... dans les délais prévus. ... within the stipulated time.

See franchise.

prévu

See prévoir.

prier

See excuses, libre.

prime

La prime est à la charge de . . . The premium is to be charged to/paid by . . .

Nous offrons en prime (*f*) . . . As a bonus we are also giving . . .

See destinataire.

pris

See prendre.

prix

Ces nouveaux prix (*m*) **seront valables à partir de** . . . These new prices will come into effect as from . . .

En raison de l'augmentation du coût de la production nous avons été contraints de réviser nos prix (*m*). In view of the rising cost of production we have been obliged to revise our prices.

Les palettes et conteneurs seront facturés à prix (*m*) **coûtant.** Pallets and containers are charged at cost.

See abordable, accord, amener, aperçu, augmenter, avantageux(euse), céder, comporter, débattre, dédouané(e), défier, départ, descendre, distinction, écouler, (s')entendre, faire, garantir, net(te), réviser, vigueur.

problème

See question, ressort.

procédé

Notre nouveau procédé (*m*) **est économique en temps et en argent.** Our new process is time-saving and economical.

See pointe.

procès-verbal

Un procès-verbal constatant les avaries doit être dressé dès l'arrivée au port. A report on the damage must be made/written as soon as the ship reaches port.

Le procès-verbal de l'Assemblée Générale. The minutes of the AGM.

prochaine

. . . dans les prochaines semaines. . . . in the next few weeks.

prochainement

Nous vous le ferons parvenir prochainement. We shall send it to you shortly.

procuration

... **par procuration** (*f*). ... by proxy.

production

See **prix**.

(se) produire

Pour éviter que cet incident ne se produise à nouveau... To avoid any recurrence of this incident...

produit

See **confiance, débouché, démonstration, exposer, intérêt, lancer, marché, renommée, représentant.**

profiter

Nous espérons que vous profiterez de cette offre. We hope you will take advantage of this offer.

Je profite de l'occasion pour... I am taking this opportunity to...

pro-forma

See **facture.**

progresser

See **dépit.**

projet

Vous trouverez ci-joint le projet de contrat concernant... We enclose the draft agreement relating to...

Nous aimerions étudier votre projet (*m*). We would be interested to study your scheme.

See **discuter, étude.**

prolongation

Nous regrettons de ne pouvoir vous accorder une nouvelle prolongation (*f*) **de crédit.** We regret that we cannot allow you a further extension of credit.

prolonger

Pour ceci, il sera nécessaire de prolonger la lettre de crédit. To do this it will be necessary to extend the letter of credit.

prononcé(e)

La différence de teinte est prononcée. There is a marked difference between the shades.

(à) propos (de)

... **à propos de**... ... with regard to...

proposer

Nous proposons des conditions intéressantes à tout premier acheteur. We can offer attractive terms to first-time buyers.

See **base, ferme, invendu, offre, régulier(ière).**

proposition

Nous garderons cependant votre proposition (*f*) dans nos dossiers. We shall, however, keep your proposal on file.

prospecter

Nous sommes désireux de prospecter la clientèle de votre région. We would like to study the market in your area/test the customers in your area.

prospectus

Vous avez dû recevoir notre prospectus (*m*) ... You must have received our leaflet ...

provenance

... de provenance (*f*) étrangère. ... of foreign origin.

See conditions.

provisoire

Nos installations sont provisoires. Our premises are temporary.

provoquer

Cette grève a provoqué une accumulation de commandes. The strike has caused a backlog of orders.

prudence

Nous vous conseillons la prudence. We advise caution.

See inviter.

publicité

... nos dépenses de publicité (*f*) ... ... our advertising expenses ...

Q

qualité

Les prestations/marchandises ne répondaient pas à la qualité que nous étions en droit d'attendre. The facilities/goods were not up to the standard we were led to expect.

See déçu(e), différer, diminuer, satisfaction.

(en) qualité (de)

J'ai travaillé chez ... en qualité de comptable. I worked as an accountant with ...

See employé(e).

quant (à)

See directive.

quantité

See concorder, multiple, réduction.

quelque

Si vous avez quelque renseignement que ce soit à demander n'hésitez pas à contacter ... Do not hesitate to contact ... if you have any queries.

question

C'est avec plaisir que notre ... discutera avec vous de cette question (*f*). Our ... will be happy to discuss the matter with you.

Le problème dont il est question (*f*) dans votre lettre ... The problem referred to in your letter ...

See conseil.

questionnaire

See compléter.

quinzaine

Livraison sous quinzaine (*f*). Delivery within a fortnight.

quota

See dépasser.

270

R

rabais

Nous vendons tous ces articles au rabais (*m*). We are selling all these articles at reduced prices.

raison

Nous vous enverrons les marchandises à raison de deux envois par mois. We shall send the goods at the rate of two consignments per month.

En raison des retards dans . . . Owing to delays in . . .

See augmentation, avarie, compression, grève, ignorer, inattendu(e), invitation, liquidités, manque, omission.

rappel

Une lettre de rappel (*m*). A reminder.

rappeler

Nous nous permettons de vous rappeler que . . . We would like to remind you that . . .

Veuillez rappeler votre numéro de commande dans toute correspondance. Please quote your order number on all correspondence.

See stipuler.

rapport

Selon le rapport . . . According to the report . . .

Nous ne sommes pas en rapport avec cette entreprise. We have no dealings with this firm.

See dossier, fin.

réapprovisionner

See dès.

réception

Les marchandises seront expédiées immédiatement après réception (*f*) de votre paiement. The goods will be despatched immediately

271

upon receipt of your payment.
See **accuser, différer, envoi, modalités, versement.**

recevoir
See **caractéristique, commande, demande, essai, expédition, matières premières, nouvelles, règlement, réponse.**

recherche
Nous sommes à la recherche de . . . We are trying to find . . .
See **débouché, meublé(e).**

réclamation
En conséquence nous regrettons de ne pouvoir donner suite à votre réclamation (*f*). We therefore regret that we are unable to allow/accept your claim.
Nous nous voyons contraints de vous adresser une réclamation au sujet de . . . We find ourselves obliged to complain about . . .
See **acte, appartenir, examiner, incomplet(ète).**

réclamer
See **droit.**

recommandation
See **emballer.**

recommandé
. . . par lettre recommandée. . . . by registered letter.

recommander
Je suis heureux de (pouvoir) recommander M . . . auprès de vous. I am happy (to be able) to recommend . . . to you.
Nous vous recommanderions de . . . We would recommend that you . . .
See **distributeur, réserve.**

reconduire
Notre contrat a été reconduit. Our contract has been renewed.

reconnaissant(e)
Nous vous serions reconnaissants de nous donner réponse. We would be very grateful to you for an answer.
See **affaire, bénéficier, définitif(ive), documentation, écouler, rectifier.**

recouvrer
Nous prenons des mesures pour recouvrer cette somme. We are taking steps to recover this sum.

recruter
. . . que votre compagnie est en train de recruter . . . . . . that your company is now recruiting . . .

rectifier

Je vous serais reconnaissant de bien vouloir rectifier la facture. I would be grateful if you would amend the invoice.

recto

... au recto (m). ... on front/on the first side.

reçu

Votre reçu (m) pour ... vient de nous parvenir. Your receipt for ... has just reached us.

See recevoir.

réduction

Les quantités supérieures à ... bénéficient d'une réduction de ... Quantities exceeding ... receive a discount of ...

See accorder, (tenir) compte (de), exceptionnel(le), offrir, régulier(ière).

réduire

See (d')autant, entretien.

référence

... a donné votre nom comme référence (f). ... has given your name as a reference.

Ce numéro (m) de référence (f) n'apparaît pas dans notre catalogue. This reference number does not appear in our catalogue.

Pour toute référence (f) concernant notre situation financière, vous pouvez vous adresser à ... For references as to our financial standing you may consult ...

région

See actuellement, meublé(e), prospecter, tournée.

règlement

Au cas où nous ne recevrions pas le règlement dans sa totalité nous entreprendrions une action en justice. If we do not receive full settlement we shall have recourse to litigation.

See acquitter, crédit, déduire, différence, disposition, établir, imposer, infraction, liquider, mépris, virement.

réglementation

La réglementation qui s'applique à l'importation de ce type de marchandises a été récemment modifiée. The regulations governing the import of this type of goods have recently been modified.

See répondre.

régler

En raison d'un problème de liquidités, nous sommes au regret de ne pouvoir régler la totalité de notre compte. Owing to a cash flow problem we regret that we are unable to settle in full.

Il reste un certain nombre de points à régler. There are still a number of points to be settled.

See disposition, facture, intégralité, solde, somme.

regret

C'est avec regret (m) que nous devons vous informer que ... We must regretfully inform you that ...

Nous sommes au regret (m) de vous informer que ... We regret to inform you that ...

See annuler, crédit, embargo, honorer, régler.

regrettable

See erreur, (se) reproduire.

regretter

See ennui, invitation, prolongation, réclamation.

régulier(ière)

Nous proposons à nos clients réguliers une réduction de ... sur ces articles. We can offer these articles at a discount of ... to established customers.

relatif(ive)

... relatif(ve) à ... ... relating to ...

relation

Nous sommes en relation (f) avec la maison. We have dealings with the firm.

See entretenir.

relativement

... relativement à ... ... in connection with ...

relevé

Nous vous prions de trouver ci-joint notre relevé (m) trimestriel. Please find enclosed our quarterly account.

See modalités, opération, solde.

relever

Nous avons été contraints de relever nos prix de ... We have been compelled to increase our prices by ...

Nous avons relevé une erreur dans ... We have noticed an error in/on ...

reliquat

Le reliquat sera porté sur la prochaine facture. The remainder/balance will be carried forward to the next invoice.

remarquable

... est un membre remarquable de notre équipe de ... ... is an outstanding member of our ... team.

remarque
  See sensible.

remarquer
  Je remarque que vous serez à ... le ... I note that you will be in ...
  on ...
  Nous avons remarqué que plusieurs caisses ont subi des dégâts. We
  noticed that several crates had suffered damage.
  Nous nous permettons de vous faire remarquer que ... We would
  point out that ...
  See annonce.

remboursement
  ... contre remboursement (*m*). ... cash on delivery.
  Nous désirons un remboursement (*m*) total pour les articles cassés.
  We require a full refund for the broken items.

rembourser
  See déplacement.

remerciements
  Avec nos remerciements (*m*) anticipés. Thanking you in advance.

remercier
  See commande, intérêt, part.

remettre
  La réunion a été remise au 15 janvier. The meeting has been postponed
  until 15 January.
  Les documents ont été remis à ... The documents have been handed
  to ...
  See expédition, tiré.

remis
  See remettre.

remise
  **Nous avons tenu compte de la remise qui vous était due à la commande
  précédente.** We have taken account of the rebate due on the previous
  order.
  See commande, comporter, consentir, groupe.

remplacement
  **Nous avons bien reçu les articles en remplacement (*m*) de ceux
  endommagés de notre commande No ...** We have received the
  replacements for the damaged items on our order No ...

remplacer
  **Si cet article n'est pas disponible nous vous prions de (le) remplacer
  par ...** If this item is not available please send ... instead.

remplir
> See faciliter.

rencontrer
> **Dans l'attente de vous rencontrer à une date ultérieure ...** I look forward to meeting you at a later date ...
> See convenir, plaisir, ultérieur(e).

rendez-vous
> **Je vous téléphonerai dès mon arrivée afin de fixer un rendez-vous.** I will phone you as soon as I arrive in order to arrange an appointment.
> See annuler, contact.

rendre
> See invitation.

(se) rendre
> **C'est avec plaisir que Monsieur Lanoye se rendra au dîner sur l'aimable invitation de Monsieur et Madame Greene.** Monsieur Lanoye has pleasure in accepting the kind invitation of Monsieur and Madame Greene to dinner.
> See entrevue.

rendu(e)
> **... rendu à domicile.** ... delivered.

renom
> **C'est une entreprise d'excellent renom (*m*).** This firm has an excellent reputation.

renommée
> **Nos produits sont de renommée (*f*) internationale.** Our products are known throughout the world.

renouveler
> **... ceci ne se renouvellera pas.** ... this will not happen again.
> **Nous renouvelons notre offre pour/de ...** We wish to renew our offer for/to ...
> **Nous souhaitons renouveler notre police No ...** We wish to renew our policy No ...
> See flottant(e).

renouvellement
> **... un renouvellement de commande.** ... a repeat order.

rénovation
> See cause.

renseignement
> **Il sera à même de vous donner des renseignements (*m*) plus complets sur ...** He will be in a position to give you more complete details

of . . .

Nous vous communiquons ces renseignements (*m*) à titre strictement confidentiel. We supply this information for your own use only.

Pour tout renseignement (*m*) complémentaire veuillez contacter M . . . au poste . . . For further information please contact M . . . on extension number . . .

Vous trouverez des renseignements (*m*) sur nos . . . page . . . Details of our . . . are to be found on page . . .

See **ample, complémentaire, confidentiel(le), confirmer, coupon, demande, devoir, quelque, responsabilité, utile.**

renseigner

See **obligeance, situation.**

renvoyer

. . . renvoyer à l'usine. . . . return to the manufacturer.

(se) répartir

La somme des dépenses se répartit comme suit: . . . The expenditure total is made up as follows: . . .

répertorié(e)

. . . répertorié sous le No 5768 dans notre nouveau catalogue. . . . listed as No 5768 in your new catalogue.

répondre

Je suis désolé de n'avoir pas répondu plus tôt à votre lettre concernant . . . I am sorry not to have replied sooner to your letter concerning . . .

Nos nouvelles machines répondent aux besoins de nos clients les plus exigeants. Our new machines meet the needs of our most exacting customers.

Veuillez compléter le document ci-joint afin de répondre aux nouvelles réglementations douanières. We require completion of the attached supplementary form to cover new customs regulations.

See **qualité.**

réponse

Dans l'attente d'une réponse rapide . . . I look forward to an early reply . . .

En réponse (*f*) à votre demande du . . . In reply to your enquiry of . . .

Nous serions heureux de recevoir une réponse définitive le plus rapidement possible. We would appreciate a firm answer as soon as possible.

See **définitif(ive), reconnaissant(e), rester, tardif(ive).**

reporté(e)

Cette réunion a été reportée à une date ultérieure. This meeting has been postponed.

La somme de ... a été reportée sur ... The sum of ... has been brought forward to ...

(se) reporter

Nous nous reportons à ... We refer to ...

reprendre

Nous utilisons maintenant des conteneurs non repris. We are now using disposable containers.

Nous vous demandons de reprendre les marchandises. We must ask you to take back the goods.

See échanger.

représentant

Notre représentant (*m*) sera heureux d'aller vous voir pour vous présenter les avantages de nos produits. Our representative will be happy to call on you to explain the advantages of our products.

See actuellement, démonstration, passer, tournée.

repris

See reprendre.

reprise

... à plusieurs reprises (*f*) ... ... on several occasions ...

See invendu, tabler.

(se) reproduire

Soyez assuré que nous veillerons à ce que ce regrettable incident ne se reproduise pas. You may be assured that we will do all we can to prevent a recurrence of this unfortunate accident/mistake.

réputation

La société ... jouit d'une bonne réputation. ... Ltd./Inc. enjoy a solid reputation.

See émettre.

réputé(e)

Cette compagnie est réputée pour être saine et bien gérée. They are reputed to be a sound and well managed company.

... est une compagnie réputée. ... are a well respected company.

requête

Nous espérons que vous serez disposés à satisfaire notre requête (*f*). We hope you will be willing to comply with our request.

réservation

Veuillez confirmer la réservation par retour du courrier. Please confirm the reservation by return.

See confirmer, garantir, groupe.

réserve

Nous ne pourrions vous recommander ... sans certaines réserves (*f*).
We would not recommend ... without certain reservations.

Nous passons commande sous réserve (*f*) de ... We are placing our
order subject to ...

réserver

Nous souhaitons réserver ... We wish to make a reservation for ...

résilier

Nous nous trouvons alors dans l'obligation de résilier notre contrat.
We are therefore obliged to terminate our contract.

résistance

... avec une bonne résistance à l'usure. ... with good resistance to
wear.

résistant

Nous utilisons des boîtes spéciales résistant aux chocs. We use special
crush-proof boxes.

résister

**Nos caisses sont conçues pour résister aux chocs en cours de
manutention.** Our crates/cases are designed to stand up to the
roughest handling.

respecter

See date.

responsabilité

**Nous n'acceptons aucune responsabilité (*f*) pour les avaries pendant
le chargement.** We cannot accept liability for damage during loading.

**Nous vous donnons ces renseignements sans engagement de notre
responsabilité (*f*).** This information is given without responsibility on
our part.

See décliner.

responsable

J'étais responsable de ... I was responsible for ...

**Nous ne pouvons être tenus pour responsables des frais entraînés par
les retards dans la livraison.** We cannot be held responsible for
expenses incurred by delays in delivery.

ressort

Ces problèmes ne sont pas de notre ressort (*m*). These problems are
out of our province/are not under our control.

ressortir

> **Il ressort de notre étude que ...** Our survey reveals that ...

restant(e)

> **Nous espérons que vous expédierez sous peu les articles restants.** We trust that you will despatch the outstanding items shortly.

reste

> See différer.

rester

> **Notre lettre est restée sans réponse.** Our letter has remained unanswered.
>
> See disposition, régler, suivre.

restriction

> **Restriction (f) faite que ...** Subject to the proviso that ...

résultat

> **Nous vous informerons du résultat (m) en temps voulu.** We will inform you of the outcome in due course.
>
> See amélioration, campagne, escompté(e), satisfaisant(e).

retard

> **Cet envoi est déjà en retard (m).** This shipment is already overdue.
>
> See déduire, dérangement, ennui, excuses, manque, paiement, raison, responsable, survenir.

retarder

> **Nous vous serions obligés de bien vouloir retarder la livraison jusqu'au ...** We would be obliged if you would delay delivery until ...

retenir

> **Ci-joint les renseignements sur les articles qui ont retenu votre attention.** We enclose details of the items that attracted your attention.
>
> **Malheureusement je serai peut-être retenu à ... pendant quelque temps.** Unfortunately I expect to be detained in ... for some time.
>
> **Nous retenons ... en attendant ...** We are holding ... pending ...
>
> See autorités.

retirer

> **Veuillez retirer le dernier article de notre commande.** Please cancel the last item on our order.

retour

> **... réponse par retour du courrier.** ... reply by return.

retourner

> **Veuillez nous retourner le formulaire dûment complété.** Please return

the completed form (to us).

Veuillez nous retourner les marchandises à nos frais. Please return the goods at our expense.

See coupon, formulaire, périmé(e).

réunion

See avancer, lors, remettre, reporté(e), (se) tenir.

revenir

Nous ne pouvons pas revenir sur notre décision. Our decision is final.

réviser

Nos prix seront révisés le 1er janvier. Our prices will be revised on 1st January.

risque

Nous voudrions une assurance tous risques (*m***) pour . . .** We would like all-risks cover for . . .

See assurance, couvrir, estimer.

S

sacrifier
See solder.

sain(e)
Estimez-vous que l'entreprise soit financièrement saine? Would you consider the business to be financially sound?
See réputé(e).

saisir
Les autorités douanières ont saisi les marchandises. Customs officials have impounded the goods.

saison
See mort(e), temps.

salle
See exposition.

salle de bains
... **si possible avec salle de bains** (*f*). (room) ... if possible with bathroom.

salutations
Salutations (*f*). Regards (telegrammes and telex).

satisfaction
Nous sommes sûrs que la qualité des marchandises vous donnera entière satisfaction (*f*). We are sure you will be satisfied with the quality of the goods.

satisfaire
See besoin, demande, exigences, important(e), requête.

satisfaisant(e)
Nos résultats sont satisfaisants. Our results are satisfactory.

sauf
See modification.

savoir
... **à savoir** ... ... namely ...

M ... m'a chargé de vous faire savoir que ... M ... has asked me to say that ...

Nous croyons savoir que vous ... We understand that you ...

seconder

Nous recherchons une débutante pour seconder notre secrétaire. We are looking for a beginner to help our secretary.

secrétaire

See **seconder**.

selon

... selon ... ... according to ...

sembler

Il semblerait que ... It would appear that ...

sensible

Nous avons été sensibles à vos remarques. We appreciated your remarks.

... une baisse sensible ... ... a noticeable decrease ...

sensiblement

See **diminuer**.

série

... des articles de fin de série (f). ... discontinued lines.

... un numéro de série (f). ... a serial number.

See **panne**.

service

C'est avec plaisir que nous vous rendrons le même service si l'occasion se présente. We would be pleased to reciprocate should the opportunity arise.

Votre réclamation a été transmise à notre service (m) après-vente. Your complaint has been passed on to our after-sales department.

Nous proposons un service exceptionnel. We can offer a unique service.

See **dépendre, emballage, erreur, messageries**.

signaler

See **dépasser, erreur**.

signer

See **verso**.

simplifier

See **but**.

sinistre

See **déclaration**.

situation

Nous vous serions obligés de bien vouloir nous renseigner sur la situation financière de ... We should be obliged if you would enquire as to the financial standing of ...

See **issue, référence.**

société

See **capitaux, chiffre d'affaire, difficulté, émettre, réputation.**

soin

Aux bons soins de ... Care of ...

Il a été prévenu par nos soins (*m*). He has been informed by us.

Nous exécutons vos commandes avec le plus grand soin (*m*). We execute your orders with the greatest care.

solde

Le relevé indique un solde créditeur de ... The statement shows a balance in your favour of ...

Le solde de votre commande vous parviendra sous peu. The balance of your order will follow shortly.

Veuillez régler le solde dès que possible. Please remit the balance outstanding as soon as possible.

See **déduction.**

(en) solde

See **échanger.**

solder

Nous soldons ces articles à prix sacrifiés. We are clearing these articles at rock-bottom prices.

See **dégressif(ive).**

solution

See **avancer.**

sommaire

... un examen sommaire a montré que ... ... a quick inspection revealed that ...

somme

Veuillez régler cette somme (*f*) **le plus rapidement possible.** Please clear this amount as soon as possible.

See **acquitter, défalquer, devoir, (s')élever, (se) répartir, reporté(e), virer.**

sortir

Cette année notre usine compte sortir un nouveau modèle. This year our factory expects to bring out a new model.

souhaiter
See commander, devis, (se) documenter, éclaircissement, étendre,
location-vente, police (d'assurance).

soumettre
Les marchandises de ce type sont soumises à un droit ad valorem. Ad
valorem duty is levied on this type of goods.

sous
... réponse sous huitaine. ... reply within a week.

souscrire
See tiers.

soussigné(e)
Nous, soussignés ... We, the undersigned ...

(se) souvenir
Vous vous souvenez peut-être que ... You may remember that ...

spécifier
Ainsi que nous l'avions spécifié dans notre lettre du ... As we specified
in our letter of ...

stand
See foire.

stipuler
Nous vous rappelons qu'il était stipulé que les caisses seraient en
contreplaqué marine. We must remind you that we stipulated marine
ply for the crates.

stock
Nous ne possédons pas ces articles en stock (m). These articles are
not in stock.
See accumulation, (s')approcher, disposer, épuisé(e), excédentaire,
important(e).

subir
See avarie, dégât, hausse.

subvention
See droit.

succursale
Veuillez vous adresser à notre succursale (f) de ... Please write to
our branch in ...

suite
Nous sommes désolés de ne pouvoir donner suite (f) à votre demande.
We regret that we cannot comply with your request.
Suite à votre demande relative à ... Following your enquiry about ...
La navire a été retardé à la suite de ... The ship was delayed as a

result of . . .
See courrier, politique.

suivant

Suivant vos instructions . . . In accordance with your instructions . . .

suivre

Lettre suit. Letter follows (telegrammes and telex).

Les articles restant à livrer suivront sous peu. The outstanding items will follow shortly.

Nous transmettrons le . . . à . . . qui fera suivre. We are passing the . . . to . . . for forwarding to you.

See dans.

(au) sujet (de)

Je vous ai écrit au sujet de . . . I wrote to you regarding . . .

See désaccord, mécontentement.

supérieur(e)

. . . d'un poids supérieur à . . . . . . of a weight exceeding . . .

supplément

Un supplément est exigé pour . . . An additional charge is payable for . . .

Pour tout supplément (*m*) **d'information** . . . For extra/further information . . .

See transport.

supplémentaire

See dépenses, intervenir.

supposer

Nous supposons que . . . We assume that . . .

sûr(e)

La société . . . établie de longue date est une compagnie très sûre. . . . are a very reliable, long-established company.

survenir

. . . le retard survenu dans l'exécution de votre commande. . . . the delay which occurred in the execution of your order.

sus

. . . port en sus. . . . carriage extra.

suspendre

Nous suspendons le paiement en attendant . . . We are suspending payment pending . . .

système

See place.

T

tabler
> **Nous tablons sur la reprise de la demande.** We are relying on an increase in demand.

tâche
> **Afin de faciliter notre tâche (*f*) nous vous serions reconnaissants de . . .** In order to make our task easier we would be grateful if you would . . .

tard
> **Ce document doit nous parvenir le . . . au plus tard.** This document must reach us not later than . . .

tarder
> **Nous ne tarderons pas à vous les envoyer.** We shall send them to you soon.

tardif(ive)
> **Nous vous prions d'excuser notre réponse tardive.** We must apologize for our delay in replying.

tarif
> **Ci-joint notre nouveau tarif (*m*).** A copy of our new price list is enclosed.
>
> See **bénéficier, dégressif(ive), faveur, groupage, hors saison.**

taux
> **Le taux d'intérêt s'élève à . . .** The rate of interest is . . .

taxe
> **Taxe (*f*) à la valeur ajoutée (TVA) incluse.** Price includes VAT (value added tax).

téléphone
> See **dérangement.**

téléphoner
> See **rendez-vous, urgence.**

télex

Veuillez nous faire savoir par télex (*m*) **si** ... Please telex us if ...
See **confirmer.**

temps

... **à temps pour la nouvelle saison.** ... in time for the new season.
See **affrètement à temps, avertir.**

tenir

See **(au) courant (de), disposition, responsable.**

tenir (à)

Nous tenons beaucoup à ... We are keen to ...
See **apprécier, excuses, mécontentement.**

(se) tenir

La réunion se tiendra le ... The meeting will be held on ...
Je me tiens à votre disposition. I am at your disposal.

terme

A long terme (*m*) **nous espérons** ... In the long term we expect ...
Mettre un terme à ... To put a stop to ...

termes

See **indemnisation.**

tiendra

See **tenir.**

tiens/Tient

See **tenir.**

tiers

Nous désirons souscrire une assurance au tiers pour ce véhicule. We
require third party insurance on this vehicle.

tiré

**Veuillez avoir l'obligeance de demander à votre banque de remettre
les documents au tiré** (*m*). Kindly instruct your bank to release the
documents to the drawee.

tirer

Veuillez tirer sur nous pour la valeur de votre facture. Please draw
on us for the amount of your invoice.
See **convenir, porter, présentation, vue.**

titre

See **acompte, commander, compensation, confidentiel(le),
exceptionnel(le).**

titulaire

Les relevés ne peuvent être envoyés qu'au titulaire (*m*) **du compte en
banque.** Statements can only be sent to the account holder.

tort

Nous vous avons facturé ces marchandises à tort. We have charged you wrongly for these goods.

total

Le total indiqué ci-dessous inclut . . . The amount shown below includes . . .

See (se) décomposer.

totalité

See règlement, régler.

tournée

Notre représentant est en tournée (*f*) dans votre région et . . . Our representative is touring your area and . . .

trace

Nous ne parvenons pas à retrouver trace (*f*) des articles que vous mentionnez. We are unable to trace the items you refer to.

Nous ne possédons aucune trace (*f*) de . . . We have no record of . . .

trait

. . . ayant trait à . . . . . . regarding . . .

traite

Le règlement sera effectué par traite (*f*) bancaire. Payment will be made by banker's draft.

Vous trouverez ci-joint notre traite (*f*) à vue ainsi que les documents d'expédition. We enclose our sight draft together with the shipping documents.

See acceptation, disposition, échéance, montant, présenter.

traiter

Comme nous n'avons pas eu le plaisir de traiter avec vous auparavant . . . As we have not had the pleasure of doing business before . . .

transaction

Les transactions (*f*) ont toujours été menées de manière satisfaisante. Business dealings have always been conducted satisfactorily.

transbordement

Veuillez organiser le transbordement à . . . Please arrange for transhipment at . . .

See connaissement.

transborder

Les marchandises ont été transbordées sur le vapeur . . . The goods have been shipped on board the mv . . .

transférer

   Nos locaux/bureaux ont été transférés à ... Our business premises/offices have been transferred to ...

(en) transit

   Ces marchandises sont en transit (*m*) à ... These goods are in transit at ...

transmettre

   Votre demande de renseignements nous a été transmise par ... Your enquiry has been passed on to us by ...

   See **nom, suivre.**

transport

   Le transport est en sus/supplément pour les commandes peu importantes. Carriage is extra on small orders.

   ... pendant le transport. ... in transit.

   See **(s')entendre, livraison.**

travaux

   See **demander, détail, mot.**

trouver

   See **démuni(e), devoir.**

(se) trouver

   Il se trouve que je serai de passage à ... It happens that I will be passing through ...

tva

   See **taxe.**

U

ultérieur(e)

J'espère pouvoir vous rencontrer à une date ultérieure. I hope to be able to meet you at some future date.

See rencontrer, reporté(e).

unité

Le prix à l'unité (*f*) est de ... The unit price is ...

urgence

En cas d'urgence (*f*) téléphonez ... In case of emergency phone ...

usure

See résistance.

utile

Dans l'espoir que ces renseignements vous seront utiles ... We hope this information will be of assistance ...

utiliser

See reprendre, résistant.

V

valable

Cette offre est valable jusqu'à ... This offer is valid until ...

See **hors saison, prix.**

valeur

Échantillon sans valeur (*f*) marchande. Sample, no commercial value.

See **tirer.**

vapeur

See **appareiller, (à) bord, cargaison, chargement, charger, décharger, destination, destiné(e), transborder.**

veiller

See **(se) reproduire.**

vendre

See **rabais.**

venir (à)

... si ces articles venaient à augmenter ... ... should the price of these items increase ...

vente

See **favoriser, location-vente.**

vérification

Lors de la vérification nous avons découvert que ... On checking we discovered that ...

Le ... a été vérifié et s'est avéré exact. The ... has been checked and found correct.

See **manquer, minutieusement.**

versement

Dès réception du versement (*m*) nous expédierons votre commande. On receipt of the remittance we will forward your order.

See **crédit.**

verser

See **acompte.**

verso
  Prière de signer au verso (*m*). Please sign on the back/reverse side.
veuillez
  Veuillez . . . Please . . .
vigueur
  Ces tarifs entrent en vigueur à partir du . . . These rates come into
  force from . . .
  **Les prix indiqués sur notre catalogue ne sont plus en vigueur dans
  votre pays.** The prices shown on our catalogue no longer apply in
  your country.
  See **mépris.**
virement
  **En raison du caractère urgent de cette commande nous sommes
  disposés à effectuer le règlement par virement** (*m*) **bancaire.** As this
  is an urgent order we are willing to pay by banker's transfer.
  See **modalités.**
virer
  Nous avons viré la somme de . . . à votre crédit. We have transferred
  the amount of . . . for your credit.
visite
  See **avancer.**
voie
  Les colis ne dépassant pas 20kg sont expédiés par voie (*f*) **aérienne.**
  Parcels weighing less than 20kg are airfreighted.
voir
  Je serai à . . . de . . . à . . . et serais très heureux de vous voir. I will
  be in . . . from . . . to . . . and would be happy if we could meet.
(se) voir
  See **annuler, réclamation.**
volonté
  See **circonstances.**
voulu(e)
  **Nous avons fait le nécessaire pour que les articles voulus soient
  expédiés sans délai.** We have arranged for the correct items to be
  despatched at once.
(en) vrac
  . . . en vrac. . . . loose.
vue
  . . . payable à vue. . . . payable at sight.
  Nous tirerons sur vous à 60 jours de vue. We will draw on you 60
  days after sight.

MODEL LETTERS
TRANSLATED INTO FRENCH

HEARTLY METAL PRODUCTS PLC

Registered Office   15 Rose Court London WC1 5RD England

Telephone 01-447 4334
Telex 2641280

Our Ref : LB/MF
Your Ref :

Date : 20 September 1987

Alliages Universels S.A.,
15, rue de la République,
21020 - Plessis St Maurice,
France

Dear Sir,

We were interested to see references to your new products in a
recent issue of *International Design Engineer*.

Please let us have further details of these together with your
current price list as soon as possible.

Yours faithfully,

L. Braithwaite,
Purchasing Manager

HEARTLY METAL PRODUCTS PLC

Registered Office   15 Rose Court London WC1 5RD England

Telephone 01-447 4334
Telex 2641280

Alliages Universels S.A.
15, rue de la République
21020 - Plessis St Maurice
France

Vos références :
Nos références : LB/MF   Londres, le 20 septembre 1987

Monsieur,

C'est avec intérêt que nous avons lu les annonces de vos nouveaux produits dans un numéro récent de *International Design Engineer*.

Auriez-vous l'obligeance de nous faire parvenir le plus rapidement possible une documentation plus complète ainsi que vos tarifs en vigueur.

Veuillez agréer, Monsieur, nos salutations distinguées.

Le Directeur des Achats
L. Braithwaite

FAMILY STORES Ltd
Registered Office   16 Little Dorking Street London W1 7AS England

Directors   L.S. Tapping, V. Shah, R. Gordon C.B.E., Pauline Johnson-Smythe.

Telephone 01 233 5667
Telex 675645
Our Ref   VS/TR
Your Ref
Date   9 Sept 1987

Dear Sir,
  We wish to find a supplier of quality wine glasses for our new
glassware department. I was interested to see a copy of your
catalogue at the recent Bordeaux Wine Fair and thought that
your new engraved wineglasses might very well be suitable.
  I would therefore be grateful if you would forward samples of
your glasses together with your terms of sale as soon as possible.
If the samples and terms are satisfactory we would expect to
place orders for some 60 dozen per year.

Yours faithfully,

V. Shah
Director and Purchasing Manager

TELEX

ATTN SALES DEPARTMENT
PLEASE INFORM YOUR TERMS 5 RANCHO CARAVANS 6 BERTH
FOB DIEPPE
FAITHFULLY P COLT HARMAN LEISURECENTRE

FAMILY STORES Ltd
Registered Office   16 Little Dorking Street London W1 7AS England

Directors   L.S. Tapping, V. Shah, R. Gordon C.B.E., Pauline Johnson-Smythe.

Vos réfs :
Nos réfs : VS/TR   Londres, le 9 septembre 1987

Monsieur,

Nous sommes désireux de trouver un fournisseur de verres à vin de qualité pour notre nouveau rayon de verres. J'ai remarqué avec intérêt votre catalogue à la Foire du Vin qui s'est tenue récemment à Bordeaux et j'ai pensé que vos nouveaux verres à vin gravés pourraient nous convenir.

Je vous serais par conséquent reconnaissant de bien vouloir me faire parvenir aussitôt que possible des échantillons de vos verres ainsi que vos conditions de vente. Si les échantillons et les conditions nous satisfont, nous serions amenés à passer des commandes pour un nombre total de 60 douzaines par an.

Nous vous prions d'agréer Monsieur, l'expression de nos sentiments les meilleurs.

Le Directeur du service Achats
V. Shah

TELEX

ATTN SERVICE DES VENTES
VEUILLEZ FAIRE CONNAITRE CONDITIONS 5 RANCHO CARAVANES
6 PLACES FAB DIEPPE
SALUTATIONS P. COLT HARMAN LEISURECENTRE

STK Chemical Mixers Inc.
110 Lehigh Drive,
Fairfields New Jersey 07006, USA
(201) 227-5200 Telex 128-462

June 23, 1987

Madame H. Dumeste,
Pharmchimie SA,
43, rue de Courcelles,
75008 Paris,
France

Dear Madame Dumeste:

Thank you for your letter of June 18 in which you enquire about possible adaptations of our 3TD mixers.

Mr Franklin Howard, our Engineering Manager is best qualified to handle this enquiry. Unfortunately he is on vacation until 29 June. He will contact you immediately on his return.

With every good wish, I am,

Sincerely yours,

Pat Porter,
Sales Manager.

Copy: Franklin Howard

ght

STK Chemical Mixers Inc.
110 Lehigh Drive,
Fairfields New Jersey 07006, USA
(201) 227-5200 Telex 128-462

Madame H. Dumeste,
Pharmchimie SA,
43, rue de Courcelles,
75008 Paris,
France

Fairfields, le 23 juin 1987

Chère Madame,

Nous avons bien reçu votre lettre du 18 juin par laquelle vous vous renseignez sur d'éventuelles modifications de nos mixers 3TD.

Monsieur Franklin Howard, notre directeur technique est le mieux placé pour traiter cette demande. Malheureusement, il est en congé jusqu'au 29 juin. Il vous contactera immédiatement dès son retour.

Je vous prie d'agréer, Madame, l'expression de mes sentiments les meilleurs.

Directeur des Ventes,
Pat Porter

cc : FH

ght

Ashton and Peate International Inc

Fourth Avenue New York N.Y. 10027 USA

Our reference : PS/fg   September 20 1987
Your reference : JL/ff/56

Monsieur J. Lépine
Directeur des Achats
Fabrimétal S.A.
80000-Amiens
France

Gentlemen :
   Thank you for your recent inquiry concerning our quality
control equipment. I enclose a copy of the brochure featuring
the models which attracted your interest.
   Our local agent M. Godard, 3, rue de la Paix, 78110-Govers
tel. 45 629 16 18 will be happy to give you any further information
and organise a demonstration of any machines which interest
you.
   I am sure you will find our products ideally suited to your
requirements.

                                              Yours sincerely,

                                              Paul Stutzer
                                              Vice President
                              Ashton and Peate International Inc.

TELEX

ATTN M FERDINAND PROCUREMENT DEPARTMENT
30 ENGINES 4 STROKE 8 HP OUR TERMS $400 EACH AIRFREIGHT
PLUS 8% SEAFREIGHT PLUS 6% DELIVERY 1 MONTH
SINCERELY CARTER

Ashton and Peate International Inc

Fourth Avenue New York N.Y. 10027 USA

Nos références : PS/fg
Vos références : JL/ff/56

New York, le 20 septembre 1987

Monsieur J. Lépine,
Directeur des Achats,
Fabrimétal S.A.,
80000-Amiens,
France

Messieurs,

Nous avons bien reçu votre demande de renseignements au sujet de nos installations destinées au contrôle de qualité. Ci-joint notre documentation présentant les modèles qui ont éveillé votre intérêt.

M. Godard, 3, rue de la Paix, 78110-Govers tél. 45 629 16 18 notre agent pour votre région, se fera un plaisir de vous apporter tout renseignement supplémentaire et de faire une démonstration de toute machine qui vous intéresse.

Je suis convaincu que nos produits se révéleront parfaitement adaptés à vos besoins.

Veuillez agréer, Messieurs, l'expression de nos sentiments les meilleurs.

Vice Président
Paul Stutzer

Ashton and Peate International Inc.

TELEX

ATTN M FERDINAND SERVICE DES ACHATS
30 MOTEURS 4 TEMPS 8 CV NOS CONDITIONS $400 L'UNITE PAR AIR PLUS 8% PAR MER PLUS 6% DELAI DE LIVRAISON 1 MOIS SALUTATIONS CARTER

PAULDEN AND WILKES PLC

15, Leicester Place
London WC2H 7PH
Telephone 01 427 9010
Telex 262738 PWL D

Our ref : JP/34/DFT
Your ref : JL/TR

27 October 1986

Madame Lablénie,
Ceram France,
70, Galerie des Damiers,
La Défense 1,
94200 Courbevoie,
France

Dear Madame Lablénie,

Having studied the catalogue and the samples you sent recently
we are happy to enclose a trial order for 500 boxes of ceramic
floor tiles:
- 200 boxes size 100mm × 100mm in cream
- 100 boxes size 200mm × 100mm in red
- 200 boxes 150mm × 150mm in deep brown
for delivery to our Leicester Warehouse.

Please note that this is an urgent order, delivery is required
within 30 days.

Yours sincerely,

J. Place
Purchasing Manager

Enc: Order form

TELEX

ATTN FELIX GROSSETETE
URGENT REQUIRE REPEAT ORDER 10 DOZ GOOSE PATE 1 KG TINS
CAN YOU AIRFREIGHT GLASGOW THIS WEEK
REGARDS MCDIARMID GLENLOCHY WHOLESALE SUPPLIES

PAULDEN AND WILKES PLC

15, Leicester Place
London WC2H 7PH
Telephone 01 427 9010
Telex 262738 PWL D

Madame Lablénie
Ceram France
70, Galerie des Damiers
La Défense 1
94200 Courbevoie
France

Vos réfs : JL/TR
Nos réfs : JP/34/DFT

Londres, le 27 octobre 1986

Chère Madame,

Après avoir examiné le catalogue et les échantillons que vous
nous avez récemment envoyés, nous avons le plaisir de vous
adresser ci-joint une commande à titre d'essai de 500 boîtes de
carreaux de céramique à livrer à notre entrepôt de Leicester:
– 200 boîtes 100mm × 100mm couleur crème
– 100 boîtes 200mm × 100mm couleur rouge
– 200 boîtes 150mm × 150mm couleur marron foncé

Nous vous demandons de noter le caractère urgent de cette
commande, la livraison devant être effectuée sous 30 jours.

Nous vous prions de recevoir, chère Madame, l'expression de nos
sentiments les meilleurs.

Directeur des Achats
J. Place

PJ : bon de commande

TELEX

ATTN FELIX GROSSETETE
URGENT COMMANDE RENOUVELEE 10 DOUZAINES BOITES 1 KG
PATE D'OIE POUVEZ VOUS EXPEDIER PAR AIR A GLASGOW CETTE
SEMAINE
SALUTATIONS MCDIARMID GLENLOCHY WHOLESALE SUPPLIES

PATERSEN CORPORATION
4801 WEST GREENAWAY AVENUE, CHICAGO, ILLINOIS 60646 USA

Our Ref : PO/DF   16 February 1989
Your Ref : JP/ts

Monsieur J. Plat,
Service Achats,
PMH - Pompes et Machines Hydrauliques SARL,
2bis, rue Alexandre Dumas,
69100 Vénissieux,
France

Gentlemen :

Your indent No 783849 for 2 CNC Milling Machines is
appreciated. We are happy to confirm that the machines will
shortly be ready for despatch. Shipment has been arranged by
our forwarding agents: Burton and Schall, North Pier, Columbus
Avenue, Chicago, 60652 Illinois. In accordance with your
instructions they will be informing you of their charges.
As agreed we will draw upon you 60 days after sight for the value
of the goods $52 000 and hand over the shipping documents to
the Chicago branch of the Banque Nationale de Paris.

We take this opportunity of thanking you for your order.

Yours sincerely,

P. Osterson
Export Sales Executive

TELEX

ATTN SERVICE ACHATS
YOUR INDENT NO 5959T RECEIVED SURPRISED REQUEST 20 2MM
Ø EXTRA LARGE DRILL BITS PLEASE CHECK DIMENSION REQUIRED
ORDER SHIPPED ON REPLY SINCERELY

PATERSEN CORPORATION
4801 WEST GREENAWAY AVENUE, CHICAGO, ILLINOIS 60646 USA

Monsieur J. Plat,
Service Achats,
PMH Pompes et Machines
  Hydrauliques SARL,
2bis, rue Alexandre Dumas,
69100 Vénissieux,
France

Vos références : JP/ts
Nos références : PO/DF   Chicago, le 16 février 1989

Messieurs,

Nous vous remercions de votre commande No 783849 de 2
machines universelles d'usinage CNC. Nous avons le plaisir de
vous confirmer que les machines seront prêtes à être expédiées
sous peu. Burton and Schall, North Pier, Columbus Avenue,
Chicago, 60652 Illinois, nos agents transitaires ont pris toutes les
dispositions nécessaires à l'expédition et selon vos instructions,
ils vous feront connaître les frais de transport.

Comme convenu, nous tirerons sur vous à 60 jours de date pour
la valeur des marchandises $52 000 et nous remettrons les
documents d'expédition à l'agence BNP de Chicago.

Nous vous remercions à nouveau pour votre commande et vous
assurons, Messieurs, de nos sentiments dévoués.

Directeur des Ventes à l'Etranger,
P. Osterson

TELEX

ATTN SERVICE ACHATS
RECU VOTRE COMMANDE N°5959T SOMMES SURPRIS PAR VOTRE
DEMANDE 20 MECHES TAILLE SUPERIEURE 2MM Ø VEUILLEZ VERIFIER
DIMENSION ATTENDONS REPONSE POUR EXPEDIER COMMANDE
SALUTATIONS

Pacific Quality Table Products Inc.
1960 Bunard Street, Vancouver V7X 1M6 Canada

France Auberge S.A.,
4, Place Gobelet,
92200, Boulogne Billancourt,
France

Our Ref : RS/YZ
Your Ref : LF/RT
Date : July 8 1985

Dear Mr Fortuné,

<u>Order No 5463/85 5 tons smoked salmon</u>

Further to your inquiry concerning the above order we are happy
to confirm that the consignment has been prepared in our large-
sized packs for hotels and restaurants:

- Individually weighed filets of approximately 5kg each,
  presliced on plasboards and vacuum-packed in clearplastic
  (freezer life 2 years).
- The filets are packed in cartons of 5 stacked 56 to a pallet and
  covered with heat-shrunk wrapping.
- Each lot is marked DO NOT STACK PALLETS – USE NO
  HOOKS – REFRIGERATED STORAGE ONLY.
- The pallets are numbered 1–17.

The consignment was taken to port by refrigerated car and
loaded on board the mv Flower of the Forest which sailed on 7
July. The ship is due in Le Havre on 22 July.

Clean, shipped Bs/L in a complete set together with a commercial
invoice and insurance certificate, both in triplicate, have been
handed to Crédit Lyonnais, 4537 Pacific Boulevard, Vancouver
together with our sight draft for $25 000. In accordance with the
terms of the letter of credit opened with them, Crédit Lyonnais
have paid the sum.

We are sure you will be satisfied with the quality of our products
and look forward to receiving further orders.

Yours sincerely,

Ralph Stevenson
Sales Manager

Pacific Quality Table Products Inc.
1960 Bunard Street, Vancouver V7X 1M6 Canada

France Auberge S.A.,
4, Place Gobelet,
92200 - Boulogne Billancourt,
France

Vos réfs : LF/RT   Vancouver, le 8 juillet 1985
Nos réfs : RS/YZ
Objet : Votre commande No 5463/85
        5 tonnes de saumon fumé

Cher Monsieur,

Comme suite à votre demande de renseignements au sujet de la
commande ci-dessus, nous avons le plaisir de vous confirmer que
la marchandise envoyée a été conditionnée en paquets de grande
taille à l'usage des hôtels et restaurants:
- Chaque filet dont le poids moyen est de 5 kg a été précoupé,
  disposé sur un plateau en plastique et empaqueté sous vide
  sous cellophane Clearplas (durée de congélation 2 ans).
- Les filets sont emballés par unités de 5 dans des cartons
  empilés sur palette à raison de 56 par palette et couverts
  d'une enveloppe thermoformée.
- Chaque lot porte les mentions NE PAS EMPILER LES
  PALETTES – NE PAS UTILISER DE CROCHETS –
  ENTREPOT FRIGORIFIQUE OBLIGATOIRE.
- Les palettes sont numérotées de 1 à 17.
L'envoi a été transporté au port par conteneur frigorifique et
chargé à bord du Flower of the Forest qui a appareillé le 7 juillet.
Le navire est attendu au Havre le 22 juillet.

Un jeu complet de connaissements nets embarqués ainsi qu'une
facture et un certificat d'assurance, ces derniers en triple
exemplaire ont été remis au Crédit Lyonnais, 4537 Pacific
Boulevard, Vancouver de même que notre traite à vue pour un
montant de $25 000.

Conformément aux termes de la Lettre de Crédit déposée auprès
de ladite banque, la somme a été payée.

Dans l'espoir que vous apprécierez la qualité de nos produits et
que nous aurons l'occasion de traiter à nouveau avec vous, nous
vous prions de recevoir, cher Monsieur, nos sentiments les
meilleurs.

Directeur de Service Ventes,
Ralph Stevenson

COOPER, POUTER & CO. Ltd.   **Established 1908**

Moulding powders   **Telegrams: Stomater Burgess Hill**

Burgess Hill, Sussex RH15 9LA   **Telephone: Burgess Hill 42526**
(registered office)   **Telex: 87534 Coopot G**

Our Ref : FLP/WR   8 July 1986

Transport Vignacourt,
211, rue Thiller-Buridart,
33650-Bordeaux
France

Dear Sirs,

   We have just received an order for 25 tons of plastic moulding
powder sealed in metal drums each containing 200 kg. We would
appreciate a quotation for collection at our Southampton works
and delivery to Bordeaux. The order will be ready for collection
on 20 July.
   This is not an urgent order and we would like a quotation for
the lowest rate. However, we would be interested to learn the
difference between transport by ship and transport by road and
ship and the expected delivery date by each route.

                    Yours faithfully,

                    F.L. Pouter
                    General Manager

TELEX

TRANSPORTS GRUMIAUX
PLEASE QUOTE LOWEST 50 OAK DINING CHAIRS TASTAYRE CORBIE
SOMME DELIVERY WAREHOUSE BRISTOL
FAITHFULLY P SMITH TRADHOMES

COOPER, POUTER & CO. Ltd.   **Established 1908**

Moulding powders   **Telegrams: Stomater Burgess Hill**

Burgess Hill, Sussex RH15 9LA   **Telephone: Burgess Hill 42526**
(registered office)   **Telex: 87534 Coopot G**

Transports Vignacourt,
211, rue Thiller-Buridart,
33650-Bordeaux
France

Nos réfs : FLP/WR   Burgess Hill, le 8 juillet 1986

Messieurs,

Nous venons de recevoir une commande de 25 tonnes de poudre de plastique moulable emballée dans des fûts métalliques scellés de 200 kg l'unité. Nous vous serions reconnaissants de nous établir un devis pour le chargement de la marchandise à notre usine de Southampton et leur livraison à Bordeaux. La commande sera prête le 20 juillet.

Cette commande n'est pas urgente et vous nous obligeriez de nous faire connaître le prix le plus avantageux. Cependant, nous aimerions comparer le coût du transport par vapeur à celui par vapeur et route et nous vous saurions gré de nous donner la date de livraison prévue pour chaque itinéraire.

Nous vous prions d'agréer, Messieurs, nos sentiments les meilleurs,

Directeur général,
F.L. Pouter

TELEX

ATTN TRANSPORTS GRUMIAUX
VEUILLEZ FAIRE CONNAITRE FRAIS TRANSPORT LES PLUS
AVANTAGEUX POUR 50 CHAISES DE SALLE A MANGER CHENE
DEPART TASTAYRE CORBIE SOMME DESTINATION ENTREPOT
BRISTOL
SALUTATIONS P. SMITH TRADHOMES

SARTO ASSOCIATED PTY Ltd
P.O. Box 211, Mascot,
New South Wales, Australia

Our reference : DF/SY   14 October 1988
Your reference : YT/SF

Fonderies Godet,
La Hotoie,
26110-Rebatet,
FRANCE

Dear Sirs,

Order No 94950/T dated 4 October

This is to confirm our telex of 13 October cancelling part of the
above order. We regret that owing to recent changes in the law
governing food containers we are no longer able to import your
orange coloured enamelled tableware.

We would therefore be grateful if you could cancel our order for
1000 orange enamelled cast iron casseroles and supply 1000 red
enamelled casseroles of the same capacity and style in their place.
A revised order form is enclosed.

We appreciate your understanding in this matter.

Yours sincerely,

Dan Forey,
Chief Buyer

Enc: Order Form

TELEX

ATTN M REMOND
REGRET ERROR ON INDENT No 58392 STATES 1500 METRES CABLE
100M DIAM PLEASE ALTER TO READ 1500 METRES CABLE 10MM
DIAM LETTER CONFIRMS
APOLOGIES ARTHURSON PURCHASING

SARTO ASSOCIATED PTY Ltd
P.O. Box 211, Mascot,
New South Wales, Australia

Fonderies Godet
La Hotoie
26110-Rebatet
France

Vos réfs : YT/SF   Mascot, le 14 octobre 1988
Nos réfs : DF/SY
Objet : Notre commande No 94950/T
          du 4 octobre

Messieurs,

Nous vous confirmons notre télex du 13 octobre 1988 par lequel
nous avons annulé une partie de notre commande No 94950/T.
La réglementation en matière de récipients alimentaires ayant
été récemment modifiée, nous sommes au regret de vous informer
qu'il nous est désormais impossible d'importer vos ustensiles en
émail orange.

En conséquence, nous vous saurions gré de bien vouloir annuler
notre commande de 1000 faitouts en fonte émaillée orange et de
les remplacer par 1000 faitouts en fonte émaillée rouge de même
capacité et de même aspect. Ci-joint un bon de commande révisé.

Nous espérons que vous comprendrez notre position et nous vous
prions de recevoir, Messieurs, nos sentiments les meilleurs.

Le Directeur des Achats,
Dan Forey

PJ : bon de commande

TELEX

ATTN M REMOND
REGRETTONS ERREUR COMMANDE NO 58392 INDIQUANT 1500
METRES CABLE 100MM DIAM VEUILLEZ FAIRE MODIFICATION
SUIVANTE 1500 METRES CABLE 10MM DIAM CONFIRMATION PAR
LETTRE
EXCUSES ARTHURSON SERVICE ACHATS

Houghton
Quality Supplies Ltd.

10, Southwold Road, Stortford, Herts
Tel. 0279 506634, Telex 758436

Our Ref : GH/DF
Your Ref : SP/bn

10 January 1987

Monsieur Plantu
Dimafil S.A.
50, rue de la Sablière
92600 Asnières
France

Dear Monsieur Plantu,

   Thank you for your letter of 9 December indicating your special terms for large orders. We are pleased to confirm our acceptance of the terms and enclose Order No 77438 for 50 gross.

   We have instructed Barclays Bank to open a credit for £12 750 in your favour, valid until 25 February. The credit will be confirmed by Barclays Bank, 7 rue de la Pompe, 75006 Paris who will accept your draft on them at 30 days for the amount of your invoice.

   Please attach the following documents to your draft:
   − 2 bills of lading
   − 2 commercial invoices
   − insurance policy for £13 000

   Your invoice should include CIF Dover and the amount of our credit covers this as well as bank commission.

   Please telex us when the goods have been dispatched.

Yours sincerely,

George Harmondly,
General Manager

Enc: Order Form

TELEX

ATTN M RIBARD
YOUR TLX 10 000 LITERS CUTTING OIL 200 LITER DRUMS CAN
OFFER $15 000 EX WORKS OHIO OR $16 700 CIF MARSEILLES
REGARDS BLAND

Houghton
Quality Supplies Ltd.

10, Southwold Road, Stortford, Herts
Tel. 0279 506634, Telex 758436

Monsieur S. Plantu
Dimafil S.A.
50, rue de la Sablière
92600 Asnières
France

Vos références : SP/bn
Nos références : GH/DF
Pièce jointe : bon de commande

Stortford, le 10 janvier 1987

Cher Monsieur,

Nous avons bien reçu votre lettre du 9 décembre 1986 par laquelle vous nous informez de vos conditions spéciales pour toute commande importante. Nous avons le plaisir de vous confirmer notre accord concernant ces conditions et nous vous adressons ci-joint le bon de commande No 77438 pour 50 grosses.

Nous avons demandé à la banque Barclays de vous ouvrir un crédit de £12 750, valable jusqu'au 25 février. Le crédit vous sera confirmé par la Banque Barclays, 7, rue de la Pompe, 75006 Paris, qui acceptera votre traite à 30 jours pour le montant de la facture.

Veuillez joindre à votre traite les documents suivants:
– connaissement en double exemplaire
– facture en double exemplaire
– police d'assurance pour le montant de £13 000
Votre facture devrait inclure coût, assurance, fret jusqu'à Douvres, notre crédit couvrant ce montant ainsi que la commission de la banque.

Nous vous prions de nous envoyer un télex dès que les marchandises seront expédiées.

Recevez, cher Monsieur, nos salutations distinguées,

Directeur Général,
George Harmondly

TELEX

ATTN M RIBARD
VOTRE TELEX 10 000 LITRES HUILE DE COUPE EN FUTS 200 L
PROPOSE $15 000 DEPART USINE OHIO OU $16 700 CAF MARSEILLE
SALUTATIONS BLAND

UNITED SAVINGS BANK Plc   Branches in all major centres of trade

Birmingham Branch
6, Chamberlain Street,
Birmingham BH1 6BL
Telephone 021 308 3679
Telex 457678

Date 18 May 1987
Our Ref : LN/RT
Your Ref : PD/GH

Monsieur Dumeste,
Négociant en vins,
7, rue de l'Abbaye,
33000 Bordeaux,
France

<u>Strictly Private and Confidential</u>

Dear Sir,

Following your inquiry as to the reputation and financial standing
of Franklyn and Taite wine shippers of Droitwich we have
obtained the following information.

The firm was established 8 years ago and has grown rapidly.
Their affairs have always been conducted satisfactorily and their
bills settled promptly as far as we can ascertain.

We therefore feel that a credit of the order you mention would
be a fair risk.

This information is given without responsibility on our part.

Yours sincerely,

Lyn Nugent
Branch Manager

UNITED SAVINGS BANK Plc   **Branches in all major centres of trade**

Birmingham Branch
6, Chamberlain Street,
Birmingham BH1 6BL
Telephone 021 308 3679
Telex 457678

Monsieur Dumeste,
Négociant en vins,
7, rue de l'Abbaye,
33000 Bordeaux,
France

Vos réfs : PD/GH
Nos réfs : LN/RT

Birmingham, le 18 mai 1987

Confidentiel

Monsieur,

Suite à votre demande de renseignements concernant la réputation et la situation financière de la société Franklin & Taite négociants en vins de Droitwich, nous avons obtenu les renseignements suivants.

L'entreprise a été établie il y a huit ans et s'est développée rapidement. Autant que nous pouvons en juger, ses opérations ont toujours été conduites de manière satisfaisante et ses règlements toujours effectués avec ponctualité.

En conséquence, nous estimons qu'un crédit de l'ordre mentionné dans votre lettre peut être accordé.

Nous vous fournissons ces renseignements sans engagement de notre responsibilité.

Veuillez agréer, Monsieur, nos salutations distinguées.

Directrice de l'agence,
Lyn Nugent

Forcewise Catering Equipment Ltd
Grovebury Road,
Leighton Buzzard,
Bedfordshire LU7 8TL
Telephone (0525) 546273
Telex 847384

Directors
A.N. Smith
P.T. Mathers
O.P. Norman
L. Foulks
K.B. Rees

your reference   **our reference DP/UK**   **Date 10 March 1987**

Assurances Horizon
49, rue St Barthélémy
49000 - Maine et Loire
France

For the attention of Monsieur TOURNADRE

Dear Sir,

Further to our telex inquiry of today's date we would be pleased if you would arrange cover for us against all risks for a shipment of 10 cases of coffee grinders Lyons to San Francisco by TWA airfreight to the value of 30 000 FF.

The certificate must reach us by 25 March as it must be presented to the Allied Chemical Bank with whom a credit has been opened.

We look forward to your early acknowledgement,

Yours faithfully,

D. Powning,
Export Executive

TELEX

PLEASE HOLD US COVERED ALL RISKS WAREHOUSED OR IN TRANSIT LILLE TO MANCHESTER ROAD SEA ROAD 100 CASES COTTON THREAD UNDYED VALUE 7 500 FF FROM 11 AUG. FAITHFULLY GRIEVES

Forcewise Catering Equipment Ltd
Grovebury Road,
Leighton Buzzard,
Bedfordshire LU7 8TL
Telephone (0525) 546273
Telex 847384

Directors
A.N. Smith
P.T. Mathers
O.P. Norman
L. Foulks
K.B. Rees

Assurances Horizon
49, rue St Barthélémy
49000 - Maine et Loire
France

Vos réfs :
Nos réfs : DP/UK   Leighton Buzzard, le 10 mars 1987

A l'attention de Monsieur TOURNADRE

Monsieur,

Comme suite à notre demande par télex de ce jour même, nous vous serions reconnaissants de bien vouloir assurer contre tous risques, d'entrepôt à entrepôt, un envoi de 10 caisses de moulins à café, de Lyon à destination de San Francisco par transport aérien TWA, représentant une valeur de 30 000 FF.

Le certificat d'assurance doit nous parvenir le 25 mars au plus tard comme il doit être présenté à la banque Allied Chemical auprès de qui nous avons ouvert un crédit.

Dans l'attente d'une réponse rapide, veuillez agréer, Monsieur nos salutations les plus distinguées.

Service Exportations,
D.Powning

TELEX

VEUILLEZ NOUS ASSURER TOUS RISQUES ENTREPOSAGE ET
TRANSPORT LILLE MANCHESTER ROUTE MER ROUTE POUR 100
CAISSES FIL DE COTON BRUT VALEUR 7 500 FF GARANTIE A
COMPTER DU 11 AOUT
SALUTATIONS GRIEVES

ARTO POWERTOOLS Inc.

2437, Ingleside Road, Norfolk 23513 Virginia

Our Ref : TS/GY   March 13 1987
Your Ref :

Service Achats
Daniel Fourrier S.A.
9, avenue Albert 1er
92500 Rueil-Malmaison

Gentlemen:

Indent No 9473 – 100 1500 Watt Circular Saws

We have today despatched the first part of the above order.
The Circular saws are individually packed in polystyrene cases,
themselves placed in crushproof cases 16 to a case. The cases are
numbered 1–7.
On receipt of the air waybill, in triplicate commercial invoice
and the insurance certificate the Allied Chemical Bank have
honored our sight draft for $7 000 in accordance with the letter
of credit opened with them.
We wish you safe reception and are sure you will be pleased
with the quality of the tools.

Yours sincerely,

Tom Seedham
Export Manager

TELEX

ATTN M PAUTY ACHATS
YOUR INDENT No 9940 20 DRUMS CUTTING FLUID SHIPPED MV
BON VENT TODAY SAILING TOMORROW 12 SEPT 9AM
REGARDS PALMOVSKI

ARTO POWERTOOLS Inc.

2437, Ingleside Road, Norfolk 23513 Virginia

> Service Achats
> Daniel Fourrier S.A.
> 9, avenue Albert 1er
> 92500 Rueil-Malmaison
> France

Vos références :
Nos références : TS/GY   Norfolk, le 13 mars 1987

Messieurs,

Votre commande No 9473 - 100 Scies Circulaires 1500 Watt

Nous avons ce jour expédié le premier envoi de l'ordre ci-dessus.

Les scies circulaires sont emballées dans des caisses individuelles de polystyrène, elles-mêmes placées dans des caisses résistant aux chocs à raison de 16 par caisse. Les caisses sont numérotées de 1 à 7.

A la réception de la lettre de voiture aérienne non clausée, de la facture commerciale en trois exemplaires et du certificat d'assurance, la Banque Allied Chemical a honoré notre traite à vue pour un montant de $7000 selon les termes de la lettre de crédit déposée auprès d'elle.

Nous vous souhaitons bonne réception de l'envoi et espérons vivement que la qualité de nos outils répondra à votre attente.

Veuillez recevoir, Messieurs, l'expression de nos sentiments les meilleurs.

> Le Directeur des Ventes
> à l'Exportation,
> Tom Seedham

TELEX

ATTN M PAUTY ACHATS
VOTRE COMMANDE NO 9940 20 FUTS HUILE DE COUPE EXPEDIES
SUR VAPEUR BON VENT CE JOUR APPAREILLAGE DEMAIN 12 SEPT
9 HEURES
SALUTATIONS PALMOVSKI

HARPER & MELNICK

DIVISION OF PARKER-SELZNICK STORES Inc.
Post Office Box 16086, Race Street, Denver, Colorado 80216
Telephone 393-849-18397 Telex: 44-9372/TWX: 910-931-9321

Our Ref : JFW/ald
Your Ref : JP/rt
Monsieur P. Palanche,   March 29 1987
ParisVer S.A.,
8, rue de la Grande Ceinture,
95104 Argenteuil Cedex,
France

Dear Monsieur Palanche:

Order No 3748 - 40 dozen Wineglasses

The first part of the shipment of wineglasses was just delivered
by car to our central warehouse. The glasses were excellently
packaged and there were no breakages.

We look forward to receiving the outstanding items.

Very truly yours,

Jon F. Wiedemaier
Sales Executive

TELEX

ATTN M PALANCHE
CONFIRM ARRIVAL 20 CASES WINEGLASSES EXCELLENT CONDITION
REGARDS JON F WIEDEMAIER

HARPER & MELNICK

DIVISION OF PARKER-SELZNICK STORES Inc.
Post Office Box 16086, Race Street, Denver, Colorado 80216
Telephone 393-849-18397 Telex: 44-9372/TWX: 910-931-9321

> Monsieur P. Palanche,
> ParisVer S.A.,
> 8, rue de la Grande Ceinture,
> 95104 Argenteuil Cedex,
> France

Vos réfs : JP/rt
Nos réfs : JFW/ald   Denver, le 29 mars 1987

Monsieur,

Commande No 3748 - 40 douzaines verres à vin

La première partie de l'envoi de verres à vin vient de nous parvenir par voie ferrée. Les verres étaient soigneusement emballés et nous n'avons constaté aucune casse.

Dans l'attente des articles qui restent à nous être livrés nous vous prions de recevoir, Monsieur, nos sentiments les meilleurs.

Le Directeur des Achats,
Jon F. Wiedemaier

TELEX

ATTN M PALANCHE
CONFIRMONS ARRIVEE 20 CAISSES VERRES A VIN EXCELLENT ETAT
SALUTATIONS JON F WIEDEMAIER

Planck & Harmonsworth Ltd.,
York House,
Clarendon Avenue, Leamington Spa,
Warwickshire CV32 5PP
Telephone (0926) 758492
Telex: 241627 PLANHAR
FacSimile (grp 2): 0493-27381

Our Ref:
RJB/SPR/290
Your Ref:

28 February 1987

Madame Fleurisse Bertrand,
CIMAP S.A.,
21-25, Avenue Paul Adam,
75017 Paris,
FRANCE

Dear Madame Bertrand,

We have just taken delivery of the items we ordered under our indent No 849/253/87.

Unfortunately I have to report that 5 of the cases delivered were marked 'seconds' and their contents displayed obvious flaws. Our order clearly specified 'first quality goods'. I feel sure that this was due to an error on your part and would be obliged if you would arrange to have the 5 cases replaced as soon as possible.

Yours faithfully,

R.J. Buxton
Manager

TELEX

ATTN MME DOUBLIEZ
SURPRISED YOUR TLX SHORT DELIVERY ORDER NO 5893/87 YOUR
ORDER STATES 25 GROSS 25 GROSS SHIPPED
REGARDS HOUGHTON

Planck & Harmonsworth Ltd.,
York House,
Clarendon Avenue, Leamington Spa,
Warwickshire CV32 5PP
Telephone (0926) 758492
Telex: 241627 PLANHAR
FacSimile (grp 2): 0493-27381

Vos réfs :
Nos réfs :
RJB SPR/290

Leamington Spa
le 28 février 1987

Madame Fleurisse Bertrand,
CIMAP S.A.,
21-25, avenue Paul Adam,
75017 Paris,
FRANCE

Chère Madame,

Nous venons de prendre livraison des articles figurant sur notre commande No 849/253/87.

Malheureusement, je suis au regret de vous faire savoir que parmi les caisses livrées, 5 d'entre elles portaient la mention 'deuxième qualité' et les marchandises présentaient des défauts évidents. Notre commande spécifiait clairement 'articles de première qualité'.

Je suis sûr que cet incident est dû à une erreur de votre part et je vous serais obligé de bien vouloir faire le nécessaire afin d'assurer dans les plus brefs délais le remplacement des cinq caisses.

Veuillez agréer, chère Madame, mes sentiments les meilleurs.

Directeur,
R.J. Buxton

TELEX

ATTN MME DOUBLIEZ
SOMMES ETONNES DE VOTRE TELEX LIVRAISON INSUFFISANTE
COMMANDE NO 5893/87 VOTRE COMMANDE INDIQUE 25
GROSSES 25 GROSSES EXPEDIEES
SALUTATIONS HOUGHTON

GOLDVAK PROCESS RECORDERS Inc.
5630 ALLENTOWN Blvd HARRISBURG PENNSYLVANIA 17112 USA

Monsieur Gramont   December 6 1987
Service Achats
Mardan et Cie
8, avenue du XX Corps
54001 Nancy Cedex
France

Dear Monsieur Gramont:

Your letter about our shipment of temperature controllers
surprised us. As you know GOLDVAK have a great reputation
for quality and reliability. All our products are tested and
adjusted before shipment.

Can I just ask you to try changing the air supply filters, they
sometimes get clogged during unpacking. If you are still
dissatisfied with the performance please return them collect and
we will replace them without question.

Please accept our sincere apologies for any inconvenience caused.
You may be sure that a complaint like yours is rare and that we
will do everything to ensure that our products are to your
satisfaction.

Sincerely yours,

Paulin Grametz,
Customer services

GOLDVAK PROCESS RECORDERS Inc.
5630 ALLENTOWN Blvd HARRISBURG PENNSYLVANIA 17112 USA

Monsieur Gramont
Service Achats
Mardan et Cie
8, avenue du XX Corps
54001 Nancy Cedex
France

Harrisburg, le 6 décembre 1987

Cher Monsieur,

Nous avons été étonnés de lire votre lettre concernant notre envoi de systèmes de contrôle de température. Comme vous le savez, la compagnie GOLDVAK est réputée pour la qualité et la fiabilité de ses produits; tous sont testés et réglés avant leur expédition.

Je vous suggère d'essayer de changer les filtres d'alimentation d'air qui s'obturent parfois pendant le déballage. Si malgré cela ces articles ne vous donnent pas entière satisfaction veuillez nous les retourner en port dû et nous vous les échangerons immédiatement.

Nous vous prions de nous excuser pour tout dérangement que cet incident peut vous causer. Nous pouvons vous assurer qu'une telle réclamation est rare et que nous ferons tout le nécessaire pour que nos produits vous donnent entière satisfaction.

Veuillez agréer, cher Monsieur, l'expression de nos sentiments les plus dévoués.

Service après-vente,
Paulin Grametz

LOWNES ABRASIVE GRITS AND POLISHING COMPOUNDS LTD

Head Office: Pardale House, Sefton Lane, Maghull, Merseyside
L31 8BZ   Tel: 051-531-9473 Telex: 623940

Our Ref : RRT/PK   7 November 1987
Your Ref :

Dear Sirs,

Your letter of 28 September confirmed safe arrival of your
regular delivery of abrasive powder.

I am surprised to note that we have not received payment for
the last two shipments. I feel sure that this is due to an oversight
on the part of your accounts department and look forward to
receiving advice of payment.

Yours faithfully,

Roger R. Thomas
Customer accounts

TELEX

ATTN L PORCHNER
REGRET 10 BOXES DAMAGED ON ARRIVAL HAVE INFORMED
LLOYDS CAN YOU REPLACE URGENT
SINCERELY PAT MELLOWS

LOWNES ABRASIVE GRITS AND POLISHING COMPOUNDS LTD

Head Office: Pardale House, Sefton Lane, Maghull, Merseyside
L31 8BZ   Tel: 051-531-9473 Telex: 623940

Vos réfs :
Nos réfs : RRT/PK   Maghull, le 7 novembre 1987

Messieurs,

Par votre lettre du 28 septembre dernier vous nous confirmiez
la bonne réception de votre livraison habituelle de poudre
abrasive.

J'ai noté avec surprise que nous n'avons pas reçu le paiement
des deux derniers envois. Je suis sûr que ce retard est dû à une
omission de la part de votre service comptable et dans l'attente
de l'avis de paiement je vous prie d'agréer, Messieurs, mes
sentiments les meilleurs.

Service Comptes Clients,
Roger R. Thomas

TELEX

ATTN L PORCHNER
DEPLORONS 10 BOITES ENDOMMAGEES A L'ARRIVEE AVONS
NOTIFIE LLOYDS POUVEZ-VOUS ASSURER REMPLACEMENT
URGENT
MEILLEURS SENTIMENTS PAT MELLOWS

HURST & GOODWIN GARDEN FURNITURE LTD

Portnum House,
Victoria Road,
Leicester LE2 3PL
Telephone (0207) 473829
Telex 475890

SAPROGEX S.A.,
17, route de la Reine,
92100 Boulogne
FRANCE

Our Ref : GH/DF
Your Ref : PD/FL
Date : 5 August 1985

Dear Monsieur Damien,

Thank you for your letter of 20 July concerning the payment due on our order No 479/T.

I regret the failure to honour the payment which became due on 1 September. Unfortunately the recent fire in our main warehouse has created a temporary liquidity problem. We expect this to be resolved shortly and would be grateful if you would arrange for the documents to be presented at 90 days instead of the agreed 60.

As you know, we have always paid our bills promptly. I hope you will understand the exceptional circumstances which have led to this problem.

Yours sincerely,

George Hurst
Managing Director

HURST & GOODWIN GARDEN FURNITURE LTD

Portnum House,
Victoria Road,
Leicester LE2 3PL
Telephone (0207) 473829
Telex 475890

SAPROGEX S.A.,
17, route de la Reine,
92100 Boulogne
FRANCE

Vos Références : PD/FL
Nos Références : GH/DF

Leicester, le 5 août 1985

Cher Monsieur,

J'ai bien reçu votre lettre du 20 juillet au sujet du règlement non
effectué de notre ordre No 479/T.

Je regrette vivement d'avoir été dans l'impossibilité d'honorer le
paiement échu au 1er septembre. Malheureusement, l'incendie
qui a récemment ravagé notre entrepôt principal a été la cause
d'un problème de liquidités temporaire. Nous espérons que ces
difficultés seront résolues sous peu et nous vous serions
reconnaissants de bien vouloir faire le nécessaire pour que les
documents soient présentés à 90 jours au lieu de 60 comme
convenu. Comme vous le savez, nous avons toujours payé nos
factures avec ponctualité. J'espère que vous comprendrez les
circonstances exceptionnelles qui ont amené ce problème et je
vous prie de recevoir, cher Monsieur, l'expression de mes
sentiments les meilleurs.

Directeur Général,
George Hurst

White River Trading Company Inc
3621 San Gabriel River Pkwy, Whittier, California, 90601 USA

Mbia Import Export S.A.   17 May 1987
Boîte Postale 190
Yaoundé
Cameroun

Our ref : KL/DB
Your ref : PM/SM

Gentlemen:

Indent No 9402/AF

Thank you for your letter of 22 April concerning the dishonored bill for the above consignment.

We believe there has been some confusion on your part. In our telex of 30 March we advised you that the goods were not up to sample and that we wished to negotiate a reduced price for the consignment. This was confirmed by letter on 2 April. As a result of this we instructed the Allied National Bank not to honor the bill drawn by you for the original invoiced price when it was presented for acceptance at their Branch in Douala.

We are still willing to accept the goods at the agreed price less 20% as they are not saleable as top quality goods. We would be obliged if you would mail us your acceptance of the revised price or failing this arrange for the consignment to be collected.

Sincerely yours,

Keith Laurens
Import Manager

White River Trading Company Inc
3621 San Gabriel River Pkwy, Whittier, California, 90601 USA

Mbia Import Export S.A.
Boîte Postale 190
Yaoundé
Cameroun

Vos réfs : PM/SM
Nos réfs : KL/DB

Whittier, le 17 mai 1987

Messieurs,

Commande No 9402/AF

Nous avons bien reçu votre lettre du 22 avril au sujet de l'effet de paiement de l'envoi ci-dessus, qui n'a pas été honoré.

Nous pensons qu'il y a eu confusion de votre part. Dans notre télex du 30 mars nous vous informions que les marchandises n'étaient pas conformes à l'échantillon et que nous désirions négocier une réduction du prix de l'envoi, ce que nous confirmions par notre lettre du 2 avril. En conséquence, nous avons demandé à la Allied National Bank de ne pas honorer la traite que vous avez tirée pour le montant d'origine porté sur la facture lorsqu'elle a été présentée pour acceptation à la succursale de Douala.

Nous sommes toujours disposés à accepter les marchandises au prix convenu diminué de 20% puisqu'elles ne peuvent être vendues comme marchandises de première qualité.

Nous vous serions obligés de bien vouloir nous envoyer par écrit votre acceptation du prix modifié ou à défaut, faire le nécessaire pour venir chercher l'envoi.

Veuillez croire, Messieurs, en l'assurance de nos meilleurs sentiments.

Directeur du Service Importations,
Keith Laurens

LITTLETON AND BRIGHT Plc

14, Ranger's Cross, Sevenoaks, Kent
Telephone (0201) 596284 Telex 473894

Our Ref : SD/GH
Your Ref : DF/HJ

7 March 1987

Dear Sir,

A little while ago you requested a copy of our literature on continuous storage systems. I wonder whether you would like further information before placing an order with us?
As you will have noticed we offer a solution to all your storage problems. Pat Sandio our new European Sales Representative will be in France from 21 to 30 June and I have asked him to contact you while he is there. He will be happy to discuss the ways in which we can solve your storage problems with you.

You can be sure that your order will receive all our attention.

Yours faithfully,

Simon Dimont

LITTLETON AND BRIGHT Plc

14, Ranger's Cross, Sevenoaks, Kent
Telephone (0201) 596284 Telex 473894

Vos références : DF/HJ
Nos références : SD/GH   Sevenoaks, le 7 mars 1987

Monsieur,

Vous nous avez demandé il y a quelque temps de vous faire
parvenir notre documentation sur nos systèmes de rangement
modulables. Mais peut-être voudriez-vous des renseignements
supplémentaires avant de passer commande?

Comme vous l'avez sans doute remarqué, nous proposons une
solution pour tous vos problèmes d'entreposage. Notre nouveau
représentant pour l'Europe, Pat Sandio, doit se trouver en France
du 21 au 30 juin et je lui ai demandé de prendre rendez-vous
pour passer vous voir lors de son séjour dans ce pays. Il se fera
un plaisir de discuter avec vous de vos besoins d'entreposage.

Soyez assuré que votre commande recevra toute notre attention.

Veuillez recevoir, Monsieur, nos salutations les plus distinguées.

Simon Dimont

FOX, MORTON & STILL GENERAL AGENTS
12, Channel Road, Southampton SO7 2DF England
Telephone (0319) 475293 Telex 283927

2 July 1985

Dear Sirs,

We were interested to see your range of cast aluminium kitchen casseroles at the recent trade fair in Nantes. We believe that there would be a significant market for these goods in our country.

If you are not already represented in England we would be interested in acting as your local agent. As one of the largest importers and wholesale distributers of kitchenware in the country we have a good knowledge of the market for this type of article and are ideally placed to distribute your products.

Our company already distributes a number of quality lines of cast iron kitchenware and we are sure that your aluminium casseroles will complement these lines in specialised stores.

We are sure that an agency for marketing your products would be of considerable benefit to both of us and look forward to learning your reaction to our proposal.

Yours sincerely,

Charles Fox,
Fox, Morton & Still General Agents

CUISALU,
Chemin aux Loups,
60110-Méru,
France

FOX, MORTON & STILL GENERAL AGENTS
12, Channel Road, Southampton SO7 2DF England
Telephone (0319) 475293 Telex 283927

Southampton, le 2 juillet 1985

Messieurs,

C'est avec intérêt que nous avons découvert votre nouvelle gamme de casseroles en fonte d'aluminium à la Foire Commerciale qui s'est tenue récemment à Nantes. Nous estimons qu'il existerait en Angleterre un assez large créneau pour ces articles. S'il n'existe pas de représentant de votre maison dans notre pays, c'est avec plaisir que nous deviendrons votre agent.

Nous sommes l'un des importateurs et distributeurs d'articles ménagers les plus importants du pays; nous connaissons donc bien les conditions du marché local et nous sommes dans une position idéale pour distribuer vos produits.

Notre société s'occupe déjà de la distribution d'un certain nombre de gammes d'ustensiles de qualité en fonte et nous sommes certains que vos faitouts en aluminium viendraient en complément de ces gammes dans les magasins spécialisés.

Nous sommes convaincus que la commercialisation de vos produits par nos soins serait des plus bénéfiques aux uns comme aux autres.

Dans l'attente de recevoir une réponse à cette proposition, nous vous prions d'agréer, Messieurs, nos sentiments les meilleurs.

Fox, Morton & Still General Agents,
Charles Fox

CUISALU,
Chemin aux Loups,
60110-Méru,
France

MACMURTY HAND KNITTED WOOLLENS Ltd
5, Islay Place, Perth, Scotland
Telephone (0103) 948209

Our Ref : JMT/ID   19 September 1987

Arts Distribution SARL,
67, avenue de Wagram,
75842 Paris Cedex 17
France

Dear Sirs,

In view of the growing number of inquiries about our woollen garments we have decided to appoint an agent to represent us in France.

Your company has been recommended to us and we would like to offer you the agency for our garments. We are prepared to negotiate a sole agency and would supply a reasonable initial stock on credit terms as well as contributing to the cost of the first marketing campaign.

We would appreciate your reactions to this offer as soon as possible as we are anxious to appoint an agent with the minimum of delay.

Yours faithfully,

J. McTaggart,
Sales Manager

MACMURTY HAND KNITTED WOOLLENS Ltd
5, Islay Place, Perth, Scotland
Telephone (0103) 948209

Arts Distribution SARL,
67, avenue de Wagram,
75842 Paris Cedex 17
France

Nos réfs : JMT/ID   Perth, le 19 septembre 1987

Messieurs,

En considération du nombre croissant de demandes de
renseignements au sujet de nos vêtements de laine, nous avons
décidé de nommer un agent qui représenterait notre maison en
France.

Votre société nous a été recommandée et nous avons le plaisir
de vous proposer de devenir les agents dépositaires de nos
vêtements. Nous sommes disposés à négocier les termes d'une
agence exclusive et nous vous fournirions, à crédit, un stock de
départ suffisant de même que nous participerions aux frais de la
première campagne de commercialisation.

Nous vous saurions gré de nous faire part de votre réaction à
notre offre aussitôt que possible comme nous sommes désireux
de nommer un agent dans les plus brefs délais.

Nous vous prions de recevoir, Messieurs, nos sentiments les
meilleurs.

Directeur des Ventes,
J. McTaggart

Warehousing Systems Inc.

42, Eisenhower Lane,
Lombard,
Illinois 60148 USA,
Telephone (312) 932-03333
Telex 20-6205

Our Ref : PS/WR
April 12 1984

Monsieur Leplatte,
PTFG Sarl,
14, Chemin des boules,
13100-Marseilles,
FRANCE

Dear Monsieur Leplatte;

I have studied the information concerning automatic loading
systems which you recently mailed us. It would appear that the
systems may suit our requirements.

I expect to be in the north of France on other business during
the first week of May and would like to visit your factory in order
to see a demonstration of the systems and discuss our
requirements in greater detail. I wonder whether it would be
possible for me to come to the factory on Wednesday 4 May?

Please let me know whether this is suitable as soon as possible
in order that I may arrange my week accordingly.

Yours sincerely,

Peter Stutz,
Overseas Sales Manager

42, Eisenhower Lane,
Lombard,
Illinois 60148 USA,
Telephone (312) 932-03333
Telex 20-6205

Warehousing Systems Inc.

Monsieur Leplatte,
PTFG Sarl,
14, Chemin des boules,
13100-Marseille,
France

Nos références : PS/WR

Lombard, le 12 avril 1984

Cher Monsieur,

J'ai lu avec intérêt la documentation que vous nous avez récemment envoyée sur les systèmes automatiques de chargement. Il s'avère que ces systèmes pourraient répondre à nos besoins.

Je devrais me trouver en voyage d'affaires dans le nord de la France au cours de la première semaine du mois de mai et aimerais visiter votre usine afin d'assister à une démonstration de ces systèmes et de discuter de nos besoins dans le détail. Serait-il possible que je passe à l'usine le mercredi 4 mai?

Je vous serais reconnaissant de me faire savoir au plus vite si cette visite est possible afin que je puisse organiser mes rendez-vous de cette semaine en conséquence.

Je vous prie d'agréer, cher Monsieur, nos sentiments les meilleurs.

Directeur des Ventes à l'Exportation,
Peter Stutz

MEXIGOODS Inc.

1760, Tully Circle,
N.E. Atlanta,
Georgia 30329,
USA

Our reference : AT/RT

Monsieur P. Hordé,   March 17 1987
Directeur,
Promod SA,
Yaoundé,
Cameroun

Dear Sir

Georges Toutdoux whom I believe you know has suggested
that I write you. I am studying the possibility of developing
exports of luxury goods and wish to gain knowledge of local
conditions. Your detailed knowledge of the local economy would
be of the greatest help to me in my study and I would value your
advice.

I hope to be in Yaoundé from 5 thru 15 April and would be
grateful if I could meet you while I am there.

Yours sincerely,

Alan Tüçük

1760, Tully Circle,
N.E. Atlanta,
Georgia 30329,
USA

MEXIGOODS Inc.

Monsieur P. Hordé,
Directeur,
Promod SA,
Yaoundé,
Cameroun

Nos références : AT/RT   Atlanta, le 17 mars 1987

Monsieur,

C'est sur le conseil de Georges Toutdoux que vous connaissez je crois, que je me permets de vous écrire. J'étudie actuellement les possibilités de développement dans les exportations d'articles de luxe et désirerais me familiariser avec le marché local. Votre connaissance approfondie de l'économie de la région me serait des plus utiles dans mon étude et j'apprécierais vos conseils.

J'espère me trouver à Yaoundé du 5 au 15 avril et vous serais reconnaissant si vous pouviez me recevoir pendant mon séjour.

Je vous prie d'agréer, Monsieur, mes salutations les plus distinguées.

Alan Tüçük

SORENSON INTEGRATED PRODUCTS Inc.
City of Industry, California 91747, USA

March 21 1987

Monsieur G. Plantet
12, Place de la Communauté,
Brussels,
Belgium

Dear Monsieur Plantet:

I was interested to read your letter concerning automatic weighing systems. I expect to be free on the afternoon of Monday March 30 and suggest that we meet in our offices in Brussels at 2 pm.

I would be obliged if you would contact my secretary to confirm the appointment.

Yours sincerely,

Julius J. Sorenson

JS/rft

SORENSON INTEGRATED PRODUCTS Inc.
City of Industry, California 91747, USA

Monsieur G. Plantet,
12, Place de la Communauté,
Bruxelles,
Belgique

le 21 mars 1987

Cher Monsieur,

C'est avec intérêt que j'ai lu votre lettre relative aux systèmes de pesage automatique. Mon emploi du temps se trouve libre l'après-midi du lundi 30 mars et je propose que nous nous rencontrions à 14 heures dans nos bureaux de Bruxelles.

Je vous saurais gré de bien vouloir contacter ma secrétaire afin de confirmer ce rendez-vous.

Veuillez recevoir, cher Monsieur, l'expression de mes sentiments les meilleurs.
Julius J. Sorenson

JS/rft

Pilbeam & Roach, Estate Agents

**Headlands House,
Victoria Square,
Reading RD2 6TY
England**

5 November 1987

Monsieur F. Doré,
Souchon Frères,
Zone Industrielle,
80023-Amiens,
FRANCE

Dear Sir,

Thank you for your letter of 21 October. I am happy to confirm the date and time you suggest for a meeting and look forward to seeing you then.

Yours faithfully,

Arthur Roach

AR/JL

Pilbeam & Roach, Estate Agents

**Headlands House,
Victoria Square,
Reading RD2 6TY
England**

Monsieur F. Doré,
Souchon Frères,
Zone Industrielle,
80023-Amiens,
FRANCE

Reading, le 5 novembre 1987

Cher Monsieur,

Je vous remercie de votre lettre du 21 octobre dernier. J'ai le plaisir de vous informer que la date et l'heure que vous me proposez me conviennent parfaitement.

Dans l'attente de vous recevoir je vous prie d'agréer, cher Monsieur, mes sentiments les meilleurs.

Arthur Roach

AR/JL

FARNHEAD DECORATIVE FURNISHING SUPPLIERS Plc.
67, Halstead Avenue, Nottingham NO2 7QB, England
Telephone (0223) 475839 Telex 290394

26 August 1987

Dear Sir,

The bearer of this letter is Mr Keith JOPLIN, Manager of our
Purchasing Department. Mr Joplin is touring your country in
order to make contact with producers of long staple wool and
mohair and will wish to negotiate contracts for supplies of
suitable materials for our factory.

We would be very grateful if you would introduce him to local
producers and give him any advice or help he may need.

You may be sure that we will be happy to help you in a similar
way should the opportunity arise.

Yours faithfully,

R.J. Cummins,
Managing Director

FARNHEAD DECORATIVE FURNISHING SUPPLIERS Plc.
67, Halstead Avenue, Nottingham NO2 7QB, England
Telephone (0223) 475839 Telex 290394

Nottingham, le 26 août 1987

Monsieur,

Le porteur de cette lettre est Monsieur Keith JOPLIN, directeur
de notre Service Achats. Monsieur Joplin est en visite dans votre
pays afin d'établir des contacts avec des producteurs de laine à
longues fibres et laine mohair et voudrait négocier des contrats
d'approvisionnement pour notre usine en matière première qui
convienne.

Nous vous serions très reconnaissants de bien vouloir le présenter
aux producteurs de la région et de lui donner tout conseil et aide
dont il pourrait avoir besoin.

Soyez assurés que nous serions heureux de vous rendre le même
service si l'occasion se présentait et veuillez recevoir nos
salutations les plus distinguées.

Directeur Général,
R.J. Cummins

Belding Corporation
Turbine Generators,
130, West Grand Lake Boulevard,
West Chicago, IL 60185
(312) 231-5200

June 23, 1987

Gentlemen:

We are very pleased to introduce Francisco Camaya, our new field representative.

Francisco worked in our industry for several years and has a thorough knowledge of all our products and processes. He is fully qualified to assist you in determining the right product to meet each of your job needs.

I am sure you'll find Francisco a warm and helpful person. Also, I'm confident that you will find his professional knowledge useful.

Francisco will use every oportunity to serve you in your work.

                              Sincerely,

                              Harman Belding,
                              President

Belding Corporation
Turbine Generators,
130, West Grand Lake Boulevard,
West Chicago, IL 60185
(312) 231-5200

West Chicago, le 23 juin 1987

Messieurs,

Nous sommes très heureux de vous présenter M. Francisco Camaya, notre nouveau représentant régional.

Francisco a travaillé dans l'industrie pendant plusieurs années et a une connaissance approfondie de tous nos produits et techniques. Il possède toutes les compétences nécessaires pour vous aider à sélectionner le produit qui conviendra parfaitement à vos besoins.

Je suis sûr que vous trouverez en Francisco un interlocuteur agréable et obligeant comme je suis certain que vous apprécierez ses qualités professionnelles.

Francisco fera tout ce qui lui est possible pour vous assister dans votre travail.

Avec nos sentiments les meilleurs.

Le Président,
Harman Belding

Anthony P. Butt,
223, Greenwood Ave,
Cleveland,
Ohio 44142
USA

June 24 1987

Dear Claude

I just wanted to express my sincere thanks for your hospitality during my visit to your company the other week. The invitation to stay in your house made my trip both interesting and pleasurable. I was especially grateful for the chance to talk with your production team informally during the cook-out on the first evening.

I look forward to returning your hospitality some day.

Yours very truly,

Anthony P. Butt

Madame Claude Barjaque,
6, rue de l'Oie,
66110 Palaver,
France

Anthony P. Butt,
223, Greenwood Ave,
Cleveland,
Ohio 44142
USA   Cleveland, le 24 juin 1987

Chère Claude,

Je tiens à vous exprimer ici tous mes remerciements pour votre hospitalité pendant la visite que j'ai effectuée à votre compagnie l'autre semaine. Votre invitation à m'héberger chez vous a rendu ce voyage à la fois intéressant et agréable. J'ai en particulier apprécié l'occasion qui m'a été donnée le premier soir de discuter de façon détendue avec votre équipe de production au cours du barbecue.

J'espère pouvoir dans l'avenir vous rendre votre hospitalité.

Je vous prie d'accepter, chère Claude, mes salutations les plus amicales.

Anthony P. Butt

Madame Claude Barjaque,
6, rue de l'Oie,
66110 Palaver,
France

SYKES, FULTON & BRANIFF CHARTERED ACCOUNTANTS
5, Falkland Place, London SW1A 1HG Telephone 01-467 2378

TO WHOM IT MAY CONCERN

Mary Crankshaw was employed as secretary to our Export
Manager for five years from 1st August 1980 to 13 July 1985.
Her duties included wordprocessing in English and French, the
preparation of reports and some interpreting during meetings
with foreign clients.

During her years with us Mary proved herself to be a reliable
and efficient employee. She left our company when her husband
obtained a new appointment abroad.

Ken Leadbetter,
Personnel Manager

SYKES, FULTON & BRANIFF CHARTERED ACCOUNTANTS
5, Falkland Place, London SW1A 1HG Telephone 01-467 2378

A QUI DE DROIT

Mary Crankshaw a été employée en qualité de secrétaire auprès de notre directeur des exportations pendant cinq années, du 1er août 1980 au 13 juillet 1985. Son travail comprenait le traitement de textes en anglais et en français, la préparation des rapports et l'interprétariat pendant les réunions avec des clients étrangers.

Pendant toutes les années qu'elle a passées chez nous, Mary s'est révélée être une employée efficace, digne de confiance. Elle a quitté notre société lorsque son époux a obtenu un nouveau poste à l'étranger.

Directeur du Personnel,
Ken Leadbetter

10 November 1985

Dear Sir,

I am replying to your letter of 4 November concerning Peter McClure who has applied for a position in your company.

I am happy to be able to recommend Peter McClure to you. He was engaged as a member of our marketing team in 1978 and quickly made his mark as an innovative and successful employee. Within two years he was appointed Assistant Marketing Manager with special responsibility for Europe, a position he has occupied for the last 8 years.

During his period of employment with us Peter McClure developed a very successful programme for the analysis of marketing statistics. He also supervised the recruitment of our present European Marketing team. He has impressed all his colleagues by his energy, team spirit and adaptability.

Peter McClure is an ambitious and hardworking employee and I have no hesitation in recommending him as a valuable member of any marketing team.

Paul Harding

le 10 novembre 1985

Monsieur,

En réponse à votre lettre du 4 novembre au sujet de Monsieur Peter McClure qui a posé sa candidature pour un poste dans votre société, je suis heureux de le recommander.

Il s'est joint à notre équipe de marketing en 1978 et s'est rapidement distingué comme un employé novateur et brillant. Dans les deux années qui suivirent il fut nommé directeur adjoint de marketing responsable en particulier de l'Europe, poste qu'il occupe depuis les huit dernières années.

Au cours de la période pendant laquelle il a été employé chez nous, Peter McClure a développé un programme très efficace pour l'analyse des statistiques de marketing. Il a également été chargé de la supervision du recrutement de notre équipe actuelle de marketing européen. Il a impressioné tous ses collègues par son dynamisme, son esprit d'équipe et sa faculté d'adaptation.

Peter McClure est un employé ambitieux et consciencieux, et c'est ce qui me porte à croire qu'il deviendrait un atout remarquable dans toute équipe de marketing.

Paul Harding

PETERS BROS, WINES AND LIQUEURS,
2, Departure Street,
Liverpool LP8 9DP
Telephone (0289) 489538
Telex 495394

4 May 1987

Dear Sir,

This is to confirm my recent telephone conversation in which I reserved a single room with bath in the name of Greensmith for the nights of the 25, 26, 27 and 28 May. Ms Greensmith expects to arrive in the late afternoon.

Yours faithfully,

Pauline Tilson,
Secretary to Ms Greensmith.

The Manager,
Hotel Voltaire,
Esplanade Ouest,
68000 Biarritz,
France

TELEX

PLEASE RESERVE 2 SINGLE ROOMS WITH SHOWER 5 6 7 JUNE MR POWELL
FAITHFULLY M STEVENS PERSONAL ASSISTANT M JOBBINS

PETERS BROS, WINES AND LIQUEURS,
2, Departure Street,
Liverpool LP8 9DP
Telephone (0289) 489538
Telex 495394

Liverpool, le 4 mai 1987

Monsieur,

Je vous confirme ma récente conversation téléphonique par laquelle j'ai réservé une chambre individuelle au nom de Greensmith pour les nuits des 25, 26, 27 et 28 mai. Madame Greensmith devrait arriver en fin d'après-midi.

Je vous prie d'agréer, Monsieur, mes salutations les plus distinguées.

Pauline Tilson,
Secrétaire de Ms Greensmith

Le Directeur,
Hôtel Voltaire,
Esplanade Ouest,
68000 Biarritz,
France

TELEX

VEUILLEZ RESERVER 2 CHAMBRES INDIVIDUELLES AVEC DOUCHE 5 6 7 JUIN M POWELL
SALUTATIONS M STEVENS ADJOINT M JOBBINS

PLEASE RESERVE ONE SINGLE ROOM WITH SHOWER
NIGHTS OF 4 5 6 MAY MS GRATZ AND CONFIRM
SINCERELY MAY TIPO SECRETARY

ATTN M ROUSSEL PRODUCTION MANAGER
RESERVED ONE SINGLE ROOM WITH BATH NIGHTS OF
12 AND 13 SEPT
PLEASE CONFIRM SOONEST
SINCERELY HOTEL SAINT MICHEL

ATTN MS NORTH
REGRET NO SINGLE ROOMS BUT HAVE
PROVISIONALLY RESERVED A SINGLE ROOM WITH
SHOWER PLEASE CONFIRM ACCEPTABLE BY TELEX
SINCERELY BOOKING MANAGER HOTEL MERIDIEN
MARSEILLES

PLEASE QUOTE USE OF CONFERENCE ROOM
AFTERNOON OF 21 OCTOBER AND REFRESHMENTS
FOR 12
SINCERELY J GREEN SALES MANAGER

ATTN J GREEN
YOUR QUERY CONFERENCE ROOM 21 OCTOBER OUR
RATE 1500 FF INCLUDES VIDEO FACILITIES
SINCERELY J DENY MANAGER

TELEX

VEUILLEZ RESERVER CHAMBRE INDIVIDUELLE AVEC
DOUCHE NUITS DES 4 5 ET 6 MAI AU NOM DE MS GRATZ
VEUILLEZ CONFIRMER
MEILLEURS SENTIMENTS MAY TIPO SECRETAIRE

TELEX

ATTN M ROUSSEL DIRECTEUR DE PRODUCTION
RESERVE CHAMBRE INDIVIDUELLE AVEC BAINS
NUITS DE 12 ET 13 SEPTEMBRE
VEUILLEZ CONFIRMER RAPIDEMENT
SALUTATIONS HOTEL SAINT MICHEL

TELEX

ATTN MS NORTH
REGRETTONS PAS DE CHAMBRES INDIVIDUELLES
MAIS NOUS AVONS RETENU SOUS RESERVE CHAMBRE
INDIVIDUELLE AVEC DOUCHE VEUILLEZ CONFIRMER
PAR TELEX SI ACCEPTABLE
SALUTATIONS DIRECTEUR DES RESERVATIONS
HOTEL MERIDIEN MARSEILLE

TELEX

VEUILLEZ DONNER PRIX POUR SALLE DE
CONFERENCE APRES-MIDI PLUS BOISSONS POUR 12
DATE 21 OCTOBRE
MEILLEURS SENTIMENTS J GREEN DIRECTEUR DES
VENTES

TELEX

ATTN J GREEN
VOTRE DEMANDE SALLE DE CONFERENCE POUR 21
OCTOBRE NOTRE TARIF 1500 FF INCLUT POSSIBILITE
VIDEO
MEILLEURS SENTIMENTS J DENY DIRECTEUR

TELEX